Colecção
COMUNICAR-TE

PROMOÇÕES, SILÊNCIOS
E DESVIRTUAÇÕES NA TV

A informação
ao serviço da estação

Dinis Manuel Alves

mar da palavra

Dinis Manuel Alves nasceu no Lobito, Angola, em 1958.

É doutorado em Ciências da Comunicação (2005), licenciado em Jornalismo (1999) e em Direito (1981), pela Universidade de Coimbra.

Director do Curso de 1.º Ciclo (Licenciatura) em Comunicação Social do Instituto Superior Miguel Torga.

Foi jornalista da TSF, Expresso, Grande Reportagem, TVI, Tal & Qual e Jornal de Coimbra. Desempenhou ainda as funções de repórter fotográfico.

Autor de várias exposições de fotografia e de sites na web, acessíveis através de www.mediatico.com.pt

Deputado à Assembleia da República (PS), apresentou em parceria com Jaime Ramos (PSD) o primeiro projecto de criação de rádios locais em Portugal (1983).

Este é o quinto livro de sua autoria.

Foto do autor: Ricardo Almeida

Capa: ilustração de Luís Miguel Pato

DINIS MANUEL ALVES

PROMOÇÕES, SILÊNCIOS E DESVIRTUAÇÕES NA TV

A informação
ao serviço da estação

mar da palavra

Nas televisões portuguesas pratica-se um jornalismo de guerra sem que seja preciso arriscar
repórteres no campo de batalha. A guerra é
suja e trava-se entre as estações de televisão.
Promovem-se os produtos da casa, com os
telejornais servindo de *outdoors* para alavancar
audiências e desmoralizar o inimigo da frequência ao lado. É publicidade travestida de notícia,
com a vantagem de não contar para as quotas.

O cidadão-telespectador perde, mas perde muito mais com outras práticas, muito mais conde-
náveis também. Há silêncios comprometedores,
verdadeiros apagões noticiosos, e há desvirtuações graves merecendo lugar de destaque no
pelourinho das falhas deontológicas.

Dinis Manuel Alves passou à lupa centenas de
telejornais das TV's portuguesas, dando conta,
neste livro, de autênticas campanhas de manipulação informativa. "A informação ao serviço
da estação" talvez se devesse chamar "Como
eles nos enganam".

Apoio:
Gabinete para os Meios de Comunicação Social (GMCS)

gmcs
GABINETE PARA OS MEIOS
DE COMUNICAÇÃO SOCIAL

PROMOÇÕES, SILÊNCIOS E DESVIRTUAÇÕES NA TV

A informação ao serviço da estação

Dinis Manuel Alves

Apoio
Gabinete para os Meios de Comunicação Social (GMCS)

gmcs
GABINETE PARA OS MEIOS
DE COMUNICAÇÃO SOCIAL

Mar da Palavra – Edições, L.da

PROMOÇÕES, SILÊNCIOS E DESVIRTUAÇÕES NA TV
A informação ao serviço da estação

Dinis Manuel Alves

Colecção
COMUNICAR-TE, n.º 2

Copyright © Janeiro de 2010 (1.ª edição)
Mar da Palavra – Edições, L.da

Depósito Legal n.º
ISBN 978-972-8910-45-7
Capa: ilustração de Luís Miguel Pato

Mar da Palavra – Edições, L.da
(NIPC 505775298 • Matriculada na Conservatória
do Registo Comercial de Coimbra com o n.º 8951)

Coordenação Editorial e Marketing:
Rua Alexandre Herculano, n.º 1 – 1.º esq.
3000-019 Coimbra
Tel.: 239 840 289 – Fax: 239 840 290
E-mail: mardapalavra@gmail.com

Administração e Direcção Financeira:
Urbanização S. Bento, lote 6, r/c dt.º
3045-120 Casais do Campo (Coimbra)
Apartado 58, 3001-901 Coimbra
Tel.: 239 983 961
E-mail: mardapalavra@sapo.pt

ÍNDICE

Ao Fausto Correia,
com imensa saudade

Obrigado

Ao Prof. Doutor Francisco Rui Cádima, Orientador da tese de doutoramento, e à Prof. Doutora Isabel Nobre Vargues, Co-Orientadora da mesma tese, em cujo projecto de investigação este livro se insere,

Ao Prof. Doutor António Pedro Pita,

À Cision, na pessoa do Eng. José Santos e de todos os seus colaboradores,

À JOARTES - Artes Gráficas,

À família e aos amigos, pelo carinho e inexcedível apoio.

Introdução

Os espaços informativos diários das estações de televisão, vulgo telejornais, são cobiçados por todos quantos procuram visibilidade mediática (para si mesmos, para as propostas que apresentam, para as causas que defendem, para as denúncias que querem ver amplificadas, para manobras de contra-informação).

A cobiça maior tem, naturalmente, como alvo, os telejornais da hora do jantar. Ocupando o lugar estratégico de abertura do *prime time*, não devendo desperdiçar os pontos conquistados no *acess prime time*, antes alavancá-los para uma gorda noite de audiências, tais espaços informativos garantem mais espectadores, logo maior eficácia para as mensagens que se pretendem veicular. A prática reiterada dos políticos portugueses, guardando para as 20h anúncios considerados *solenes*, atestam a função de púlpito catódico atribuída pelos *news promotors* a tais espaços informativos. Não se desprezam, obviamente, os restantes noticiários, o que nem obriga a cuidados aturados por parte de quem pretende ocupar espaço informativo televisivo. As práticas miméticas das estações incumbem-se de fazer repercutir, noticiários fora, a informação original.

Sabedores do poderoso instrumento que detêm, os responsáveis das estações cansaram-se da residência fixa no apeadeiro da ética, vendo passar o comboio de algumas vanidades alheias, e consequentes benefícios. Por vezes, discretamente, ocupam o último lugar da carruagem da cauda, fechando os telejornais com notícias referentes à própria estação. Noutros casos não se coíbem de um lugar na frente, pavoneando feitos logo na abertura. E noutros ainda, porventura os de efeitos mais nefastos para o telespectador, transformam-se em propaganda *invisível*, travestida de notícia de *pertinente* actualidade.

A inclusão deste género de notícias, a que chamaremos *promo news*, nos telejornais portugueses, colheu denúncia alguns anos após a entrada em funcionamento das estações privadas de televisão. Os olhos dos críticos, da concorrência, das entidades fiscalizadoras, arregalaram-se perante a estratégia agressiva de José Eduardo Moniz, ao utilizar os telejornais como mais um dos *outdoors* promocionais dos programas da *TVI*, ênfase especial para o *Big Brother*.

Acontece que a prática vem de longe, nenhum dos canais generalistas portugueses ganhando o céu por provada abstinência auto-promocional nos noticiários.

Prática que corre a par com outra tendência, a de silenciar os êxitos da concorrência, silêncio compensado com fartura de notícias geradas nas fragilidades e pecadilhos das televisões do lado. Toma-se partido pela *casa*, em nome da *sobrevivência da própria casa*.

Estas práticas são apenas a ponta mais notada de um icebergue com base assente em número preocupante de distorções da informação veraz, preocupação acrescida pelo facto de tais distorções surgirem embrulhadas no alvo pano da notícia *objectiva* e *imparcial*.

Sem pretendermos exaustão, notamos:

1. Inserção, nos telejornais, de promoções de programas da estação sob a forma de notícia (ex.: *Big Brother*, *Globos de Ouro*, *Festival da Canção*);

2. Alinhamento editorial condicionado aos interesses da estação (ex.: caso que opôs a *RTP* e a *Olivedesportos* à *SIC* e ao Benfica);

3. a) Favorecimento, nos telejornais, de eventos de transmissão exclusiva ou com patrocínio/organização da estação (ex.: *Volta a Portugal em Bicicleta*, *Europeu de Futebol*, *Mundial de Futebol*);

b) *Blackout* informativo (ou tratamento noticioso bastante reduzido) de eventos de transmissão exclusiva ou com patrocínio/organização de estação concorrente (os mesmos exemplos da alínea anterior);

4. Tendência para evitar, ao máximo, a citação de estações concorrentes, mesmo quando se utilizam informações por elas veiculadas em primeira mão;

5. a) Maior permeabilidade à divulgação de factos e eventos *positivos* que envolvam a estação e personalidades a ela ligadas – de directores a funcionários, passando por colaboradores da estação –, com o inerente reverso do silenciamento de factos que envolvam, de forma *negativa*, tais estações e personalidades;

b) Maior permeabilidade à divulgação de factos e eventos *negativos* que envolvam estações concorrentes e personalidades a elas ligadas – de directores a funcionários, passando por colaboradores da estação –, com o inerente reverso do silenciamento de factos que envolvam, de forma *positiva*, tais estações e personalidades;

6. a) Maior permeabilidade à divulgação de factos e eventos *positivos* que envolvam empresas ou projectos ligados ao grupo a que pertence a estação;

b) Maior permeabilidade à divulgação de factos e eventos *negativos* que envolvam empresas ligadas ao(s) grupo(s) a que pertencem as estações concorrentes;

c) Comportamento similar ao referido na alínea anterior tem sido atribuído aos *media* pertencentes a grupos económicos detentores de uma estação de televisão.

Tratamos, neste livro, das promoções, silêncios e desvirtuações nos telejornais portugueses. Carreando, por vezes, exemplos de anos anteriores e posteriores, o *corpus* de base cinge-se a 1999, período alvo da análise que efectuámos para a dissertação de doutoramento defendida em Abril de 2005 na Universidade de Coimbra.[1]

Apesar de decorrida quase uma década sobre os exemplos elencados, as práticas continuam as mesmas. Editores e directores das estações televisivas continuam, infelizmente, a promover os conteúdos endógenos, silenciando êxitos da concorrência, quando não tratam de desvirtuar o que se passa na janela mágica alheia.

Esta obra tem finalidade muito singela: pretende-se apenas instrumento de educação para os *media*, apresentando aos estudantes de jornalismo/comunicação social, em particular, e aos cidadãos-telespectadores, em geral, rol de casos gerados por práticas que deveriam ser banidas, a bem da verdade, da honestidade profissional e da transparência democrática, dos espaços informativos televisivos.

Serão abusivas quaisquer interpretações que pretendam fundar, na investigação que se segue, generalizações tendentes a considerar a classe dos jornalistas que trabalha em televisão como um grupo de *maus malandros*, dispostos a sacar da pistola sempre que alguém lhes esgrime preceitos deontológicos constitutivos da sua honestidade profissional.[2]

---

[1] "A AGENDA-MONTRA DE OUTRAS AGENDAS - Mimetismos e determinação da agenda noticiosa televisiva". *Dissertação de Doutoramento em Ciências da Comunicação, especialização em Discurso dos Media, apresentada à Faculdade de Letras da Universidade de Coimbra.* Orientador: Prof. Doutor Francisco Rui Cádima (Universidade Nova de Lisboa); Co-Orientadora: Prof. Doutora Isabel Nobre Vargues (Universidade de Coimbra).

[2] No canal MEDIAPOLIS XXI (www.youtube.com/mediapolisxxi), que mantemos no YouTube, disponibilizamos vídeos de muitas das peças referidas neste livro. Textos complementares poderão ser consultados em www.mediatico.com.pt (ver, em especial, o menu "Promoções, Silêncios, Desvirtuações").

CAPÍTULO 1
Promoções

1. Sobre as *promo news*

É notória e reiterada a inclusão, nos telejornais, de notícias que pretendem promover programas e produtos da própria estação. Esta prática, talvez pelo seu carácter ostensivo, pelo momento que então se vivia (de uma acesa disputa *SIC-TVI* pelo primeiro lugar nas audiências), e pela polémica em torno do programa em causa, foi mais denunciada aquando da inclusão, nos telejornais da *TVI*, de peças referentes ao *Big Brother*.

Durante algum tempo, este *reality show* passou a ter lugar cativo nos telejornais daquela estação, beneficiando, por vezes, de lugar privilegiado no alinhamento. A *TVI* chegou a efectuar directos para restaurantes, *noticiando* o encontro de concorrentes expulsos, ou destes com os seus familiares e amigos. Directos também para casa dos pais de concorrentes, interpelados sobre ocorrências do *reality show*. Num dos casos por nós referenciado, o *Jornal Nacional* (20.04.2001) gravitou em torno da entrada de um novo concorrente, com a criação de um clima de *suspense* em torno do neófito, cujo rosto não foi revelado no *Big Brother*, mas antecipado no serviço informativo da estação. O *Jornal Nacional* ofereceu ainda um bónus compensador da fidelidade dos telespectadores, ao revelar que em vez de um novo concorrente, o *Big Brother* passaria a contar com dois!

Aconteceu com o *Big Brother*, e com mais uma série de programas da *TVI*. Interessa frisar que tal prática já vinha sendo seguida há bastante tempo pela estação, se bem que de forma mais mitigada. Melhor dito, não suscitando polémica, porque as *promo news* de antanho foram inseridas quando a *TVI* não causava mossa nas audiências das estações concorrentes.

Por outro lado, a estação de Queluz não podia, sequer, registar a patente da inovação. *RTP* e *SIC*, com maior ou menor frequência, maior ou menor espavento, de há muito se serviram de tal expediente para promoverem alguns dos seus programas.

2. Uma prática generalizada

Apesar de não termos sido exaustivos na busca, repare-se na longa lista de *promo news* que respigámos, todas elas referentes a 1999. Promoção directa de programas emitidos logo a seguir aos telejornais, ou no dia seguinte, ou alguns meses depois, quando a novela ou outro qualquer conteúdo estiver pronto.

Promoção que não se confina aos programas, alargando-se ao *merchandising*, às *estrelas* da estação, às contratações milionárias, aos sucessos nas audiências, a um longo etc.

RTP1 – *Telejornal*, 24.01.1999, 2' 29" – As melhores imagens do século, em Portugal, estão guardadas na *RTP*.

Telejornal, 24.01.1999, 1' 46" – Entrevista a Manuel Maria Carrilho, sobre o espólio de imagens do século XX em Portugal.

Jornal da Tarde, 26.01.1999, 2' 29" – Início das gravações da telenovela portuguesa *A Lenda da Garça*.

24 horas, 26.01.1999, 2' 32" – *A Lenda da Garça* é a próxima telenovela portuguesa da *RTP*. Começou ontem a ser gravada em Guimarães.[1]

Telejornal, 27.01.1999, 2' 02" – Terminaram as candidaturas ao *Festival da Canção*.

Telejornal, 14.02.1999, 2' 32" – Começa amanhã a *Festa de Carnaval* da *RTP*, no Pavilhão Atlântico.

Jornal da Tarde, 15.02.1999, 27" – *Festa de Carnaval da RTP*, no Pavilhão Atlântico.

Jornal da Tarde, 15.02.1999, 2' 30" – Directo do Pavilhão Atlântico, comentários do jornalista Francisco Figueiredo sobre a *Festa de Carnaval* da *RTP*.

Telejornal, 15.02.1999, 2' 58" – Directo do Pavilhão Atlântico, no Parque das Nações; comentários sobre os espectáculos de Carnaval que ali decorrem.

Telejornal, 15.02.1999, 1' 29" – Reportagem sobre alguns dos principais momentos dos festejos de Carnaval no Pavilhão Atlântico, durante a tarde.

24 Horas, 17.02.1999, 1' 25" – Festa do milésimo programa *Acontece*, esta noite, no Convento do Beato.

Notícias 1, 18.02.1999, 1' 22" – *Idem*.

---

[1] Listámos apenas os principais telejornais das quatro estações. Interessa, no entanto, sublinhar que a inclusão de *promo news* se não confina a estes espaços informativos. Outros noticiários, sejam eles desportivos, de âmbito regional, dirigidos à juventude, etc., também são permeáveis à inclusão de *promo news*.

Veja-se o caso do início da rodagem da telenovela *A Lenda da Garça*. Para além das notícias injectadas no *Jornal da Tarde* e no *24 Horas*, também foi referido no regional *País Regiões Porto* (*RTP1*, 26.01.1999, 2'00") e no informativo da *RTP2* dirigido à juventude, o *Caderno Diário* (27.01.1999, 2' 02").

A utilização dos informativos corre, assim, a par da promoção de programas, personalidades ou produtos noutros programas de entretenimento. Em Março (14.3.1999, 5'10"), é o programa *Jet 7*, da *RTP1*, que promove a telenovela, através de uma entrevista ao actor Virgílio Castelo.

Telejornal, 18.02.1999, 1' 45" – *Idem*.

Telejornal, 23.02.1999, 2' 54" – *Atlântico* é o novo programa de duetos da *RTP*.

24 Horas, 3.03.1999, 3' 02" – A *RTP* estreia no próximo domingo um novo programa, *Atlântico*.

Notícias 1, 4.03.1999, 3' 04" – Apresentação de *Atlântico*, novo programa da *RTP*.

Jornal da Tarde, 4.03.1999, 2' 54" – *Idem*.

Telejornal, 7.03.1999, 2' 30" – Ensaio do *Festival RTP da Canção*, no Pavilhão Atlântico.

24 Horas, 7.03.1999, 1' 44" – Ensaios para a 36.ª edição do *Festival RTP da Canção*.

Notícias 1, 8.03.1999, 1' 45" – *Festival RTP da Canção*.

Jornal da Tarde, 8.03.1999, 1' 40" – *Festival RTP da Canção*, logo à noite, no Pavilhão Atlântico.

Telejornal, 8.03.1999, 3' 59" – Directo do Pavilhão Atlântico, em Lisboa, onde começa, daqui a pouco, o *Festival RTP da Canção*.

24 Horas, 8.03.1999, 3' 26" – Balanço do *Festival RTP da Canção*.

24 Horas, 8.03.1999, 1' 50" – Comentários de alguns dos concorrentes ao *Festival RTP da Canção*.

Notícias 1, 9.03.1999, 3' 20" – 36.ª edição do *Festival RTP da Canção*.

Jornal da Tarde, 9.03.1999, 1' 46" – Rui Bandeira venceu o 36.º *Festival RTP da Canção*.

Telejornal, 9.03.1999, 3' 12" – Reportagem sobre o *Festival RTP da Canção*.

Telejornal, 15.04.1999, 2' 17" – Directo do Pavilhão da *RTP*, no *Multimedi@ XXI*, a decorrer na FIL.

24 Horas, 19.04.1999, 3' 22" – Entrega dos troféus *Nova Gente*, esta noite, no Coliseu.

Notícias 1, 20.04.1999, 3' 20" – Gala de entrega dos troféus *Nova Gente*.

24 Horas, 22.04.1999, 2' 07" – *Ugh*, nova sére juvenil da *RTP*.

Telejornal, 24.04.1999, 7' 15" – Directo dos estúdios do Lumiar, da *RTP*, onde militares e funcionários da *RTP* comemoram o 25 de Abril.

Telejornal, 29.04.1999, 3' 00" – 3.º Aniversário do *Contra-Informação*.

24 Horas, 29.04.1999, 3' 04" – 3.º Aniversário do *Contra-Informação*.

Notícias 1, 30.04.1999, 3' 00" – Três anos do *Contra-Informação*.

Jornal da Tarde, 30.04.1999, 3' 00" – 3.º Aniversário do *Contra-Informação*.

Telejornal, 1.06.1999, 1' 52" – *Ecoman*, novo programa da *RTP*. Encontro da Ministro do Ambiente com crianças no Parque das Nações.

Telejornal, 22.06.1999, 48" – Novo programa da *RTP*, intitulado *Destinos de Sofia*.

Telejornal, 16.07.1999, 2' 05" – *RTP* e *TDM* assinaram acordo que vai permitir a transmissão da cerimónia de transferência da soberania de Macau para todo o mundo.

24 Horas, 16.07.1999, 2' 00" – *Idem*.

24 Horas, 23.08.1999, 2' 20" – Regresso do programa *Jogo Falado* ao *Canal 1*.

Jornal da Tarde, 5.09.1999, 2' 05" – No dia 13 estreia na *RTP* a telenovela *A Lenda da Garça*.

24 Horas, 6.09.1999, 1' 42" – Já está a ser preparada a 1000.ª edição da *Praça da Alegria*.

24 Horas, 8.09.1999, 2' 38" – Festa do 3.º Aniversário das *Lições do Tonecas*, no Pátio Alfacinha.

Telejornal, 4.10.1999, 1' 42" – A *RTP* vai promover *Porto - Capital Europeia da Cultura*, através da transmissão de filmes e documentários sobre o assunto.

24 Horas, 4.10.1999, 1' 47" – A *RTP* vai promover *Porto - Capital Europeia da Cultura*, com um programa diário, documentários e filmes.

Telejornal, 22.10.1999, 2' 17" – A *TDM* e a *RTP* vão transmitir a cerimónia da transferência de soberania de Macau para a China.

24 Horas, 22.10.1999, 2' 17" – *Idem*.

Telejornal, 25.10.1999, 2' 12" – *Crónica do Século*, série da *RTP*, hoje apresentada no Parque das Nações.

24 Horas, 25.10.1999, 3' 20" – *Idem*.

Telejornal, 1.11.1999, 2' 18" – O *EuroNews* começou hoje a emitir em português. A partir de agora, o canal de notícias europeu passa a estar disponível na *RTP2*, a partir das sete horas da manhã.

24 Horas, 1.11.1999, 2'16" – *Idem*.

Telejornal, 8.11.1999, 2' 08" – Série documental *Macau Entre Dois Mundos*.

Telejornal, 9.11.1999, 4' 30" – Apresentação de nova série da *RTP*.

Telejornal, 15.11.1999, 3' 24" – *Crónica do Século* na *RTP*.

Telejornal, 28.12.1999, 3' 57" – Herman José despediu-se da *RTP*.

RTP2 – *Jornal 2*, 18.02.1999, 1' 09" – Comemoração do milésimo programa *Acontece*.

Jornal 2, 18.02.1999, 3' 07" – Entrevista a Carlos Pinto Coelho, apresentador do *Acontece*.

Jornal 2, 2.07.1999, 23" – Programa sobre segurança, na *RTP*.

Jornal 2, 16.07.1999, 25" – *RTP* e *TDM* assinaram acordo que vai permitir a transmissão da cerimónia da transferência da soberania de Macau para todo o mundo.

SIC – *Primeiro Jornal*, 19.01.1999, 2' 09" – A *SIC*, a *FNAC* e o Ministério da Cultura assinaram um protocolo que vai permitir a exibição de *Sofá Vermelho*, um programa de promoção de livros, que irá para o ar em Fevereiro, logo depois do *Jornal da Noite*.

Jornal da Noite, 16.02.1999, 2' 15" – Óscar Magrini, actor de *Torre de Babel*, é o rei do Carnaval da Mealhada.

Jornal da Noite, 2.03.1999, 00' 21" – A partir de hoje o *Jornal da Noite* da *SIC* poderá ser visto nos voos de longo curso da *TAP*.

Último Jornal, 9.04.1999, 2' 50" – Alejandro Sanz irá estar presente na Gala dos *Globos de Ouro*.

Primeiro Jornal, 11.4.1999, 3' 35" – Directo do Coliseu dos Recreios onde vai decorrer hoje a entrega dos *Globos de Ouro*.

Jornal da Noite, 11.04.1999, 3' 00" – Reportagem sobre o famoso jornalista da *CNN*, Peter Arnett, que estará presente na cerimónia de entrega dos *Globos de Ouro*.

Jornal da Noite, 11.04.1999, 1' 12" – Directo do Coliseu dos Recreios onde vai começar, dentro de pouco tempo, a cerimónia de entrega dos *Globos de Ouro*.

Último Jornal, 11.04.1999, 4' 23" – Decorreu hoje a cerimónia de entrega dos *Globos de Ouro* de 1998.

Primeiro Jornal, 12.04.1999, 4' 35" – Ontem foram entregues os *Globos de Ouro* de 1998.

Primeiro Jornal, 12.04.1999, 3' 23" – Carlos do Carmo homenageado na cerimónia de entrega dos *Globos de Ouro*.

Jornal da Noite, 12.04.1999, 4' 40" – Retrospectiva da cerimónia de entrega dos *Globos de Ouro*.

Jornal da Noite, 12.04.1999, 3' 20" – Homenagem a Carlos do Carmo, na cerimónia de entrega dos *Globos de Ouro*.

Jornal da Noite, 2.05.1999, 1' 28" – Directo do Coliseu dos Recreios onde vai decorrer a final do *Chuva de Estrelas*.

Primeiro Jornal, 3.05.1999, 2' 25" – Imagens da final do *Chuva de Estrelas*.

Jornal da Noite, 3.05.1999, 2' 38" – Final do *Chuva de Estrelas*.

Primeiro Jornal, 5.05.1999, 1' 21" – A *SIC* e a *Fundação de Serralves* assinaram um protocolo de colaboração, que prevê a divulgação das várias actividades da fundação pela *SIC*.

Primeiro Jornal, 5.05.1999, 4' 10" – Directo da *Fundação de Serralves*, entrevista a Francisco Pinto Balsemão, presidente da *SIC*, sobre as vantagens do protocolo ali assinado.

Jornal da Noite, 14.06.1999, 7' 40" – Entrevista a Valente Rosa, Presidente da *APODEMO*, e a Francisco Soares, da *SEEDS*, sobre as sondagens da *SIC*, as mais certeiras de todas nas Europeias.

Primeiro Jornal, 26.06.1999, 3' 08" – Bastidores do primeiro telefilme produzido pela *SIC*.

Primeiro Jornal, 27.07.1999, 2' 32" – Morte de John John, documentário para ver hoje à noite, na *SIC*.

Primeiro Jornal, 28.07.1999, 1' 38" – O *Jornal da Noite* vai ser transmitido a partir da Ponte 25 de Abril.

Jornal da Noite, 20.08.1999. 2' 35" – Hoje começa o *Jogo Limpo*, o novo programa desportivo da *SIC*.

Jornal da Noite, 7.11.1999, 3' 35" – *Tempo dos Dinossauros* é a nova série da *SIC*, que vai para o ar a partir do próximo dia 14. Comentários do Professor Galopim de Carvalho.

Primeiro Jornal, 14.11.1999, 3' 15" – Reportagem sobre a nova telenovela da *SIC*, *Terra Nostra*.

Primeiro Jornal, 26.11.1999, 2' 12" – Estão prontos os dois primeiros telefilmes produzidos pela *SIC*, com a colaboração do Ministério da Cultura. Comentários de Manuel Maria Carrilho e Emídio Rangel.

Jornal da Noite, 26.11.1999, 2' 19" – *Amo-te Teresa* é o título de um telefilme produzido pela *SIC*.

T V I – *TVI Jornal*, 7.04.1999, 2' 40" – Regiane Alves, actriz brasileira [de novela exibida pela *TVI*], esteve recentemente em Portugal.

Directo XXI, 8.04.1999, 2' 20" – Foi hoje apresentado o novo programa televisivo de Miguel Sousa Tavares.

Ponto Final, 8.04.1999, 2' 20" – Programa *Em Legítima Defesa*, de Miguel Sousa Tavares.

TVI Jornal, 23.06.1999, 1' 35" – Preparativos para a *1.ª Grande Corrida de Touros TVI*.

TVI Jornal, 24.06.1999, 2' 47" – A *1.ª Grande Corrida de Touros TVI* realiza-se dentro de uma semana e vai contar com a participação de Rui Fernandes.

Directo XXI, 24.06.1999, 1' 38" – *1.ª Grande Corrida de Touros TVI* é já a 1 de Julho, no Campo Pequeno.

Directo XXI, 24.06.1999, 2' 37" – *1.ª Grande Corrida de Touros TVI*.

TVI Jornal, 25.06.1999, 3' 03" – O mais antigo grupo de forcados do país vai actuar, na próxima 5.ª feira, na *1.ª Grande Corrida de Touros TVI*.

Directo XXI, 25.06.1999, 3' 10" – Reportagem sobre a *1.ª Grande Corrida de Touros TVI*.

Directo XXI, 27.06.1999, 1' 31" – *1.ª Grande Corrida de Touros TVI*.

TVI Jornal, 28.06.1999, 1' 19" – *1.ª Grande Corrida de Touros TVI*.

Directo XXI, 28.06.1999, 1' 15" – João Moura está ansioso que chegue a noite de 5.ª feira.

Directo XXI, 28.06.1999, 1' 54" – Com apenas nove anos de idade, o filho de João Moura já segue os passos do pai.

Directo XXI, 28.06.1999, 1' 50" – Hoje regressa à *TVI* uma das séries mais vistas em televisão: *X-Files*.

TVI Jornal, 29.06.1999, 2' 02" – *1.ª Grande Corrida de Touros TVI*.

TVI Jornal, 30.06.1999, 3' 30" – *1.ª Grande Corrida de Touros TVI*.

Directo XXI, 30.06.1999, 3' 30" – Contagem decrescente para a *1.ª Grande Corrida de Touros TVI*.

Directo XXI, 30.06.1999, 2' 05" – Touros da ganadaria de João Moura.

TVI Jornal, 1.07.1999, 4' 18" – Directo do Campo Pequeno, onde se vai realizar, logo à noite, a *1.ª Grande Corrida de Touros TVI*.

TVI Jornal, 1.07.1999, 1' 36" – *1.ª Grande Corrida de Touros TVI* transmitida através de meios nunca antes utilizados em Portugal.

TVI Jornal, 1.07.1999, 3' 01" – Reportagem com o grupo de forcados *Os Amadores do Aposento da Moita*.

Directo XXI, 1.07.1999, 1' 35" – Reportagem com João Moura.

Directo XXI, 1.07.1999, 9' 45" – Reportagem sobre a *1.ª Grande Corrida de Touros TVI*.

TVI Jornal, 2.07.1999, 1' 57" – Balanço da *1.ª Grande Corrida de Touros TVI*.

TVI Jornal, 2.07.1999, 3' 00" – A pega de um touro por um jovem de dezasseis anos foi um dos momentos mais aplaudidos.

TVI Jornal, 2.07.1999, 2' 58" – Festa tauromáquica portuguesa.

Directo XXI, 2.07.1999, 2' 55" – *1.ª Grande Corrida de Touros TVI* .

Directo XXI, 2.07.1999, 2' 30" – A pega de um touro por um jovem de dezasseis anos, na *1.ª Grande Corrida de Touros TVI*, foi um dos momentos mais aplaudidos.

Directo XXI, 4.07.1999, 1' 30" – Reportagem sobre o programa brasileiro *Ratinho*.

Directo XXI, 4.07.1999, 3' 45" – *Idem*.

Directo XXI, 4.07.1999, 1' 23" – Reportagem sobre Carlos Massa, apresentador do *Ratinho*.

TVI Jornal, 5.07.1999, 3' 45" – O Brasil tem um novo herói popular. Chama-se *Ratinho* e faz um programa concorrente à *Globo*.

TVI Jornal, 5.07.1999, 1' 20" – Comentários de Carlos Massa, personagem que faz de *Ratinho*.

Directo XXI, 5.07.1999, 2' 59" – Programa *Ratinho*, líder de audiências no Brasil.

TVI Jornal, 6.07.1999, 2'43" – Programa *Ratinho*.

Directo XXI, 6.07.1999, 2' 20" – Sucesso do programa *Ratinho*.

Directo XXI, 6.07.1999, 3' 19" – Temas do programa *Ratinho*.

Directo XXI, 6.07.1999, 2' 25" – Autor do programa *Ratinho*.

TVI Jornal, 12.07.1999, 2' 24" – Reportagem com Lucélia Santos, heroína sofrida na novela *Sangue do meu sangue*, que passa na *TVI*.

TVI Jornal, 13.07.1999, 2' 03" – Praça de Touros do Campo Pequeno.

Directo XXI, 13.07.1999, 2' 50" – Programa *Ratinho*.

TVI Jornal, 23.07.1999, 2' 40" – Digressão nacional do programa *Reis da Música Nacional*. Esta noite, em Quarteira.

Directo XXI, 28.07.1999, 4' 20" – *Tiazinha* é um sucesso estrondoso do Brasil.

Directo XXI 29.07.1999, 2' 35 – *Tiazinha* é uma personagem sado-masoquista. Uma indústria que movimenta 4 milhões de contos.

TVI Jornal, 30.07.1999, 2' 20" – O Brasil anda louco pela *Tiazinha*.

Directo XXI, 30.07.1999, 2' 00'' – A noite de ontem, no Campo Pequeno, teve praça cheia para uma tourada que não foi nada fácil.

Directo XXI, 1.08.1999, 3' 15" – Já começou a ser rodada a primeira série de ficção portuguesa, a estrear brevemente na *TVI*.

Directo XXI, 1.08.1999, 2' 00" – A *Tiazinha* é um autêntico sucesso na televisão brasileira. Esta personagem surgiu há pouco mais de um ano, na *Rede Bandeirantes*.

TVI Jornal 2.08.1999, 1' 45" – A *Tiazinha* é um autêntico sucesso na televisão brasileira.

Directo XXI, 2.08.1999, 2' 10" – *Tiazinha* representa uma explosão de sedução

Directo XXI, 2.08.1999, 1' 40" – *Tiazinha* tornou-se maior do que o *show* de televisão.

TVI Jornal, 3.08.1999, 1' 50" – A *Tiazinha* é um autêntico sucesso na televisão brasileira.

Directo XXI, 3.08.1999, 2' 35" – Falta hora e meia para que *Tiazinha* tire a máscara, aqui na *TVI*.

Directo XXI, 3.08.1999, 1' 30" – *Tiazinha* tira a máscara.

TVI Jornal, 4.08.1999, 2' 30" – *1.ª Grande Corrida de Touros da TVI*, na Nazaré.

TVI Jornal, 4.08.1999, 1' 40" – Tourada na Nazaré.

TVI Jornal, 4.08.1999, 3' 22" – *Colina do Sol*, colónia de prática de nudismo, no Brasil.

Directo XXI, 4.08.1999, 3' 25" – Na *Colina do Sol*, no Brasil, encontra-se a maior comunidade nudista da América do Sul.

Directo XXI, 4.08.1999, 2' 30" – *1.ª Grande Corrida de Touros da TVI*.

TVI Jornal, 5.08.1999, 1' 20" – *1.ª Grande Corrida de Touros da TVI* é já no próximo sábado.

TVI Jornal, 5.08.1999, 1' 53" – Os touros vêm do Alentejo.

TVI Jornal, 5.08.1999, 2' 38" – Hoje é transmitida a primeira parte da reportagem sobre os naturistas da *Colina do Sol*.

Directo XXI, 5.08.1999, 1' 24" – *1.ª Grande Corrida de Touros da TVI*, na Nazaré.

Directo XXI, 5.08.1999, 1' 50" – Touros vêm do Alentejo.

Directo XXI, 5.08.1999, 2' 28" – *Colina do Sol* é um local onde se vive o nudismo de forma muito natural.

Directo XXI, 5.08.1999, 2' 08" – A *TVI* foi à única praia de nudismo oficial no Algarve.

Directo XXI, 5.08.1999, 2' 22" – No nosso país só há três praias oficiais de nudismo.

Directo XXI, 5.08.1999, 4' 30" – Entrevista a Io Apoloni, sobre o naturismo e o nudismo.

TVI Jornal, 6.08.1999, 1' 36" – É amanhã a *1.ª Grande Corrida de Touros da TVI*, na Nazaré.

TVI Jornal, 6.08.1999, 2' 15" – Praça de Touros da Nazaré.

Directo XXI, 6.08.1999, 1' 37" – *1.ª Grande Corrida de Touros da TVI*, na Nazaré.

Directo XXI, 7.08.1999, 6' 55" – *Idem*.

Directo XXI, 8.08.1999, 1' 48" – Imagens da *1.ª Grande Corrida de Touros da TVI*, na Nazaré.

Directo XXI, 8.08.1999, 3' 01" – *Idem*.

TVI Jornal, 10.08.1999, 1' 59" – Alguns dos actores da telenovela *Pérola Negra* estiveram recentemente em Portugal.

Directo XXI, 10.08.1999, 2' 00" – Um actor da telenovela *Pérola Negra* está em Portugal.

TVI Jornal, 12.08.1999, 3' 01" – A *TVI* transmite hoje a segunda parte da reportagem sobre a *Colina do Sol*.

Directo XXI, 12.08.1999, 35" – Nudistas portugueses descontentes com o Estado. A Associação *Planeta Azul* queixa-se dos vários obstáculos criados à prática do nudismo em Portugal.

Directo XXI, 12.08.1999, 2' 56" – A *TVI* transmite hoje a 2.ª parte da reportagem sobre a *Colina do Sol*.

Directo XXI, 13.08.1999, 1' 37" – Reportagem sobre a série *Todo o Tempo do Mundo*, a emitir na *TVI*.

Directo XXI, 19.08.1999, 1' 35" – Estreia do programa de desporto *A Bola é Nossa*.

Directo XXI, 23.08.1999, 2' 05" – Programa *A Feiticeira*, que é a sucessora da *Tiazinha*.

Directo XXI, 23.08.1999, 1' 59" – Programa *A Feiticeira*.

TVI Jornal, 24.08.1999, 1' 58" – A *Feiticeira*, sucessora da *Tiazinha*, está a ser o centro de todas as atenções, no Brasil. Vai passar esta noite, na *TVI*.

TVI Jornal, 24.08.1999, 2' 01" – Joana Prado é a *Feiticeira* do Brasil. Veio substituir a *Tiazinha*, e satisfaz todos os desejos dos concorrentes.

Directo XXI, 24.08.1999, 3' 20" – Transmissão do programa *A Feiticeira*.

Directo XXI, 26.08.1999, 1' 05" – O programa *A Bola É Nossa* vai debater esta noite a arbitragem de Jorge Coroado no *Rio Ave-Benfica*.

Directo XXI, 2.09.1999, 4' 55" – *1.ª Grande Corrida da Rádio Nostalgia*, no Campo Pequeno.

Directo XXI, 6.09.1999, 30" – A *TVI* lança hoje uma campanha para ajudar o povo timorense. No dia 10 de Outubro cada voto irá valer um escudo para Timor.

Directo XXI, 7.09.1999, 30" – *Idem*.

Directo XXI, 9.09.1999, 1' 40" – A *TVI* vai apresentar um programa que se intitula *Para Além da Vida*.

TVI Jornal, 16.09.1999, 4' 16" – Programa especial da *TVI* sobre impotência sexual.

Directo XXI, 16.09.1999, 10' 02" – *Idem*.

TVI Jornal, 17.09.1999, 4' 43" – A virilidade de Zézé Camarinha, o galã da Praia da Rocha.

Directo XXI, 22.09.1999, 6' 10" – *Todo o Tempo do Mundo* é o título da nova super-produção da *TVI*.

Directo XXI, 22.09.1999, 2' 45" – *Todo o Tempo do Mundo*, nova aposta da *TVI*, foi apresentada esta noite.

TVI Jornal, 23.09.1999, 2' 45" – Programa especial da *TVI* sobre a infertilidade.

TVI Jornal, 24.09.1999, 1' 30" – Uma equipa de médicos norte-americanos revelou uma nova técnica de combate à infertilidade.

TVI Jornal, 27.09.1999, 2' 00" – Bastidores da série *Todo o Tempo do Mundo*.

TVI Jornal, 28.09.1999, 3' 02" – Contagem decrescente para a estreia de *Todo o Tempo do Mundo*.

TVI Jornal, 29.09.1999, 2' 00" – Série *Todo o Tempo do Mundo*.

Directo XXI, 30.09.1999, 2' 05" – Super-produção da *TVI*.

Directo XXI, 1.10.1999, 2' 12" – Nova telenovela da *TVI*.

TVI Jornal, 14.10.1999, 2' 40" – A *TVI* apresenta hoje um especial que tem como tema a troca de sexo.

Directo XXI, 14.10.1999, 2' 42" – *Idem*.

Directo XXI, 14.10.1999, 3' 27" – *Idem*.

TVI Jornal, 15.10.1999, 6' 05" – Excertos do especial da *TVI*, que debateu o problema da troca de sexo.

Directo XXI, 21.10.1999, 3' 18" – Programa da *TVI* sobre ciências ocultas.

Directo XXI, 21.10.1999, 1' 50" – Estreia de telenovela brasileira, na *TVI*.

TVI Jornal, 22.10.1999, 1' 45" – Telenovela *Tiro e Queda* foi totalmente gravada em São Paulo e está a ter imenso sucesso no Brasil.

Directo XXI, 27.10.1999, 2' 22" – *Quero Justiça* divulgou esta semana o caso da jovem que foi revistada pela polícia na casa de banho do *Pingo Doce*, nos Olivais, por suspeita de furto, suicidando-se em seguida.

Directo XXI, 27.10.1999, 5' 45" – *Idem*.

Directo XXI, 28.10.1999, 2' 28" – Caso da jovem que se suicidou na Amadora.

TVI Jornal, 2.11.1999, 3' 05" – Reportagem com Thaís de Araújo, a *Xica da Silva* da novela da *TVI*.

TVI Jornal, 3.11.1999, 2' 00" – A actriz Mylla Christie, estrela da nova novela da *TVI*, *Tiro e Queda*, esteve no Porto, no desfile do *Portugal Fashion*.

Directo XXI, 4.11.1999, 1' 43" – Emissão especial da *TVI* sobre uma criança de nove anos que sofre da *doença de Parkinson*. Comentários do jornalista Paulo Salvador.

Directo XXI, 16.11.1999, 00' 42" – A *TVI* transmite esta noite um especial sobre o cancro da mama.

Directo XXI, 18.11.1999, 1' 46" – Programa da *TVI* sobre a frigidez.

TVI Jornal, 30.11.1999, 2' 41" – Especial *TVI* sobre crianças com Sida.

Directo XXI, 20.12.1999, 2' 12" – Festa de Natal da *TVI*.

Para além da promoção aos programas da estação, também se divulgam as co-produções:

RTP1 – *24 Horas*, 27.01.1999, 1' 40" – *Em Fuga* estreia na próxima sexta-feira. Trata-se da primeira longa metragem de Bruno de Almeida, sendo co-produzida pela *RTP*.

24 Horas, 9.03.1999, 2' 32" – Apresentado o filme *Capitães de Abril*, que conta com o apoio da *RTP* .[2]

24 Horas, 18.10.1999, 1' 19" – *Outros Bairros* é um documentário filmado nos bairros da periferia de Lisboa, com co-produção da *RTP*, e que pode ser visto até ao dia 18, na Culturgest.

TVI – *TVI Jornal*, 30.12.1999, 2' 34" – A *TVI* patrocinou a estreia do *filme-sensação* do momento.

O *merchandising* associado a alguns programas não é esquecido...

RTP1 – *Jornal da Tarde*, 21.01.1999, 1' 31" – A *Canção dos Patinhos* já é *Disco de Ouro*. Em menos de quinze dias foram vendidos mais de vinte mil CDs.

Telejornal, 17.04.1999, 1' 50" – Disco de Ouro e Platina para a música *Os Patinhos*.

24 Horas, 17.04.1999, 1' 13" – Atribuição dos *Discos de Ouro* e *Platina* para *Os Patinhos*, na FIL.[3]

Telejornal, 21.04.1999, 1' 40" – Lançamento de vídeos da *RTP* sobre o 25 de Abril.

24 Horas, 21.04.1999, 1' 40" – Vídeos da *RTP* sobre as memórias do 25 de Abril.

Telejornal, 21.06.1999, 2' 18" – A *RTP* lançou hoje dois novos vídeos sobre as vidas de Vitorino Nemésio e José Cardoso Pires.

TVI – *TVI Jornal*, 11.10.1999, 2' 00" – Sucesso do disco do *Batatoon*, programa da *TVI* que é líder de audiências.

Directo XXI, 11.10.1999, 2' 10" – Sucesso do programa *Batatoon*, que acaba de editar um disco.

Há notícias de teor mais institucional, que só uma estação, compreensivelmente, transmite:

---

[2] O *Telejornal* de 14.02.1999 alinhou uma notícia sobre a rodagem, em Lisboa, de um episódio de uma série televisiva alemã. As peripécias automobilísticas por Lisboa fora, propiciadas, como é clássico, por perseguições policiais, com alguns tiros à mistura, constituíam, só por si, ingredientes para uma notícia transbordando acção, dinamismo, movimento. Mas, afinal de contas, a razão da difusão da peça pode bem ter sido outra.

Entre os quinze a vinte actores portugueses mobilizados para as gravações, estava Joaquim Guerreiro. Se não conhece, devia conhecer: *"Mas como os portugueses estão em todo o lado, não podia faltar a boa representação portuguesa. E quem não conhece o 'Jeitoso' da telenovela 'Os Lobos"*. A telenovela passava, ao tempo, na *RTP 1*.

[3] Confrontamo-nos, aqui, com notícias referentes ao sucesso de actividades puramente comerciais. Para que se faça uma ideia, a directora de operações comerciais da *RTC* (ao tempo concessionária de publicidade da *RTP*), adiantava ao *Público* ("A febre da 'Patomania", Sofia Rodrigues, 21.11.1999) que a venda de produtos associados aos *patinhos* do programa *Vamos Dormir* já ultrapassara a centena de milhar de contos (500 mil euros).

Ao disco juntava-se uma panóplia de outros suportes, como meias, linha de bebé, vestidos, *t-shirts*, pijamas, pratos, copos, canecas, produtos de higiene pessoal, peluches, bonecos em plástico, fantoches e jogos. Um *merchandising* muito mais rentável que o do *Vitinho* (que surgiu associado a uma marca de papas). A directora da *RTC*, Maria José Duarte, equiparava o sucesso das vendas de produtos associados aos *patinhos* ao fenómeno verificado muito anos antes com a *Bota Botilde*, do concurso *1, 2, 3* ("São fenómenos cíclicos". *Público*, Sofia Rodrigues, 21.11.1999).

RTP1 – *Telejornal*, 2.02.1999, 35" – O Presidente do CA da *RTP* foi recebido pelo Presidente da República.

Telejornal, 18.02.1999, 2' 40" – De visita ao Arquivo da *RTP*, o Presidente da República defendeu uma maior preservação e valorização dos arquivos nacionais.

Jornal da Tarde, 15.06.1999, 2' 33' – Pio Cabanillas, presidente da televisão estatal espanhola, está em Portugal para falar da cooperação entre as várias televisões públicas europeias.

Telejornal, 15.06.1999, 2' 26" – Cooperação entre a *TVE* e a *RTP*.

24 Horas, 15.06.1999, 2' 33" – O futuro vai trazer mais séries da *TVE* para a televisão portuguesa.

24 Horas, 25.11.1999, 1' 35" – Armando Vara recebeu hoje a comissão de trabalhadores da *RTP*.

RTP2 – *Jornal 2*, 18.02.1999, 17" – De visita ao Arquivo da *RTP*, o Presidente da República defendeu uma maior preservação e valorização dos arquivos nacionais.

Outras, de teor mais concorrencial, só mesmo uma estação as pode transmitir:

TVI – *Directo XXI*, 15.08.1999, 1' 20" – *TVI* ultrapassa *RTP* no *prime time*.

TVI Jornal, 16.08.1999, 1' 38" – A *SIC* deixou de ser líder de audiências, durante a noite de sábado.

Há notícias sobre o universo em que gravita a estação, projectos em curso, acções de solidariedade, maleitas dos seus funcionários, efemérides...

RTP1 – *24 horas*, 7.01.1999, 2' 45" – Comemorações do primeiro aniversário da *RTP África*.

Telejornal, 8.01.1999, 2' 10" – Fernando Pessa foi operado a uma perna.

Telejornal, 9.01.1999, 2' 29" – Fernando Pessa está hospitalizado.

Telejornal, 21.01.1999, 1' 12" – As imagens da *RTP Internacional* vão passar a ser transmitidas por cabo em Macau. O contrato do serviço público foi hoje assinado com a Marconi, para vigorar nos próximos quinze anos.

Jornal da Tarde, 7.03.1999, 23" – A *RTP* comemora hoje o seu 42.º aniversário.

24 Horas, 7.03.1999, 3' 07" – Comemoração do 42.º aniversário da *RTP*, com uma homenagem aos funcionários mais antigos.

24 Horas, 15.03.1999, 1' 30" – Apresentação do Museu da *RTP*, espaço vivo e interactivo, único no país.

Telejornal, 7.04.1999, 1' 45" – A *RTP* vai criar uma nova empresa, o *Centro de Produção de Lisboa*.

24 Horas, 7.04.1999, 1' 47" – *Idem*.

Telejornal, 9.04.1999, 1' 44" – A *RTP Internacional* vai ter uma delegação na Universidade de Massachusetts.

Telejornal, 15.04.1999, 2' 27" – Aniversário de Fernando Pessa.

Telejornal, 12.05.1999, 2' 03" – Trabalhadores da *RTP* reuniram-se hoje em plenário.

Telejornal, 22.05.1999, 1' 36" – Os surdos vão poder acompanhar alguns programas da *RTP*, que passarão a ser legendados.

Telejornal, 30.06.1999, 1' 20" – Trabalhadores da *RTP* contestam criação de nova empresa.

Notícias 1, 1.07.1999, 4' 50" – Abertura de um novo centro emissor da *RTP*, em Castelo Branco.

Telejornal, 1.07.1999, 1' 30" – *RTP* em Castelo Branco. Agora todos os dias se poderá ver, em Castelo Branco, o *País Regiões* de Castelo Branco.

Telejornal, 1.07.1999, 3' 05" – Directo de Castelo Branco.

24 Horas, 1.07.1999, 1' 26" – Inauguração do novo centro emissor da *RTP* em Castelo Branco.

Telejornal, 6.07.1999, 2' 18" – Início das emissões regionais da *RTP* em Castelo Branco.

24 Horas, 6.07.1999, 2' 16" – Novo centro emissor da *RTP* em Castelo Branco foi hoje inaugurado.

Jornal da Tarde, 12.07.1999, 1' 53" – A *RTP* vai produzir, em cooperação com a *AEP*, documentários sobre a história da indústria portuguesa.

Telejornal, 12.07.1999, 1' 47" – *Idem*.

Telejornal, 26.07.1999, 1' 48" – Hoje nasceu a *RTP Timor*, um programa da *RTP Internacional* dedicado a Timor Leste que contém notícias, entrevistas e todas as informações necessárias sobre o referendo.

24 Horas, 27.07.1999, 1' 42" – A Casa de Pessoal da *RTP* está de parabéns. Faz agora 40anos.

Telejornal, 14.10.1999, 40" – 300 ex-funcionários da *RTP* participaram hoje num encontro, em Lisboa.

24 Horas, 30.10.1999, 1' 39" – A Associação de Reformados da *RTP* fez hoje 11 anos.

Telejornal, 29.11.1999, 2' 18" – O Arquivo Audiovisual da *RTP* foi aumentado com espólios de imagens da *Gulbenkian* e do Governo de Macau.

24 Horas, 29.11.1999, 2' 25" – *Idem*.

Telejornal, 11.12.1999, 1' 05" – Matan Ruak esteve hoje na *RTP*, visita destinada a agradecer a campanha de solidariedade para com as crianças timorenses desenvolvida pela Casa de Pessoal da *RTP*.

RTP2 – *Jornal 2*, 7.01.1999, 20" – Festa do 1.º Aniversário da *RTP África*, na Aula Magna.

Jornal 2, 1.07.1999, 31" – Novo centro emissor da *RTP* em Castelo Branco.

Jornal 2, 6.07.1999, 2' 09" – O centro emissor da *RTP* em Castelo Branco foi hoje inaugurado oficialmente.

Jornal 2, 29.11.1999, 40" – O Arquivo Audiovisual da *RTP* foi aumentado com espólios de imagens da *Gulbenkian* e do Governo de Macau.

SIC – *Primeiro Jornal*, 21.08.1999, 00' 55" – Francisco Pinto Balsemão tornou-se ontem o accionista maioritário da *SIC*.

Jornal da Noite, 21.08.1999, 55" – Pinto Balsemão assumiu o controlo da *SIC*, esvaziando assim as pretensões do grupo *Lusomundo*.

Último Jornal, 23.09.1999, 2' 10" – Cem mil contos (500 mil €) foi o total angariado pela iniciativa da revista *Visão* em conjunto com a *SIC*, para a reconstrução de Timor Leste. Estuda-se agora a maneira de fazer chegar o dinheiro a Baucau.

Jornal da Noite, 9.11.1999, 43" – A *SIC* e o Ministério da Cultura consolidaram hoje a criação da *SIC Filmes*, empresa que produzirá trinta telefilmes até 2001.

Último Jornal, 9.11.1999, 1' 30" – *Idem*.

Último Jornal, 23.11.1999, 1' 58" – Francisco Pinto Balsemão anunciou esta noite, durante o *IX Congresso das Comunicações* sobre o tema *Desafios do novo*

Milénio, a decorrer em Lisboa, que vai ser possível assistir às emissões da *SIC* na internet, já no próximo ano.

Primeiro Jornal, 24.11.1999, 1' 50" – *Idem*.

TVI – *TVI Jornal*, 2.03.1999, 40" – Miguel Paes do Amaral disponibilizou-se para esclarecer todas as dúvidas sobre a compra do *Grupo TVI*.

Directo XXI, 14.09.1999, 1' 30" – A *Media Capital* reforçou a sua posição na *TVI*. A *TVI* passa a ter um novo parceiro internacional com grande experiência no sector das telecomunicações.

Há notícias dos prémios conquistados...

RTP1 – *Telejornal*, 8.03.1999, 23" – Duas repórteres da *RTP* ganharam o *Prémio Mulher Divulgação Elina Guimarães 98*.

Telejornal, 25.3.1999, 2' 53" – Duas jornalistas da *RTP* receberam esta tarde o *Prémio Mulher Divulgação Elina Guimarães 98*, por uma reportagem sobre o aborto, transmitida em Julho do ano passado.

24 Horas, 25.3.1999, 1' 43" – *Idem*.

Telejornal, 8.05.1999, 2' 33" – A *RTP* foi premiada com o galardão *Jornalismo Contra a Indiferença*, atribuído pela *AMI*.

Telejornal, 17.06.1999, 1' 02" – Atribuição do *Prémio de Economia* do *Jornal de Negócios* a Carlos Vargas.

24 Horas, 30.06.1999, 2' 21" – Prémio *Jornalismo Contra a Indiferença* atribuído à *RTP* e ao jornal *Público*.

Telejornal, 1.07.1999, 2' 14" – Prémio da *AMI* para a *RTP*.

24 Horas, 6.07.1999, 1' 22" – Três prémios para a *RTP*, de uma vez só. *País País*, *País Regiões* e a jornalista Dina Aguiar galardoados com os prémios *MAC*, atribuídos pelo *Movimento de Arte Contemporânea*.

Telejornal, 22.09.1999, 1' 56" – Prémio de *Político do Ano* para o *Contra-Informação*, da *RTP*.

24 Horas, 22.09.1999, 2' 00" – O *Contra-Informação* recebeu mais um prémio.

Telejornal, 24.09.1999, 1' 12" – Prémio para a reportagem da *RTP Kosovo, terra queimada*.

Telejornal, 25.10.1999, 1' 47" – Filme *Ecoman* ganhou prémio no *Festival de Cinema para Crianças*.

Telejornal, 10.12.1999, 2' 25" – Prémios da Comissão Nacional para a Comemoração dos 50 anos da Declaração Universal dos D*ireitos Humanos* atribuídos *ex aequo* a José Vegar, do *Expresso*, e Alberto Serra, da *RTP*.

SIC – *Último Jornal*, 7.04.1999, 00' 49" – Prémio *Bordalo* para jornalismo de televisão, entregue a Cândida Pinto.

Primeiro Jornal, 8.04.1999, 2' 24" – *Idem*.

Jornal da Noite, 8.04.1999, 2' 25" – *Idem*.

Jornal da Noite, 3.11.1999, 2' 10" – A revista *Exame* distinguiu a *TMN* como a melhor empresa do ano. A *SIC* também foi galardoada com um prémio.

Primeiro Jornal, 22.12.1999, 48" – Prémios do *Clube de Jornalismo* (1998), foram atribuídos a duas jornalistas da SIC.

Jornal da Noite, 22.12.1999, 2' 32" – Cândida Pinto e Isabel Horta distinguidas pelo *Clube de Jornalismo*.

Jornal da Noite, 22.12.1999, 3' 04" – Isabel Horta recebeu o prémio de *Grande Reportagem*.

Último Jornal, 22.12.1999, 2' 18" – Prémios do *Clube de Jornalismo*.

Último Jornal, 22.12.1999, 2' 55" – Prémios do *Clube de Jornalismo*.

Notícias das contratações milionárias...

SIC – *Jornal da Noite*, 22.10.1999, 46" – Herman José assinou um contrato de exclusividade com a *SIC*, esta tarde, após vinte anos de trabalho na *RTP*.

Jornal da Noite, 22.10.1999, 2' 20" – Herman José assinou hoje um contrato de exclusividade com a *SIC*, válido por seis anos. Maria Rueff acompanha o humorista.

Último Jornal, 22.10.1999, 2' 13" – Herman José assinou hoje um contrato com a *SIC*.

Jornal da Noite, 23.10.1999, 1' 53" – *Idem*.

TVI – *Directo XXI*, 9.12.1999, 42" – Marina Mota assinou esta tarde pela *TVI*, e já na passagem de ano vai ser protagonista de um espectáculo, nesta estação de televisão.

Directo XXI, 9.12.1999, 2' 10" – Marina Mota vai entrar numa série de ficção portuguesa, a estrear na *TVI*.

A televisão até é notícia quando vista...

RTP1 – *Telejornal*, 10.06.1999, 3' 28" – *RTPI* nos EUA. Todos os dias a comunidade portuguesa vem ao café Europa ver as notícias ou os jogos de futebol.

Jornal da Tarde, 22.07.1999, 2' 50" – Numa vila do interior de Timor Leste a única janela para o mundo é a *RTP Internacional*.

Telejornal, 22.07.1999, 2' 34" – *Idem*.

Telejornal, 1.10.1999, 2' 25" – Dezenas de timorenses viram as imagens da chegada do seu herói, Xanana Gusmão, a Lisboa, através da *RTPI*.

Telejornal, 1.10.1999, 2' 00" – O comandante Lere, das Falintil, deu o seu testemunho aos jornalistas, e manifestou a sua alegria ao ver a chegada de Xanana Gusmão a Portugal, através das imagens da *RTPI*.

Jornal da Tarde, 3.10.1999, 1' 45" – Até mesmo os timorenses que se encontram nas montanhas não deixam de ver o *Jornal da Tarde*, através da *RTP Internacional*.[4]

Jornal da Tarde, 27.10.1999, 1' 58" – Na Fragata Vasco da Gama as saudades de Portugal são muito grandes. Hoje estiveram a montar uma antena que lhes permitirá receber a *RTP Internacional*.

RTP2 – *Jornal 2*, 22.07.1999, 2' 34" – Numa vila do interior de Timor Leste a única janela para o mundo é a *RTP Internacional*.

---

[4] Por esta altura, a *RTP* difundiu um *spot* com a resposta de Matan Ruak, comandante das FALINTIL, a uma questão colocada por um jornalista da *SIC*. Bento Rodrigues perguntou ao militar: *"Como é que está o povo nas montanhas?"*

Ruak respondeu, num elogio rasgado à televisão pública: *"Não quero deixar de agradecer à RTP pelo trabalho, o magnífico trabalho que eles fizeram há dois, três dias para trás, e que deu a saber ao mundo os rigores, a terrível situação que a população passa, e isso deu muito efeito"*. Remate do *spot*: *"A televisão que os timorenses vêem, tem o nome que você melhor conhece. RTP, Serviço Público de Televisão"*.

3. A promo compensa

Poder-se-á pensar que os telespectadores reagem a este tipo de notícias da mesma forma como farão, por vezes, com a publicidade, *zapando* até outro canal. Puro engano. Uma consulta aos dados libertados pelo serviço *telenews*, informação disponibilizada pela *Marktest*[5] demonstra que não é assim, ou nem sempre será assim. Algumas destas *promo news* são as mais vistas de todos os espaços informativos televisivos, num dado dia.

Alguns exemplos:

"[4 de Setembro de 2001] Faz hoje um ano que a *TVI* foi remodelada e alterou o panorama televisivo português. A audiência do canal não deixa margem para dúvidas, a *TVI* é líder de audiência. *TVI - Jornal Nacional.* **1.369.300 espectadores, *share* de 44.1%**".

"No dia 21 de Novembro [de 2001], a notícia de âmbito politico com maior audiência média foi o desafio da *TVI* ao Primeiro Ministro António Guterres e ao líder do PSD Durão Barroso, para um debate sobre a situação actual do

---

[5] http://www.mediamonitor.pt/. Trata-se de um serviço pago. No entanto, a *Marktest* disponibilizava alguns dados esparsos, sem frequência diária, ao contrário do que acontecia com as audiências de televisão, publicadas diariamente na *web*. Logo, os casos respigados valem para o acima indicado – demonstrar que há *promo news* que atingem o topo das audiências dos telejornais de um determinado dia, todas as estações consideradas. Por não termos acesso ao serviço pago, não estamos em condições de afirmar qual a frequência de êxitos deste tipo de notícias por comparação com as restantes.

Disponibilizámos todos os elementos que recolhemos, não tendo feito qualquer selecção. Este alerta vale para o facto de todos os exemplos elencados terem como difusora a *TVI*. O facto deste serviço se ter iniciado no período em que aquela estação passou a líder de audiências (último trimestre de 2000), aliado a uma maior frequência de inclusão deste tipo de notícias nos telejornais por parte da empresa dirigida por José Eduardo Moniz, poderá estar na origem de só as *promo news* da *TVI* conseguirem os resultados divulgados pelo serviço *telenews*. Este serviço era assim detalhado pela *Mediamonitor/Marktest*:

"É um serviço que tem por objectivo classificar e disponibilizar aos nossos clientes os conteúdos noticiosos emitidos pelos quatro principais canais de televisão em Portugal.

Estes programas noticiosos são divididos em notícias individuais, classificadas segundo os temas abordados e protagonistas em foco, acompanhadas de uma pequena descrição/título.

Esta informação é disponibilizada para consulta *online* com visualização da notícia a 1 frame por segundo e som integral.

O cruzamento destes períodos/notícia com a informação de audiência vai permitir a análise do impacto na opinião pública dos assuntos veiculados pelos serviços de notícias dos vários canais. Esta análise é disponibilizada *online* e através de *reports* específicos a pedido dos clientes.

As notícias são classificadas por canal, programa, tema e alinhamento.

A aplicação de base de dados de notícias lê a informação de audiências permitindo a inclusão desta nos *queries* e *reports*, podendo assim medir-se a audiência de cada notícia ou conjunto de notícias".

país. Notícia emitida no *Jornal Nacional* da *TVI*, registou **audiência média de 1.619.700 e um share de 41.8%**".

"No dia 9 de Outubro [de 2001], a notícia com maior audiência média (MAM) foi a visita dos presidentes da *SIC* e da *TVI* ao Ministro da Cultura, onde deram conta do seu desagrado pelo que consideram a concorrência desleal da *RTP*. Notícia emitida no *Jornal Nacional* da *TVI*, registou **audiência média de 1.560.000 e um share de 41.9%**".

"No dia 3 de Dezembro [de 2001], a notícia emitida com maior audiência média refere-se ao sucesso no Brasil de *A Casa dos Artistas*, um *Big Brother* à brasileira, que nem a nova telenovela da Globo *O Clone*, (em estreia em Portugal), consegue bater nas audiências. Notícia emitida no *Jornal Nacional* da *TVI*, registou **audiência média de 1.482.000 e um share de 41%**".

"No dia 7 de Janeiro [de 2002], a notícia com maior audiência e duração, destaca o sucesso das novelas *made in* Portugal. Em apenas ano e meio as novelas portuguesas são líderes de audiência e veículo de lançamento de uma nova geração de actores. Notícia emitida no *Jornal Nacional* da *TVI*, registou **audiência média de 1.881.800 e um share de 49.9%**".

"No dia 8 de Janeiro [de 2002], a notícia com maior audiência média, é a apresentação dos novos projectos de Sofia Alves, depois do grande sucesso na novela *Olhos de Água* na *TVI*. Notícia emitida no *Jornal Nacional* da *TVI*, registou **audiência média de 2.023.100 e um share de 52%**".

"No dia 18 de Março [de 2002], a notícia com maior audiência média foi a apresentação do novo programa da *TVI*, *Academia de Estrelas* que vai iniciar as emissões no próximo domingo com Teresa Guilherme e Margarida Marinho. O director geral da *TVI*, José Eduardo Moniz fez a recepção aos seleccionados. *Jornal Nacional* da *TVI*, **audiência média de 1.812.300 e um share de 50.3%**".

"No dia 19 de Março [de 2002], a notícia com maior audiência média foi o directo para a Maternidade Alfredo da Costa onde nasceu o primeiro *bébé Big Brother*, o filho da Marta e do Marco. Notícia emitida no *Jornal Nacional* da *TVI*, **registou audiência média de 1.756.600 e um share de 50.8%**".

"No dia 2 de Abril [de 2002], a notícia com maior audiência total foi o directo aos estúdios da Venda do Pinheiro, onde os concorrentes da *Academia de Estrelas* vão ter as primeiras nomeações. *Jornal Nacional* da *TVI*, registou **audiência total de 1.460.500 e um share de 34.2%**".[6]

---

[6] Segundo o *Público* ("Audiências", n/a, 1.11.2000) o *Jornal Nacional* (*TVI*) de 19.10.2000 - que informou os portugueses,com minúcia, sobre as peripécias em torno do pontapé de Marco a uma sua colega do *Big Brother* -, obteve um "*share*" médio de 54,9%, mais 13,4% que os telejornais da *RTP* e da *SIC* juntas. "No dia anterior, o mesmo noticiário - *sem pontapé* - ficou-se por uns modestos 21,9%, sendo batido pelo *Jornal da*

4. Notícias de campanha

A inserção de algumas das *promo news* antes listadas será escalpelizada noutros pontos deste livro. Sem prejuízo desse detalhe, notemos, desde já, a existência de verdadeiras campanhas de promoção noticiosa de programas veiculados pelas estações.

Não havendo espaço para o detalhe de todas elas, fiquemo-nos pelas mais *impressivas*. Escolhemos três casos.

Comecemos pela *1.ª Grande Corrida de Touros TVI*, que esta estação haveria de transmitir em directo, a 1 de Julho de 1999. A primeira notícia surgiu a 23 de Junho no *TVI Jor*nal (1' 35"), uma semana e um dia antes da transmissão televisiva. A notícia promocional dava conta dos preparativos para o grande evento.

No dia seguinte, no mesmo espaço informativo, outra notícia (2' 47"), informando os telespectadores da participação de Rui Fernandes na dita tourada. O *Directo XXI* de 24 de Junho também disponibilizou 4' 15" ao evento, repartidos por duas notícias.

A 25 de Junho, no *TVI Jornal* alinhou o mais antigo grupo de forcados do país (uma notícia, 3' 03"). À noite, no *Directo XXI*, mais 3' 10" para o mesmo assunto. A 26 as notícias da *1.ª Grande Corrida de Touros TVI* tiveram direito a folga.

A 27 de Junho, mais uma notícia no *Directo XXI* (1' 31"). A 28, o informativo da hora do almoço oferecia 1' 19" para nova notícia, um pouco menos que os 3' 09" disponibilizados pelo *Directo XXI*, para duas notícias. A expectativa dos telespectadores crescia em sintonia com a de João Moura, *ansioso para que chegue a noite de quinta-feira*, tudo porque *o que mais quer é triunfar*. Como é normal e, pelos vistos, motivo de notícia. A bónus noticioso surgiu o filho de João Moura. Com apenas nove anitos, *já segue os passos do seu pai*.

E houve uma notícia mais no *TVI Jornal* de dia 29 (2' 02"), e outra no *TVI Jornal* de dia 30 (3' 30"), e duas notícias mais no *Directo XXI* também de dia 30 (3' 30"; 2' 05"). O nervosismo crescia, a *"contagem decrescente"* para a

---

Noite da *SIC*, com 45,3%. No resto da semana, embora com valores mais aproximados, a luta entre a *TVI* - que passou a estar num patamar de audiências superior - e a *SIC* prolongou-se, com alguma vantagem para este canal.

No dia 23, quando a produção do concurso integrou dois concorrentes, pormenor exaustivamente anunciado na antena e no *Jornal Nacional*, o *share* do noticiário subiu aos 45,4%. Com o adensar do enredo do *Big Brother*, o principal espaço informativo da *TVI*, que nas primeiras semanas se situou em níveis bastante modestos, subiu para valores diários frequentemente acima dos 30%" – adiantava aquele jornal.

tourada já começara, 10-9-8-7-6-5. Exacto. Cinco notícias no dia do evento. Três à hora do almoço (*TVI Jornal*), duas à hora do jantar (*Directo XXI*). No primeiro informativo fez-se um directo até ao Campo Pequeno (4' 18"), e o retrato do grupo de forcados *Os Amadores do Aposento da Moita* (3' 01"). Sobrou 1' 36" para dar conta da parafernália de meios técnicos e humanos que seriam utilizados na transmissão em directo da tourada.

No *Directo XXI* emitiu-se uma reportagem com João Moura (1' 35") e procedeu-se a mais um directo, de *apenas* 9' 45".

Tudo visto, até à transmissão da tourada, a *TVI* inseriu, nos seus telejornais, 19 notícias, com um tempo total de 52' 11". Tempo que superava, em muito, a duração dos telejornais da *TVI*, naquela altura. A transmissão da tourada teve uma duração de 3h 22', logo a promoção noticiosa representou 25,8% do tempo de transmissão do evento organizado pela *TVI*.[7]

A 3 de Agosto, a *TVI* transmitiu um programa sobre o sucesso de outro programa. Referimo-nos a *Tiazinha*, exibido no Brasil pela *Rede Bandeirantes*. As *promo news* começaram a ser inseridas nos telejornais da estação a 28 de Julho, seis diantes antes da emissão do especial. Os telespectadores portugueses, sedentos de notícias do mundo, ficaram a saber que *Tiazinha* era um *sucesso estrondoso* no Brasil; uma personagem sado-masoquista que já se constituíra como uma autêntica *indústria*, movimentando à volta de quatro milhões de contos (20 milhões de €) ; que o Brasil andava *louco* pela moça da máscara; que a moça da máscara representava uma *explosão de sedução*; que (recapitular notícias anteriores) explodira para fora da telinha.

E, no dia T, a contagem decrescente da praxe na estação de Queluz: "*Falta hora e meia para que 'Tiazinha' tire a máscara, aqui na TVI*". Ao todo, no caderno promocional subscrito pela redacção da *TVI* foram averbadas dez *promo news*, com uma duração de 22' 45". "*Tiazinha*" teve uma duração de 52' 11". A promoção noticiosa representou 43,6% do tempo de emissão do programa.[8]

Em Maio de 1999, o padre brasileiro Marcelo Rossi deslocou-se a Portugal,

---

[7] No dia seguinte à realização da "*1.ª Grande Corrida de Touros TVI*", a estação difundiu cinco notícias sobre o evento, com uma duração total de 13' 27". Já para outra tourada, também promovida pela *TVI*, e que teve lugar na Nazaré a 7.08.1999, registámos 11 *promo news* antecipando o evento, com uma duração total de 25' 30". No dia seguinte, os pormenores da tourada foram tratados em duas notícias (4' 49").

[8] Ainda estonteados com a explosão de sedução da *Tiazinha*, os telespectadores da *TVI* foram informados, passados escassos vinte dias, que a moça já tinha *sucessora*, dava pelo nome de *Feiticeira* e, só podia ser *o centro de todas as atenções no Brasil*. Mais um programa a exibir pela *TVI*, mas desta feita Joana Prado não beneficiou dos mesmos favores propagandísticos que a sua antecessora. Emitido a 24 de Agosto de 1999, contou

para lançar um disco de sua autoria. O comportamento das estações de televisão foi díspar: Rossi foi notícia na *SIC* e na *TVI*, mas completamente ignorado na *RTP*. No *Jornal da Noite* (*SIC*), contabilizámos sete notícias; três no *Primeiro Jornal* (*SIC*) e uma no *Último Jornal* (*SIC*). Ao todo, só nesta estação, o padre brasileiro beneficiou de 11 notícias nos quatro dias que passou em Portugal, notícias que totalizaram 23' 53". O *Jornal da Noite*, com maior número de notícias, foi, naturalmente, o mais generoso em tempos: 15' 46", tendo chegado a alinhar mais que uma peça por edição. Duas peças no dia 24, outras duas no dia 25, mais duas a 27 de Maio. O dia 26 foi excepção, com uma notícia apenas. O *Primeiro Jornal* disponibilizou 2' 12" (para três notícias), e a única notícia sobre o *fenómeno* brasileiro que passou no *Último Jornal* durou 2' 55". Ainda em relação ao *Jornal da Noite*, de registar duas peças com duração fugindo aos cânones do minuto e meio: uma com 3' 55", e outra com 3' 15".

A *TVI* foi mais parca com o padre que a *SIC*. Emitiu três notícias no *Directo XXI* (21h), e uma no *TVI Jornal* (13h 30), com uma duração total de 15' 24". Tanto a *RTP1* como a *RTP2* ignoraram a presença do padre em Portugal.

Acontece que Marcelo Rossi esteve no programa *Roda dos Milhões*, da *SIC*, dia 15, e foi ainda entrevistado no programa *Esta Semana*, emitido pela mesma estação a 27 de Maio (39' 00").

Acontece ter a *TVI* passado, também no dia 27, enxertada no final do telejornal do jantar desse dia, uma *grande reportagem* sobre Marcelo Rossi, antecipando-se assim em mais ou menos uma hora ao programa *Esta Semana* da *SIC*. A *grande reportagem* ou o programa enxertado no telejornal da *TVI* durou 53' 40".

De notar ainda que, tanto o *Primeiro Jornal* como o *Jornal da Noite*, noticiaram a presença do *padre mais mediático do momento* quer no programa *Roda dos Milhões*, quer no *Esta Semana*. Quanto ao primeiro dos programas, fez-se *reprise* da sua actuação; já no que toca ao de Margarida Marante, tanto o *Primeiro Jornal* como o *Jornal da Noite* publicitaram a presença de Rossi, anunciando a sua participação no programa. A *reprise* foi feita no

---

com 5 *promo news* (11' 23"), a primeira das quais alinhada no dia anterior à emissão do programa.

Tiazinha ombreara, assim, com as notícias promocionais do programa que abrira esta série de *sucessos televisivos brasileiros* difundidos por estações concorrentes da *Globo*. Referimo-nos a *Ratinho*, que passou em duas *doses*, a 6 e a 13 de Julho de 1999. A promoção noticiosa do primeiro programa foi feita em dez notícias (quantidade igual à promoção de *Tiazinha*), mas com uma duração total ligeiramente superior – 25' 29". Como este programa durou 1h 26' 18", a promoção noticiosa representou 29,5% do tempo total da emissão de *Ratinho*.

Último Jornal de dia 27.

É clara, e denunciada, a estratégia de inclusão de *promo news* por parte tanto da *SIC* como da *TVI*. A pergunta sacramental é esta: as redacções das duas estações exageraram na cobertura noticiosa da presença de Rossi em Portugal? Melhor dito, na presença de Rossi em cada uma das televisões? Ou foram os dois canais da *RTP* que ignoraram ostensivamente Marcelo Rossi, atentos os compromissos do padre para com as televisões concorrentes? Não tivesse o *padre aeróbico* sido protagonista de programas na *SIC* e na *TVI*, e estas estações ter-lhe-iam dado o mesmo relevo noticioso?

Tratando-se efectivamente de um fenómeno de popularidade, a sua presença em Portugal não teria justificado cobertura noticiosa por parte dos canais da televisão pública?

A programação de uma estação televisiva ganha vida noticiosa através de expedientes vários. Organizam-se eventos para comemorar um determinado número de emissões (milésimo programa *Acontece*, da *RTP2*; terceiro aniversário do programa *Contra-Informação, da RTP1*; terceiro aniversário do programa *As Lições do Tonecas*, também da *RTP1*; primeiro aniversário da *RTP África*), eventos que são notícia, a par das outras novas do país e do mundo.

Determinados programas passam a ser conhecidos dos telespectadores não aquando da sua estreia, mas antes, por vezes muitos meses antes. A telenovela *A Lenda da Garça*, com início a 13 de Setembro de 1999, subiu aos informativos da *RTP1* logo em Janeiro, com uma *notícia* sobre o início das gravações. Voltaria mais vezes, até ser estreada no principal canal público.

A *SIC* também desvendou, num noticiário (26.06.1999), os bastidores do primeiro telefilme produzido pela estação. Cinco meses depois, a 26.11.1999, dava-se conta de que *Amo-te Teresa* já estava pronto, o mesmo acontecendo com uma segunda produção.

A *TVI* noticiava, a 1 de Agosto, o início das gravações da *primeira série de ficção portuguesa, Todo o Tempo do Mundo*, a ser exibida por aquela estação. Voltaria mais vezes (13.08.1999, 22.09.1999, 27.09.1999, 28.09.1999, 29.09.1999, 30.09.1999, 1.10.1999), até ser estreada, a 2.10.1999.

Noutros casos, o intervalo é mais curto, organizando-se *apresentações* dos programas poucos dias antes da sua estreia (*Atlântico*, da *RTP1*, apresentado a bordo da fragata D. Fernando e Glória; *Crónica do Século*, da *RTP1*, apresentado no Parque das Nações).

Do *Festival da Canção* (*RTP1*, 8.03.1999), dá-se conta algum tempo antes também (em Janeiro), assinalando o encerramento do prazo de candidaturas. Na véspera do espectáculo ainda há tempo para dar notícia dos ensaios.

A existência de problemas na rodagem de alguns programas também pode valer uma notícia, como fez a *TVI*, em Março de 1999. A equipa de rodagem do *Marés Vivas* defrontou-se com a oposição dos habitantes de uma localidade australiana, indispostos pelas restrições sofridas e ainda pela *arrogância* das estrelas. Pamela Anderson e companhia tiveram que ir gravar para outras paragens. A série passava na *TVI*, a notícia passou na *TVI*, por duas vezes, a 4.03.1999.

Noticiam-se assinaturas de protocolos, seja para exibição de programas, seja para firmar estatutos de privilégio na difusão noticiosa de certos eventos (protocolo entre a *SIC*, a *FNAC* e o Ministério da Cultura para a produção do programa *Sofá Vermelho*; protocolo entre a *SIC* e a *Fundação de Serralves*, para a divulgação das várias actividades daquela instituição por parte da estação televisiva. Noticiam-se eventos extra-programação – *Festa de Carnaval da RTP*; comemoração dos 25 anos do 25 de Abril por militares e funcionários da *RTP*, nos estúdios desta estação, no Lumiar. O mercado de transferências das estrelas televisivas também conquista lugar nos alinhamentos – Herman José contratado pela *SIC*, Herman José despedindo--se da *RTP*, Marina Mota contratada pela *TVI*. Enfatizam-se os meios postos à disposição para transmitir programas de entretenimento, veja-se o caso da *TVI*, com a transmissão das touradas.[9] E até a inauguração de um estúdio sobe a notícia, no telejornal de uma estação que lá irá gravar alguns programas (*Jornal da Noite*, 15.06.1999, 45").[10]

A programação da estação pode desembocar, por faro jornalístico ou

---

[9] Notícia do *TVI Jornal*, 1.07.1999:

Pivot: "E para que a emoção de uma arena passe para o seu sofá, a *TVI* vai usar meios técnicos nunca vistos em touradas transmitidas pela televisão, em Portugal. Haverá treze câmaras, duas das quais micro-câmaras, instaladas nos curros e sobre a arena, que darão certamente imagens inéditas da festa do toureio".

Jornalista: "O Campo Pequeno nunca assistiu a nada assim. É a maior cobertura televisiva de uma corrida de touros alguma vez feita em Portugal. Se não, vejamos: só câmaras são treze, duas delas micro-câmaras. Novidade é que essas vão ficar, uma nos curros, de onde saem os touros; a outra fica instalada numa grua sobre a arena. É uma estrutura com 58 metros de altura, de onde se pode apreciar toda a praça, e a movimentação dos artistas. Um espectáculo de imagem e de som. Novidade a esse nível é a colocação, pela primeira vez em Portugal, de microfones-emissores nos cavaleiros em actuação. A manhã foi agitada no Campo Pequeno, a azáfama é grande, para que tudo esteja a postos, por volta de um quarto para as dez da noite. Ao todo estão envolvidos cerca de meia centena de profissionais, nesta transmissão da *TVI* que promete ser inovadora. Realização a cargo de uma equipa vinda de propósito de Espanha, onde assegura a cobertura, todos os anos, de três dezenas de corridas de touros (...)".

[10] Eis o teor da notícia:

Pivot: "Está inaugurado o maior estúdio de televisão do país. Propriedade da empresa *Valentim de Carvalho*, as novas instalações vão receber, principalmente, as grandes produções da *SIC*".

mera estratégia promocional, em notícias relacionadas com o tema de determinado programa. É a programação de uma estação a gerar efeitos de *news peg*. Aconteceu na *TVI* (Agosto de 1999), com a emissão de programas sobre uma colónia brasileira de nudistas. Repórteres da estação deslocaram--se, por aqueles dias, à única praia de nudismo do Algarve, produzindo uma notícia. Outra deu conta do escasso número de praias oficiais de nudismo existentes em Portugal: apenas três. Io Apoloni, nudista praticante, foi entrevistada no *Directo XXI*, também por aqueles dias. Os consumidores de telejornais da *TVI* ficaram ainda informados das queixas dos nudistas portugueses em relação à forma como eram (mal)tratados pelo Estado.

Já a *SIC*, aquando da contratação de Herman José e sua equipa, também se lembrou de rumar ao Brasil, para dar a conhecer como funcionava o mercado de transferências das estrelas televisivas naquele país (*Jornal da Noite*, 23.10.1999).

O universo do noticiável passa a integrar, também - por osmose dos jornalistas ou imposição das chefias -, muito do universo que respeita à própria estação em que trabalham. Tanto assim é que, em alguns dos casos, nem se trata de promover programas ou eventos da estação. A notícia, mesmo que actual, pode ir beber a grelhas passadas. Por exemplo, na *TVI*, quando se dá conta da passagem, por Portugal, de protagonistas de novelas já exibidas na estação. Aconteceu com Regiane Alves, actriz brasileira que entrou na telenovela *Fascinação*, exibida pela *TVI* (*TVI Jornal*, 7.04.1999, 2' 40"); e com Thaís de Araújo, da telenovela *Xica da Silva*, também exibida por aquela estação (*TVI Jornal*, 2.11.1999, 3' 05").

5. Da realidade da ficção à ficção noticiosa

Provado está não terem sido as *BB news* a inaugurarem a discutível e controversa prática de fazer dos telejornais mais um dos instrumentos dos pacotes de *mixing* promocional de programas das estações televisivas.[11] A

Jornalista: "É o maior estúdio de televisão do país. 1.500 metros quadrados de revolução tecnológica. Um milhão e cem mil contos (5 milhões e meio de euros) de investimento, que os proprietários esperam recuperar em três anos e meio, principalmente através da *SIC*".

Manuel Falcão (Presidente da *Valentim de Carvalho*): "A *SIC* tem uma opção de privilégio em relação à utilização do estúdio, mas o estúdio está aberto a qualquer outro produtor, ou eventualmente, a qualquer outra estação".

Jornalista: "O novo estúdio vai receber o programa *Esta Semana*, *A Roda dos Milhões*, o *Big Show Sic*, mas aqui cabe tudo, até um *Auto da Barca* dito do alto do estúdio …".

novidade, no que ao *reality show* concerne, residiu numa utilização mais insistente, mais ostensiva dos noticiários para alavancar e reforçar a audiência do dito programa. As peripécias da casa da Venda do Pinheiro chegaram mesmo ao lugar nobre de abertura dos telejornais da *TVI*; fizeram-se bastantes directos sobre o programa – por exemplo, para casa dos familiares dos concorrentes; directos para restaurantes noticiando encontros entre ex--residentes desavindos que, à mesa do jantar, faziam finalmente as pazes, e outros mais.

Esta foi uma prática reiterada, não se cingindo apenas à primeira edição do programa. A 20.04.2001, o *Jornal Nacional* serviu de palco à apresentação de uma nova concorrente, chamada a substituir uma residente que desistira. Mas não se tratou de uma mera apresentação. Efectuaram-se ligações à sala de maquilhagem, sem nunca mostrar o rosto da moça. Criou-se um verdadeiro clima de *suspense* em torno da neófita, cuja entrada no estúdio do *Jornal Nacional* foi seguida em directo, a concorrente devidamente acompanhada por um jornalista. Aos consumidores de notícias da *TVI* foi ainda ofertado um bónus, pelo *Jornal Nacional*: afinal, não havia apenas um novo concorrente, mas dois. O segundo elemento também se deu a conhecer naquele informativo. Abandonaram ambos o estúdio do *Jornal Nacional*, rumo à casa da Venda do Pinheiro, sempre na presença das câmaras.

A insistência na inclusão de peças sobre o *Big Brother* nos informativos da *TVI* aconteceu num período de acesa disputa pela primazia das audiências entre esta estação e a *SIC*, líder incontestada naquela data. Todo este cadinho ajudou a tornar mais notada uma prática que já não era nova (veja-se a extensa lista de *promo news* antes publicada; atente-se nas campanhas promocionais que referimos, da tourada e do programa da *Tiazinha*).

O certo é que foi por esta altura que críticos e autoridades reguladoras do

---

[11] Se quisermos recuar mais um pouco, pesquisando *promo news* anteriores a 1999, não teremos qualquer dificuldade em fazer colheita farta. Apenas alguns exemplos. A 10.09.1998, o *Directo XXI* (*TVI*) dedicou 6' 09" a duas entrevistas com os principais protagonistas de *Ficheiros Secretos*, série que recomeçava a ser exibida, nessa mesma noite, naquela estação. Em 1997, Roberta Close, a *mulher mais bonita do Brasil*, com a particularidade de ter nascido homem, entrou por mais do que uma vez nos telejornais da *SIC*, promovendo-se a sua presença no programa *Esta Semana*. Em Maio de 1997, um jovem actor da telenovela *Xica da Silva* morreu em acidente de viação. A sua morte foi ignorada pela *RTP1*, *RTP2* e *SIC*. Para compensar, na *TVI* valeu dez notícias, distribuídas por três dias diferentes. A telenovela estava ao tempo em exibição na *TVI*.

Em 1997, Pamela Anderson foi a julgamento, acusada de quebra de um contrato. Mereceu duas notícias na *TVI*, nenhuma nas outras estações. Pamela Anderson, actriz da série *Marés Vivas*, em exibição na *TVI*. Ainda em 1997, o actor António Fagundes cumpriu 30 anos de carreira, facto assinalado no *Jornal da Noite* (*SIC*). Era Bruno Mezenga, na novela *O Rei do Gado*, que passava na *SIC*, como bem frisou o apresentador do informativo.

audiovisual despertaram para a problemática da utilização dos telejornais como veículos promocionais de programas das estações televisivas. Ao mesmo tempo, ao alinhamento editorial pró-Benfica por parte da *SIC* (que, seja feita justiça, já por várias vezes havia sido denunciado), e a que correspondia opção editorial inversa por parte da *RTP* (pró-Olivedesportos, mas não tão agressiva e acutilante como a da rival de Carnaxide), veio somar--se a entrada da *TVI* na compita, por alturas do processo eleitoral que haveria de destronar Vale e Azevedo da presidência do Sport Lisboa e Benfica.

Ana Clara Quental,[12] jornalista do *Público*, retratava assim a chegada do *Big Brother* aos noticiários da *TVI*: "Dois ex-concorrentes do Big Brother jantam juntos. O acontecimento é diversas vezes anunciado ao longo do Jornal Nacional, que vai para o ar às 20 horas na TVI. Depois das novas sobre futebol, já no fim do noticiário, a 'pivot', Manuela Moura Guedes, conversa em directo com os dois ex-residentes na casa do Big Brother. Resultado imediato? As audiências sobem em flecha.

No mesmo dia em que Jorge Sampaio anunciou a sua recandidatura ao cargo de Presidente da República, os holofotes dos noticiários da TVI viraram--se para a expulsão de um residente da casa do Big Brother e transmitem um pedido de desculpas em directo do concorrente agressor à vítima. No mesmo dia, as audiências premeiam a estratégia que a televisão de Queluz de Baixo seguira, desde a estreia da 'novela da vida real', elevando as peripécias do concurso à condição de notícia".

Alguns dias depois Mário Soares também se daria conta de como uma sua prestação televisiva valia menos que as notícias sobre o *Big Brother*:

"Mário Soares, que há cerca de quinze dias revelou apetecer-lhe optar pela censura para acabar com o Big Brother, teve quarta-feira passada uma prova clara de que não é essa a inclinação dos telespectadores. No Jornal Nacional da TVI desse dia, o ex-presidente da República apareceu a comentar as eleições norte-americanas. Enquanto falava, a curva de audiências manteve-se nos 10 por cento - assim que começou o noticiário sobre a 'novela da vida real', registou-se uma subida para os 16 por cento" – adiantava o *Público* (11.11.2000), artigo de Ricardo Dias Felner, com o sintomático título "Quando o Big Brother bate Mário Soares".

A revelação havia sido feita pelo subdirector de informação da *TVI*, Henrique Garcia, num debate organizado pelo Conselho Deontológico do Sindicato dos Jornalistas, que reuniu em painel Margarida Furnelos, psicóloga, Alexandre Castro Caldas, neurologista, Paula Magalhães, editora do *jornal Big Brother Extra*, e o padre Peter Stilwell, da *Rádio Renascença*, com

---

[12] "O concurso virou notícia". *Público*, Ana Clara Quental, 1.11.2000.

moderação da jornalista Maria Flor Pedroso.

"A iniciativa" – prossegue o *Público*, "teve por objectivo repensar os critérios de noticiabilidade à luz do contágio Big Brother. Até que ponto o alinhamento dos jornais não está a ser pervertido pela lógica promocional? Até que ponto não estão os jornalistas a curvar-se perante a ditadura das audiências? Por que razão é a 'novela da vida real' transformada em notícia da vida real?

'É indesmentível: ter notícias do Big Brother no fim do jornal aumenta as audiências', concluiu Henrique Garcia, ressalvando, contudo, que esta asserção não é um valor suficiente. Na opinião do antigo jornalista da RTP, acresce que o fenómeno tem existência própria - os seus efeitos na sociedade são incontornáveis. Interrogado, em particular, sobre a célebre abertura do Jornal Nacional com o pontapé do concorrente Marco, Garcia explicou: 'Era uma coisa de que toda a gente falava. Não podíamos ignorar uma coisa de que todo o país falava."

A entrada do texto de Felner vinha polvilhada de pontos de interrogação (ou pontos de pasmo?):

"O que se passa num país em que o Big Brother é a principal atracção de um telejornal? O que se passa num país que prefere - largamente - o Big Brother a um comentário de Mário Soares sobre a eleição do Presidente do país mais importante do mundo? O que se passa com o público desse país? O que se passa com os jornalistas desse país?".

Passava-se algo que, não sendo novidade, passava por tal, atenta a agressividade da *TVI* na promoção noticiosa do *reality show*, o clima criado em torno do programa e a compita cada vez mais cerrada entre a *TVI* e a *SIC* pela primazia nas audiências.

Oscar Mascarenhas, ao tempo Presidente do Conselho Deontológico do Sindicato dos Jornalistas, lembrava, no artigo de Ana Clara Quental, que a prática não era nova, equiparando-a mesmo à promoção das *construções na areia*, iniciativa do *Diário de Notícias*:

"Novidade? Nem por isso. A TVI não foi a primeira a puxar a promoção dos seus programas de entretenimento para o seu principal espaço informativo, conforme recorda Oscar Mascarenhas, presidente do Conselho Deontológico do Sindicato dos Jornalistas. 'Estou convicto que incorporar o Big Brother no telejornal segue o mesmo argumento da SIC ou da RTP quando anunciam os vencedores dos respectivos concursos ou quando o 'Diário de Notícias' anuncia as construções na areia". E o mesmo lembrava Pinto Balsemão: "Esta situação não é inédita, e com o advento do directo e com as novas tecnologias ao serviço das televisões, foram criadas novas regras".

A recusa de Mário Mesquita em comentar o assunto, por achar que *a*

situação chegou a um ponto em que o debate é também colaborante, traz-
-nos à liça pormenor de relevo em toda a estratégia promocional do programa.

O pormenor consistia, tão simplesmente, em alcandorar as peripécias do
Big Brother a tema da *conversa nacional*, a assunto a que ninguém, por
mais objector que fosse do formato, pudesse fugir. Nesta estratégia
colaboraram todos aqueles que, criticando legitimamente o programa – nos
jornais, na rádio, em debates televisivos, em conferências académicas –, se
viram transformados, de forma perversa, em *agentes provocadores* da
notoriedade do *reality show*.

Daí a importância da inclusão reiterada de *promo news* sobre o *Big Brother*
nos telejornais da *TVI*. Daí a necessidade de conseguir que os residentes
produzissem *matéria-prima* que pudesse passar, mesmo que de forma
enviesada, por *notícia*. Assim se compreende a importância capital do
célebre *pontapé* de Marco. Como se percebem estratégias similares
seguidas por outros *reality shows*. A tristemente célebre noite da transmissão
em directo da tentativa dos pais de Margarida para a resgatarem d'*O Bar da
TV* procurava esses mesmos efeitos. Se dessa vez as coisas não correram de
feição, já o mesmo não se poderá dizer de outros episódios em programas
subsequentes. Basta recordar o impacto da agressão de Gisela à sua
desafiadora, no *Masterplan* da *SIC*, e a tentativa gorada de criar incidente
similar na *Academia de Estrelas*, da *TVI*. Como é sabido, num dos episódios
com público, simulou-se uma sessão de pancadaria na assistência, tudo
encenado de forma a conseguir ludibriar os telespectadores. A cena não teve
o impacto desejado e, pior do que isso, veio a saber-se que tudo não passara
de uma farsa.

Com as coisas neste pé, conhecendo-se a disparidade das versões da
desafiadora de Gisela e da produção em relação a outro facto – o de ter sido
Sandra a enganar o *Master*, informando-o de que se separara do marido
(versão da produção); ou de terem sido os produtores do programa a
aconselhá-la a anunciar tal facto, porque *as mulheres casadas não têm
chances nenhumas* (versão da concorrente); não sendo esta a primeira
situação controversa em redor do *Masterplan* – basta lembrarmo-nos do
assalto ao carro da Gisela, logo nos primeiros dias do programa, e da
convicção da concorrente de que tudo teria sido armado pela produção; com
as coisas neste pé venha o primeiro que afiance que a agressão de Gisela a
Sandra foi um acto de fúria *genuína* e não uma situação ardilosamente
preparada pela produção do programa.

Perante este quadro, muitas das *notícias* sobre os *reality shows* não
reportam apenas ao domínio das peripécias ficcionais, mas antes de embustes
de que os programas do género se devem rechear para mais facilmente
ganharem o estatuto legitimador da sua entrada nos alinhamentos noticiosos.

Se noticiar um eventual assassinato perpretado num qualquer desses programas, é opção editorial que não gerará controvérsia, daí para baixo será sempre uma questão de graduação. Pelo menos para alguns jornalistas, editores e directores de informação.

O que já ninguém consegue negar é que os telejornais – designação que anteriormente significava redutos de difusão de notícias -, passaram a ser encarados, também, como veículos de *publicidade redigida*, instrumentos do *mixing* potenciador do pacote de programas de cada uma das estações. Isso mesmo foi assumido pela *Globo*, quando decidiu avançar com a edição brasileira do *Big Brother* (estreado a 29.01.2002). Segundo o *Público*,[13] "a exploração comercial do BBB não se vai limitar ao programa nem à emissora. Aos anunciantes a Globo garantiu 'cobertura jornalística' do BBB no *Jornal Nacional* (principal serviço noticioso da estação) e nos programas *Fantástico* (que exibe, aos domingos, reportagens jornalísticas) e *Vídeo Show* (que apresenta notícias sobre a vida dos famosos). Por outro lado, quem comprar as quatro quotas de patrocínio disponíveis - cada uma custa 4,8 milhões de reais - tem direito à inserção de anúncios na televisão, na rádio, na Internet, nos jornais e nas revistas das Organizações Globo".

6. Auto-promoção mais forte que auto-regulação

A inclusão de *promo news* em serviços informativos foi um dos pontos incluídos no acordo de auto-regulação firmado entre as estações de televisão portuguesas, sob o patrocínio da Alta Autoridade para a Comunicação Social (AACS).[14] Apesar da resistência oferecida pela *TVI*, o acordo de auto--regulação, assinado a 18.09.2001, incluía, no seu articulado, uma cláusula na qual os operadores se comprometiam *nos serviços noticiosos, a reforçar os mecanismos que garantam qualidade à Informação e clarifiquem os critérios jornalísticos, com respeito pelo Código Deontológico e pelo Estatuto do Jornalista, de modo a que uma notícia não possa ser confundida com qualquer tipo de promoção.*

Nos comentários à inclusão da referida cláusula, que respigamos do *DN*,[15] Pinto Balsemão (*SIC*) considerou-a *importantíssima*; João Carlos Silva (*RTP*) frisou que *promoção em espaços noticiosos não condizem com a filosofia da*

---

[13] "Big Brother é a grande aposta da Rede Globo". *Público*, Teresa Matos, 30.01.2002.

[14] Substituída pela Entidade Reguladora para a Comunicação Social (ERC) (www.erc.pt), que iniciou funções a 17.02.2006. O site da AACS mantém-se disponível, em www.aacs.pt. Inclui secção dedicada à auto-regulação.

[15] "Acordo não altera filosofias". *Diário de Notícias*, Susete Francisco, 19.10.2001.

RTP; e Moniz (*TVI*) asseverou que a sua estação não confundia informação com entretenimento: "Para José Eduardo Moniz, director-geral da TVI, a estação analisará, 'em cada circunstância, o que é notícia ou não é'. 'Se em qualquer programa - seja um *reality show* ou um jogo de futebol - houver notícia, não deixaremos de a dar', referiu, acrescentando que a TVI 'nunca confundiu informação com entretenimento" – lê-se no artigo citado.[16]

O acordo haveria de quebrar pelo desrespeito, por parte da *TVI*, da cláusula 6.ª, a que se referia às *promo news*. Segundo a AACS, aquela estação não cumprira, *eventualmente*, em noticiário de 18.09.2001, a *obrigação de separação do que é notícia do que é mera promoção de programa próprio, ao introduzir, na edição do Jornal Nacional das 20 horas, alargada reportagem relativa ao centésimo episódio da Telenovela 'Filha do Mar', onde se promovia a participação de Sofia Alves em programa futuro da mesma estação.*

Para discutir a alegada violação, a AACS decidira, a 27.02.2002,[17] promover uma reunião da Comissão Arbitral instituída pelo acordo de auto-regulação.

A 8.03.2002 a *TVI* denunciava publicamente o acordo, através de

---

[16] Texto integral do acordo de auto-regulação:

1. Os operadores obrigam-se ao cumprimento estrito e rigoroso, de forma atenta e empenhada, dos limites fixados na Lei da Televisão, conforme estabelecido designadamente no artigo 21 da referida Lei.

2. Os operadores comprometem-se, antes do início da transmissão de um qualquer programa, a tornar público o respectivo regulamento, designadamente através da Internet, desde que a sua natureza imponha a existência desse regulamento.

3. Tal como estipulado na Lei, operadores comprometem-se a ter em conta, nos horários dos programas, o respectivo conteúdo, no que diz respeito, nomeadamente, a cenas de violência, física ou verbal, e de sexo, explícito ou sugerido.

4. Os operadores comprometem-se a que a promoção de qualquer programa considerará, na sua formulação, o horário em que for transmitido, por forma a respeitar o espírito e letra da Lei.

5. Nos programas cujo figurino assente na disponibilização contratada de concorrentes para a divulgação tendencialmente irrestrita e constante da respectiva intimidade, independentemente do controlo permanente e sistemático, pela produção, através do recurso a câmaras e microfones, os operadores comprometem-se a criar ou manter espaços de privacidade.

6. Os operadores comprometem-se, nos serviços noticiosos, a reforçar os mecanismos que garantam qualidade à Informação e clarifiquem os critérios jornalísticos, com respeito pelo Código Deontológico e pelo Estatuto do Jornalista, de modo a que uma notícia não possa ser confundida com qualquer tipo de promoção.

7. Os operadores declaram que, em caso de dúvida de entendimento, necessidade de colmatar lacunas de regulação ou avaliação de possíveis infracções a este Protocolo, recorrerão à arbitragem de uma Comissão Arbitral, constituída por representantes dos três signatários, sob a presidência da AACS.

[17] Texto divulgado pela AACS, a 28.02.2002: "A Alta Autoridade para a Comunicação Social, reunida em plenário em 27 de Fevereiro de 2002, aprovou, entre outras, as

comunicado difundido no *Jornal Nacional*, oficiando no mesmo dia a sua posição à AACS. A estação acusava este órgão de *"ter enveredado por uma acção que não privilegia o diálogo e por uma atitude eminentemente punitiva dos operadores, que não pondera adequadamente os interesses em causa e os valores inerentes à liberdade de informação"*, *"que nalgumas situações, (...) ofende mesmo os princípios constitucionais que a regem"*.

O órgão patrocinador do acordo de auto-regulação considerava, a 11.03.2002 *"particularmente significativo"* que a *TVI* viesse denunciar o "protocolo *precisamente quando tinha acabado de ser notificada para a nomeação de representantes seus para a constituição da Comissão Arbitral nele prevista, a qual se iria ocupar da primeira situação que indicia a violação de um dos princípios constantes do mesmo Protocolo - o mencionado na cláusula 6.ª, relativa à obrigação de uma notícia não poder ser confundida com qualquer tipo de promoção - e na qual a sua conduta iria ser apreciada pela SIC, pela RTP e pela AACS, de acordo com os princípios de auto-regulação livremente aceites pelos próprios."*

---

seguintes deliberações: I - PEÇAS TRANSMITIDAS PELA TVI À LUZ DO ESTABELECIDO NA CLÁUSULA 6.ª DO PROTOCOLO DE 18 DE SETEMBRO DE 2001.

A Alta Autoridade para a Comunicação Social, tendo decidido apreciar duas reportagens passadas no *Jornal Nacional* da TVI em 8 e 9 de Janeiro de 2002 a propósito do 100.º episódio da telenovela *A filha do Mar*, na óptica da verificação do possível incumprimento da Cláusula 6.ª do Protocolo de 18 de Setembro de 2001, Cláusula em que os operadores signatários, entre os quais a TVI, se comprometem a actuar de forma a que, nos seus espaços noticiosos, a promoção não possa aparecer disfarçada de notícia, entendeu considerar adequado promover uma reunião da Comissão Arbitral instituída pelo referido Protocolo convidando o conjunto dos operadores signatários a nela se fazerem representar.

Esta deliberação foi aprovada por maioria com votos a favor de Armando Torres Paulo (Presidente), José Garibaldi (Vice-Presidente), Artur Portela, Fátima Resende, Maria de Lurdes Monteiro, Jorge Pegado Liz, Carlos Veiga Pereira, abstenções de Sebastião Lima Rego, Joel Frederico da Silveira e José Manuel Mendes".

CAPÍTULO 2
Silêncios

"É mais o que é dito ou o que não é dito? Pode calcular-se
o número de pessoas que trabalham na indústria da difusão.
Que tal se pudessemos calcular os que
trabalham na indústria do silêncio?"
Ryszard Kapuscinski[1]

1. Silêncios de uns e amplificações de outros

No capítulo anterior demos conta de *promo news* com uma característica específica, a de serem facilmente detectáveis como tal. De fora fica um bojudo leque de notícias em relação às quais se torna mais difícil detectar conteúdo promocional. Este segundo grupo reside fundamentalmente, mas não exclusivamente, no noticiário de âmbito desportivo. Se, por um lado, a estação detentora do exclusivo amplifica em demasia a cobertura noticiosa de determinadas provas, a concorrência opta, muitas vezes, pelo apagamento informativo do evento, desvalorizando-o através da difusão de um número reduzido de notícias, chegando por vezes a optar-se pelo silêncio total. Os casos a seguir elencados, através do recurso a estudos da *Cision*, evidenciam

---

[1] Citado pelo jornalista Oscar Mascarenhas, em excerto que transcrevemos: "Um notável jornalista polaco que cobriu 27 revoluções e guerras por todo o mundo, Ryszard Kapuscinski, escreveu que os historiadores dedicam-se de mais ao que se ouve e esquecem--se do que foi silenciado. Eles não têm, diz Kapuscinki, 'a infalível intuição das mães que se preocupam quando os filhos subitamente se silenciam nos quartos. Uma mãe sabe que o silêncio significa qualquer coisa má. Que esconde qualquer coisa. (...) O silêncio é necessário aos tiranos e invasores que se empenham em que os seus actos sejam acompanhados pela total ausência de rumor'.
'Seria interessante', conclui Kapuscinki, 'investigar o sistema mundial dos media para ver quantos prestam informação e quantos fornecem silêncio. É mais o que é dito ou o que não é dito? Pode calcular-se o número de pessoas que trabalham na indústria de difusão. Que tal se pudessemos calcular os que trabalham na indústria do silêncio?'
Kapuscinki estava, naturalmente, a pensar nos aparelhos censórios dos Estados.
Um dia escrevo-lhe a propor que inclua, na sua análise, as televisões de hoje como a mais ruidosa fábrica de silêncio". ("A mais ruidosa fábrica de silêncio". *Diário de Notícias*, Oscar Mascarenhas, 10.09.1997).

tais silêncios de uns e compensadoras amplificações de outros, caudais noticiosos convertíveis em dinheiro (geralmente muito), sob vigilância atenta dos patrocinadores dos eventos, ciosos de conhecerem o real valor daquilo que muitos consomem como notícia, e eles consideram como publicidade.

2. Cobertura noticiosa do *Baja Telecel 1000* (edição de 1999)

De acordo com um estudo de *news*[2] efectuado pela *Cision* (ilustrado pelos quadros 1 a 3 e gráficos 1 a 6), esta prova de todo-o-terreno beneficiou,

---

[2] *Cision* é a actual denominação da Memorandum (http://pt.cision.com). O estudo de *news* consiste na quantificação de inserções e duração temporal destas, relativamente a um determinado acontecimento alvo de cobertura por parte dos *media*. Essa quantificação é posteriormente convertida no valor monetário equivalente ao que um cliente teria de despender, caso pretendesse publicitar um determinado produto à hora e no canal em que se registou a inserção. Nos estudos de *news* contabilizam-se as notícias, reportagens, transmissões em directo ou em diferido de um determinado acontecimento.

Nos estudos de *sponsor*, não se atende à unidade *notícia*, mas sim ao tempo de exposição de uma determinada marca numa notícia, reportagem, transmissão em directo ou em diferido.

Exemplificando: uma notícia de um minuto de duração sobre a Volta a Portugal em Bicicleta pode conter imagens com referências a várias marcas que patrocinam ou *sponsorizam* as equipas concorrentes, assim como menções verbais ou escritas sobre essas marcas. A notícia, no seu todo, entrará num estudo de *news* sobre a prova desportiva. As menções às marcas serão contabilizadas num estudo de *sponsor*.

Transcrevemos a seguir a explicação sumária destes dois serviços disponibilizados pela *Cision*:

NEWS

Objectivos – Análise de notícias sobre empresas, marcas ou produtos veiculados nos meios de informação com a respectiva quantificação do seu impacto em euros e escudos.

Metodologia – O *News* obedece aos critérios de análise prescritos pela *Cision*, no estrito respeito das convenções internacionais, nomeadamente das normas adoptadas pela *European Media Analysts Association, International Association of Broadcast Monitors* e *Fedération International des Bureaux d' Extraits de Press*. O estímulo de comunicação na televisão é avaliado a partir do estímulo publicitário correspondente ao meio em análise, o qual é sujeito aos factores de ponderação correspondentes aos critérios de sobrevalorização prescritos na normalização para a análise do impacto da informação.

Critérios – O valor do benefício apresentado no relatório de *News* corresponde ao valor do impacto que o estímulo de comunicação exerce sobre o público. O seu valor indica o investimento publicitário que seria necessário realizar para obter um impacto sobre o público.

SPONSOR

Objectivos – A análise de *Sponsor* visa quantificar o benefício resultante do tempo ou espaço ocupado pelos patrocinadores na televisão, rádio e imprensa.

Metodologia – O *Sponsor* obedece aos critérios de análise prescritos pela *Cision*, no estrito respeito das convenções internacionais, nomeadamente das normas adoptadas pela *European Media Analysts Association, International Association of Broadcast Monitors* e *Fedération International des Bureaux d' Extraits de Press*. O estímulo provocado pela mensagem resultante do *Sponsor,* na televisão, é determinado a partir do estímulo publicitário correspondente ao meio em análise, o qual é sujeito aos factores de

Quadro 1 - Análise por Canal

Canal	PTE	Euro	Duração	Inserções
RTP 1	4,070,570$	20,303.92	00:01:10	1
RTP 2	3,393,484$	16,926.63	00:19:14	4
SIC	314,597,920$	1,569,207.81	04:16:57	18
Sp TV	329,280$	1,642.44	00:01:45	1
TVI	5,897,216$	29,415.19	00:14:46	3
	328,288,470$	1,637,495.98	30:04:53:52	27

Quadro 2 - Análise por Programa

Programa	Canal	PTE	Euro	Duração	Inserções
4ª a Fundo	TVI	5,897,216$	29,415.19	00:14:46	3
Baja Telecel (Dir.)	SIC	196,657,938$	980,925.66	03:04:50	6
Baja Telecel (Res.)	SIC	89,169,589$	444,776.03	01:02:53	8
Desporto 2	RTP 2	1,934,960$	9,651.54	00:11:10	1
Jornal da Noite	SIC	6,226,640$	31,058.35	00:01:20	1
Primeiro Jornal	SIC	22,543,753$	112,447.77	00:07:54	3
Remate	RTP 2	424,620$	2,118.00	00:02:06	2
Rotações	RTP 2	1,033,904$	5,157.09	00:05:58	1
Sport TV	Sp TV	329,280$	1,642.44	00:01:45	1
Telejornal	RTP 1	4,070,570$	20,303.92	00:01:10	1
		328,288,470$	1,637,495.98	30:04:53:52	27

Quadro 3 - Listagem descritiva

Modalidade	Descrição	Data	Hora	Canal	Programa	Duração	Ins.	PTE	Euro
Todo Terreno	Baja Telecel 1000	15-06-99	03:30	TVI	4ª a Fundo	00:02:30	1	998,400$	4,980.00
Todo Terreno	Baja Telecel 1000	17-06-99	02:25	SIC	Baja Telecel (Res.)	00:07:50	1	2,985,910$	14,893.66
Todo Terreno	Baja Telecel 1000	17-06-99	13:00	SIC	Primeiro Jornal	00:03:47	1	12,253,233$	61,118.87
Todo Terreno	Baja Telecel 1000	17-06-99	21:00	SIC	Baja Telecel (Res.)	00:03:40	1	17,123,260$	85,410.46
Todo Terreno	Baja Telecel 1000	17-06-99	21:30	RTP 2	Remate	00:01:10	1	235,900$	1,176.66
Todo Terreno	Baja Telecel 1000	18-06-99	01:30	SIC	Baja Telecel (Res.)	00:13:35	1	5,177,695$	25,826.23
Todo Terreno	Baja Telecel 1000	18-06-99	12:00	SIC	Baja Telecel (Dir.)	00:58:40	1	33,616,000$	167,675.90
Todo Terreno	Baja Telecel 1000	18-06-99	13:00	SIC	Primeiro Jornal	00:01:48	1	5,829,732$	29,078.58
Todo Terreno	Baja Telecel 1000	18-06-99	20:00	SIC	Jornal da Noite	00:01:20	1	6,226,640$	31,058.35
Todo Terreno	Baja Telecel 1000	18-06-99	21:00	SIC	Baja Telecel (Res.)	00:04:05	1	19,069,085$	95,116.19
Todo Terreno	Baja Telecel 1000	18-06-99	21:30	RTP 2	Remate	00:00:56	1	188,720$	941.33
Todo Terreno	Baja Telecel 1000	19-06-99	01:25	SIC	Baja Telecel (Res.)	00:12:25	1	4,732,985$	23,608.03
Todo Terreno	Baja Telecel 1000	19-06-99	10:54	SIC	Baja Telecel (Dir.)	00:05:58	1	3,418,900$	17,053.40
Todo Terreno	Baja Telecel 1000	19-06-99	11:55	SIC	Baja Telecel (Dir.)	00:31:00	1	30,797,880$	153,619.18
Todo Terreno	Baja Telecel 1000	19-06-99	13:00	SIC	Primeiro Jornal	00:02:19	1	4,460,788$	22,250.32
Todo Terreno	Baja Telecel 1000	19-06-99	14:00	SIC	Baja Telecel (Dir.)	01:00:05	1	70,477,750$	351,541.53
Todo Terreno	Baja Telecel 1000	19-06-99	16:04	SIC	Baja Telecel (Dir.)	00:04:35	1	6,402,000$	31,933.04
Todo Terreno	Baja Telecel 1000	19-06-99	19:13	SIC	Baja Telecel (Dir.)	00:24:32	1	51,945,408$	259,102.60
Todo Terreno	Baja Telecel 1000	19-06-99	21:00	SIC	Baja Telecel (Res.)	00:04:25	1	17,368,365$	86,633.04
Todo Terreno	Baja Telecel 1000	20-06-99	02:40	SIC	Baja Telecel (Res.)	00:12:18	1	4,688,514$	23,386.21
Todo Terreno	Baja Telecel 1000	20-06-99	14:30	RTP 2	Rotações	00:05:58	1	1,033,904$	5,157.09
Todo Terreno	Baja Telecel 1000	20-06-99	20:00	RTP 1	Telejornal	00:01:10	1	4,070,570$	20,303.92
Todo Terreno	Baja Telecel 1000	20-06-99	21:00	SIC	Baja Telecel (Res.)	00:04:35	1	18,023,775$	89,902.21
Todo Terreno	Baja Telecel 1000	22-06-99	03:15	TVI	4ª a Fundo	00:08:57	1	3,574,272$	17,828.39
Todo Terreno	Baja Telecel 1000	23-06-99	23:50	Sp TV	Sport TV	00:01:45	1	329,280$	1,642.44
Todo Terreno	Baja Telecel 1000	27-06-99	17:45	RTP 2	Desporto 2	00:11:10	1	1,934,960$	9,651.54
Todo Terreno	Baja Telecel 1000	29-06-99	03:15	TVI	4ª a Fundo	00:03:19	1	1,324,544$	6,606.80

ponderação correspondentes aos critérios de sobrevalorização prescritos na normalização para a análise do impacto da informação.

Critérios – O valor de benefício apresentado nos relatórios de *Sponsor* corresponde ao valor do impacto que o estímulo de comunicação exerce sobre o público. O seu valor indica o investimento publicitário que seria necessário realizar para obter um impacto sobre o público idêntico ao impacto obtido através do *Sponsor*. O relatório de *Sponsor* pode ainda determinar o número mínimo de pessoas que foram expostas pelo menos uma vez à mensagem. Esta análise discrimina a audiência média do programa de televisão onde foi inserida a transmissão do evento, o número de contactos, os *GRP's*, o *CPM virtual*, o *CPM real* e o *ROI*.

na sua edição de 1999, de um total de 27 notícias na televisão, correspondentes a 4h 53' 52" de duração. Convertidos os tempos de emissão em euros, verificamos que o benefício obtido pelo organizador e pela empresa patrocinadora atingiram um total de 1.637.495,98€ (328.288.470$).

O maior número de inserções pertenceu à *SIC*, que detinha o exclusivo das transmissões em directo. A estação de Carnaxide contabilizou 18 inserções, contra quatro da *RTP2*, três da *TVI*, uma da *RTP1* e uma da *Sport TV*. O maior quinhão de inserções e de tempo disponibilizado resultou das transmissões em directo efectuadas pela *SIC*. As 18 inserções da *SIC* corresponderam a 4h 16' 57", representando 66,7% do número de inserções e 87,4% do tempo de emissão. Os outros quatro canais disponibilizaram, assim, 12,6% do tempo de emissão (1' 10" na *RTP1*, 19' 14" na *RTP2*, 14' 46"

Gráficos 1, 2 e 3 - Análise por Canal

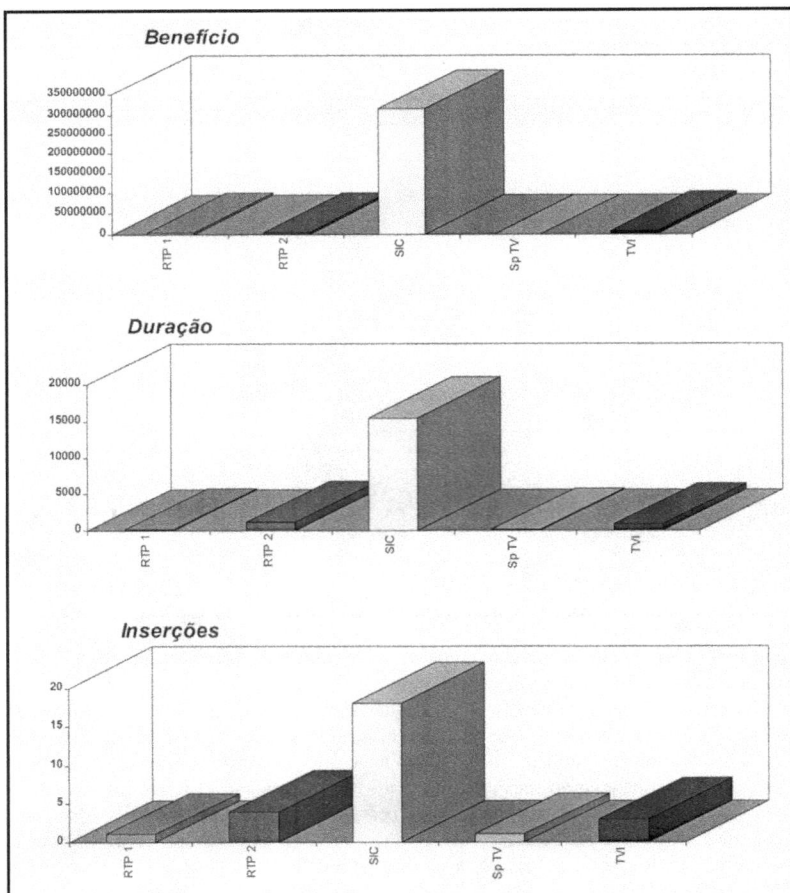

na *TVI* e 1' 45" na *Sport TV*), correspondentes a 33,3% das inserções.

Para a investigação que desenvolvemos, interessa verificar o espaço ocupado por esta prova desportiva nos telejornais. Verificamos que tanto a *RTP2* como a *TVI* ignoraram o *Baja Telecel 1000* nos seus noticiários (na *TVI* a prova passou no programa *4.ª a Fundo*, na *RTP2* passou nos programas *Remate* e *Desporto 2*). O *Telejornal* da *RTP1* foi o único programa informativo diário de índole geral a reportar os sucessos da prova, e com apenas uma peça (1' 10"). Já a *SIC* reportou o assunto por quatro vezes nos seus noticiários, uma peça no *Jornal da Noite* (1' 20"), as restantes três no *Primeiro Jornal* (7' 54").

Olhando ao número de notícias, a *SIC* surge com 80%, contra 20% dos restantes canais, o mesmo é dizer 20% da *RTP1*.

Gráficos 4, 5 e 6 - Análise por Programa

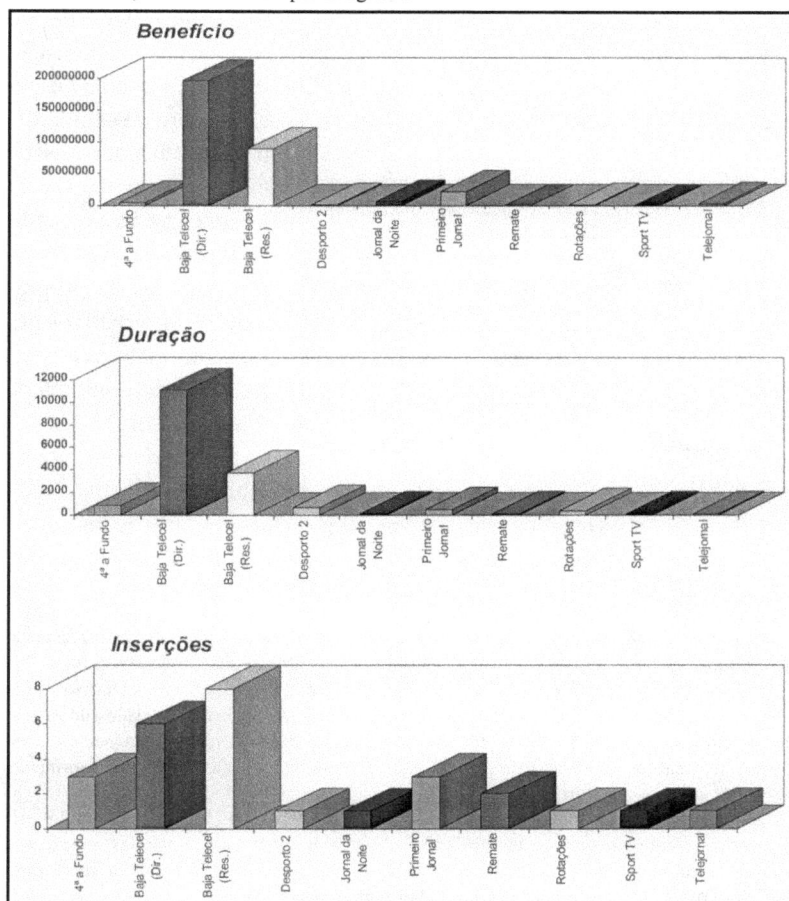

Em valores percentuais, as notícias emitidas pela *SIC* representaram 88,8% do total de tempo de emissão que o *Baja Telecel 1000* conseguiu nos telejornais, cabendo os restantes 11,2% à *RTP1*.

O benefício obtido por estas inserções nos telejornais totalizou 163.810,04 € (32.840.963$), sendo 143.506,12€ (28.770.393$) resultantes das notícias da *SIC* e 20.303,92€ (4.070.570$) resultantes da notícia emitida pela *RTP1*. Em valores percentuais, temos a *SIC* com 87,6% e a *RTP1* com 12,4%.

3. Cobertura noticiosa do *Rali Granada-Dakar* (edição de 1999)

Quadro 4 Rali Granada-Dakar (1999)				
Canal	Programa	Total de notícias	Duração	
Informativos				
RTP 1	Rotações	3	09'	02"
RTP 1	Notícias 1	1	00'	25"
RTP 1	Jornal da Tarde	1	01'	30"
RTP 2	Remate	4	06'	08"
RTP 2	Jornal de África	1	01'	05"
SIC	Primeiro Jornal	4	09'	39"
SIC	Jornal da Noite	10	24'	26"
SIC	Último Jornal	1	03'	07"
TVI	4.ª a Fundo	5	12'	41"
Total	Informativos	30	01h 08'	03"
Outros				
SIC	Mundo VIP	2	06'	56"
Total	Outros	2	06'	56"
SIC	Especiais da prova	37	06h 14'	32"
Total	Especiais da prova	37	06h 14'	32"
Total global (Informativos + Outros + Especiais da prova)		69	07h 29'	31"

O *Rali Granada-Dakar* foi, em 1999, e a exemplo de anos anteriores, coberto por programas especiais da *SIC*, através de resumos alargados.

A *SIC* emitiu 37 especiais sobre o evento, disponibilizando um total de 6h 14' 32" (ver quadro 4). Vejamos agora a cobertura da prova através de outros espaços da programação (informativos gerais, informativos específicos, e um programa de mundanidades).[3]

O *Mundo VIP*, transmitido pela *SIC*, inseriu duas peças (6' 56") sobre a prova desportiva.

Olhando para os espaços informativos, no global, registámos 30 inserções, com uma duração total de 1h 08' 03". A cobertura foi efectuada quer nos

---

[3] No exemplo anterior (*Baja Telecel 1000*), socorremo-nos de estudo de *news* efectuado pela *Cision*, estudo que nos foi disponibilizado para posterior análise da nossa parte. No caso do *Granada-Dakar* (edição de 1999) não existe estudo de *news* efectuado pela *Cision*. Trabalhámos os dados recolhidos, em *bruto*, de uma das bases de dados de registo de notícias da *Cision*. Esta fonte não inclui quaisquer dados referentes ao *benefício* do *corpus* que analisámos, razão pela qual tal *item*, de importância já assinalada anteriormente, não pôde por nós ser carreado.

E nem o poderia ser, inexistindo estudo prévio, dado o facto da *Cision* não disponibilizar, por razões compreensíveis, a terceiros não clientes da empresa, as tabelas, métodos e demais ferramentas necessárias à contabilização de tal *item*. Esta ressalva serve para análises posteriores, nas quais não se inclua o item *benefício*.

noticiários de índole generalista, quer em espaços de informação desportiva (*Remate, Rotações* e *4.ª a Fundo*), havendo a registar ainda uma notícia no *Jornal de África*, da *RTP2* (não reportava a evolução desportiva da prova, mas sim o acompanhamento prestado pela ONG *Médicos Solidários*).

Seccionando por estações, verificamos que a *SIC*, para além dos especiais, destinou ao rali mais 17 inserções (15 nos noticiários e duas no *Mundo VIP*), inserções que totalizaram 44' 08".

A *RTP1* difundiu cinco notícias, com uma duração total de 10' 57". Na *RTP2* registámos outras cinco inserções, durando 7' 13". Por último, a *TVI*, emitindo cinco notícias (12' 41") no programa de actualidades desportivas *4.º a Fundo*.

Nota-se, desde já, grande desequilíbrio entre a cobertura efectuada pela *SIC* e pelas estações concorrentes. Uma só estação, a *SIC*, ofereceu, para além dos especiais, mais 17 inserções (44' 08") ao *Granada-Dakar*. As outras três estações não atingiram, no seu conjunto, os números da *SIC*. *RTP1*, *RTP2* e *TVI* difundiram 15 peças no total (menos duas que a *SIC*), com uma duração de 30' 51" (contra os 44' 08" da SIC). Menos duas peças e menos 13' 27" que a *SIC*.

Apesar da maioria das peças das estações concorrentes da *SIC* ter sido emitida em espaços de informação desportiva, programas que comportam, via de regra, trabalhos de duração mais dilatada, a média de duração das notícias das concorrentes cifrou-se em 123,4 segundos por peça.

Já a *SIC*, com a quase totalidade das peças emitidas nos telejornais, onde o tempo costuma ser mais escasso, regista uma média por peça de 155,7 segundos.

Olhando à cobertura integral feita pela *SIC* (especiais, inserções em telejornais e no programa *Mundo Vip*), verificamos que, das 6h 58' 40" referentes ao *Granada-Dakar*, 89,5% foi gasto nos especiais, e 10,5% noutras notícias e reportagens.

Se quisermos tomar o tempo total dos especiais como base (6h 14' 32"), verificamos que o conjunto de especiais teve uma repercussão de 11,8% (mais 44' 08") na restante programação.

Expurgando do *corpus* os programas de actualidades desportivas, o que verificamos? Nem uma só notícia nos telejornais da *TVI*. A *RTP2* também ignorou a prova no seu principal (e único) telejornal generalista, o *Jornal 2*. A única notícia surge no *Jornal de África* (1' 05").

Quanto à *RTP1*, o *Granada-Dakar* foi ignorado no principal serviço noticioso da estação, o *Telejornal*; ignorado também no *24 Horas*. Mereceu uma notícia no *Jornal da Tarde* (1' 30"), e uma outra no *Notícias 1*, este emitido às 09h (25").[4]

Já a *SIC* inseriu uma notícia no *Último Jornal* (3' 07"), quatro no *Primeiro*

Jornal (9' 39") e dez notícias no principal serviço noticioso, o *Jornal da Noite* (24' 26").

Olhando ao número de notícias, a *SIC* surge com 15 (83,3%), contra três dos restantes canais (16,7%).

Olhando aos tempos disponibilizados, a cobertura da *SIC* é ainda mais significativa, crescendo para 92,5% (37' 12"), contra uns exíguos 7,5% (3' 00") das estações concorrentes.

Se pretendermos efectuar comparação com a cobertura do *Baja Telecel 1000*, verificamos que nesta prova a *SIC* difundiu 80% das notícias, contra 20% das concorrentes (no caso, a *RTP1*). No *Granada-Dakar*, o cômputo de inserções não anda muito distante – 83,3% para a *SIC*, 16,7% para a concorrência.

Comparando os tempos entre as duas provas, mantém-se a tendência para uma maior disponibilidade por parte da estação que difunde os especiais. No *Baja Telecel 1000*, a *SIC* arcou com 88,8%, contra 11,2% da concorrência. No *Granada-Dakar* a *SIC* também sobe, dos 83,3% para os 92,5%, com a consequente diminuição percentual de tempos das concorrentes (de 16,7% para 7,5%).

Podemos ainda fazer outra análise. O *corpus* de notícias com que trabalhámos estende-se de 4 de Dezembro de 1998 - dia em que o programa desportivo *Remate* deu conta dos portugueses que deveriam alinhar, dali a quase um mês, no *Granada-Dakar* -, até ao dia 23 de Janeiro de 1999, quando registámos a última inserção (neste caso do programa *Mundo VIP*, sobre uma artista francesa que acompanhou a prova, com o objectivo de se inspirar nas paisagens para as suas pinturas). Os especiais da *SIC* foram transmitidos entre 31 de Dezembro de 1998 e 18 de Janeiro. Voltando a englobar as inserções nos programas desportivos, verificamos que, das 15 notícias emitidas pelas estações concorrentes, dez foram difundidas antes da prova se ter iniciado.

Em resumo, e para este caso concreto, constatamos:

a) Apagamento noticioso quase total do *Granada-Dakar* nas estações concorrentes da *SIC*;

b) Apagamento total do evento nos telejornais do horário nobre;

c) Tratamento noticioso da prova efectuado, quase que exclusivamente, no período anterior à emissão de especiais por parte da *SIC*.

Em contraponto:

d) Grande relevo noticioso dado ao evento por parte da *SIC*;

e) Esse destaque noticioso assume particular importância no principal

---

[4] A notícia deste informativo matinal da *RTP1* não reportava o desenrolar desportivo do evento, mas sim uma emboscada sofrida por meia centena de concorrentes, em local não especificado.

noticiário da estação, o *Jornal da Noite*, com dez notícias, contra cinco dos restantes informativos;[5]

f) Tratamento noticioso da prova feito de forma continuada, quer no período anterior à sua realização, quer durante o desenrolar do rali.

4. Cobertura noticiosa do *Grande Prémio Portugal Telecom em Ciclismo* (edição de 1999)

Os casos anteriores referiam-se ao desporto motorizado. Vejamos, em seguida, exemplos de outra modalidade, o ciclismo. E com cobertura assegurada por outra estação, que não a *SIC*.

A *RTP1* transmitiu, de 17 a 20 de Março de 1999, o *Grande Prémio Portugal Telecom em Ciclismo* (ver quadro 5). A cobertura deste evento desportivo foi efectuada através de vários directos e de resumos do desenrolar da prova, totalizando oito inserções, com uma duração total de 5h 42' 30".

Quadro 5				
Grande Prémio Portugal Telecom em Ciclismo (1999)				
Canal	Programa	Total de notícias	Duração	
	Informativos			
RTP 1	País Regiões Alentejo	1	02'	16"
RTP 1	País Regiões Algarve	1	02'	20"
RTP 1	País País	3	09'	15"
RTP 1	Jornal da Tarde	5	13'	19"
RTP 1	Telejornal	5	08'	37"
RTP 2	Remate	5	08'	10"
Total Informativos		20	39'	21"
RTP 1	Transmissões da prova	8	05h 42'	30"
Total Transmissões da prova		8	05h 42'	30"
Total global **Informativos +** **Transmissões da prova**		28	06h 21'	51"

Olhando para o tratamento noticioso da prova nos espaços informativos da *RTP1*, *RTP2*, *SIC* e *TVI*, o que constatamos? Que só a *RTP1* e a *RTP2* noticiaram o evento. Este último canal concedeu 8' 10" ao *Grande Prémio* no seu espaço de informação desportiva *Remate*. A *RTP1* disponibilizou 9' 15" em espaços informativos de cariz regional (no *País Regiões Alentejo* e *País Regiões Algarve*, ambos com emissão apenas nestas regiões; e no *País País*, informativo de conteúdo regional emitido

---

[5] Importa referir que um dos especiais difundidos diariamente sobre o *Granada--Dakar* surgia imediatamente a seguir ao *Jornal da Noite*. Neste espaço informativo, a peça sobre o rali era alinhada no fecho do jornal. O *pivot* do *Jornal da Noite* fazia, regularmente, referência à emissão, dali a alguns minutos, do especial sobre o *Granada--Dakar*. Logo, a introdução das peças no *Jornal da Noite* servia como uma espécie de *falsa entrada* para o programa seguinte, gerando expectativas junto dos aficionados do desporto motorizado, tanto mais que, no noticiário, não eram detalhadas informações sobre a prova, antes reportagens colaterais.

para todo o país).[6] No *Jornal da Tarde* contabilizámos cinco inserções, com uma duração total de 13' 19". E no *Telejornal* registámos outras cinco inserções (8' 37").

A *SIC* e a *TVI* não transmitiram notícias sobre este evento ciclístico. No total, os dois canais de serviço público disponibilizaram 6h 21' 51" ao *Grande Prémio Portugal Telecom em Ciclismo* (5h 42' 30" em programas destinados exclusivamente a reportar a prova; 39' 21" em programas informativos, de carácter geral, regional ou desportivo). Em valores percentuais, temos 10,3% de tempo de antena consumido por informativos, e 89,7% destinado aos programas específicos (directos e resumos alargados).

Se excluirmos do primeiro grupo as inserções no programa *Remate*, ficando apenas com os informativos generalistas, essa percentagem desce para 8,2% (31' 11").

Fazendo outras contas. Se quisermos indexar a repercussão do *Grande Prémio* nos informativos da *RTP1* e da *RTP2*, verificamos que as 5h 42' 30" (20.550 segundos) de transmissões da prova geraram 39' 21" (2.361 segundos) em programas informativos, o que equivale, agora, a uma percentagem de 11,5%.

Registamos, assim, que um evento desportivo com direitos de transmissão assegurados por um canal de televisão, pode ser completamente ignorado pelos serviços informativos das estações concorrentes. Mas ganha relevo noticioso na estação que transmite o evento, ou no grupo de canais a que pertence (o que se verificou neste caso concreto, somando-se à *RTP1* as cinco inserções no programa *Remate*, da *RTP2*). Para além da constatação resultante dos números contabilizados, ficam perguntas de resposta difícil, por não existir *mensurómetro* certificado pelo *Observatório de Objectividade, Empolamentos e Blackout's Jornalísticos*:

a) Os canais transmissores do evento desportivo deram do mesmo o *justo* relevo noticioso nos seus programas informativos, ou empolaram o acontecimento, em função do exclusivo conquistado?

b) Os canais concorrentes não noticiaram o evento tendo por base critérios exclusivamente jornalísticos (considerando de reduzido ou nulo interesse a prova em questão, logo *indigna* de subir ao alinhamento)? Ou o *apagão* noticioso da prova teve na origem outras razões, residentes em critérios espúrios ao jornalismo (fundamentalmente de natureza concorrencial)?

---

[6] O espaço de informação *Regiões*, emitido de segunda a sexta-feira às 19h 30' passou, a partir de 3.12.2001, a ser difundido a seguir ao *Jornal da Tarde*, por volta das 13h 50'. Ao todo contava com sete *janelas* abertas na *RTP 1*: Bragança, Castelo Branco, Coimbra, Évora, Faro, Lisboa e Porto.

5. Cobertura noticiosa do *Grande Prémio Jornal de Notícias em Ciclismo* (edição de 1999)

O apagamento noticioso da prova ciclística anterior nos telejornais da *SIC* e da *TVI* terá sido circunstancial? E a *benevolência* dos dois canais públicos também?

Vejamos outra prova ciclística, o *Grande Prémio Jornal de Notícias em Ciclismo*, que teve lugar dois meses depois (entre 5 e 9 de Maio de 1999). Ao contrário do *Grande Prémio Portugal Telecom*, não se verificaram aqui transmissões em directo, antes programas contendo resumos alargados do evento (ver quadro 6). Resumos transmitidos pela *RTP1*. Contabilizámos 9 programas, com uma duração total de 1h 04' 10".

Quadro 6				
Grande Prémio Jornal de Notícias em Ciclismo (1999)				
Canal	Programa	Total de notícias	Duração	
Informativos				
RTP 1	País País	2	01'	11"
RTP 1	Telejornal	5	07'	14"
RTP 1	24 Horas	1	01'	43"
RTP 2	Remate	6	07'	01"
Total	Informativos	14	17'	09"
RTP 1	Especiais da prova	9	01h 04'	10"
Total	Especiais da prova	9	01h 04'	10"
Total global Informativos + Especiais da prova		23	01h 21'	19"

Olhando em seguida para o mapa noticioso da prova, verificamos que, de novo, só a *RTP1* e a *RTP2* deram conta do *Grande Prémio* aos telespectadores. *SIC* e *TVI* voltaram a ignorar esta clássica do ciclismo português.

A *RTP1* disponibilizou 1' 11" para duas inserções no *País País*; 7' 14" para cinco notícias no *Telejornal*; 1' 43" para uma notícia no *24 Horas*. Ao todo, 8 inserções (17' 09").

No total, os dois canais de serviço público disponibilizaram 1h 21' 19" ao *Grande Prémio Jornal de Notícias* (1h 04' 10" em programas destinados exclusivamente a reportar a prova; 17' 09" em programas informativos, de carácter generalista, regional ou desportivo).

Percentualmente, 21,1% do tempo disponibilizado reporta aos informativos, com os restantes 78,9% a serem consumidos pelos programas especiais.

Repetindo exercício do exemplo anterior, se expurgarmos do lote de informativos o programa *Remate*, que se dedica exclusivamente à informação desportiva, a percentagem reduz-se para 12,5%.

Repetindo outro exercício do exemplo anterior, ao indexarmos a repercussão do *Grande Prémio Jornal de Notícias* nos informativos da *RTP1* e da *RTP2*, verificamos que 1h 21' 19" (3.850 segundos) de especiais sobre a prova se *repercutiram* em 17' 09" (1.029 segundos) de notícias nos programas informativos daqueles canais, o que representa 26,7%.

Comparando a cobertura integral efectuada nas duas provas de ciclismo, verificamos que a relação informativos/especiais passa de 10,3%→89,7% (*Grande Prémio Portugal Telecom*) para 21,1% →78,9% (*Grande Prémio Jornal de Notícias*). Há uma atenuação do desequilíbrio entre informativos e especiais, com aqueles a conquistarem uma fatia de 10,8% aos programas específicos. Em comparação com a prova patrocinada pela telefónica portuguesa, o aumento percentual ultrapassa os 100%. Consequentemente, a repercussão dos especiais nos informativos sobe também, passando de 11,5% para 26,7%.

Constantes: permeabilidade dos informativos para reportar eventos injectados noutras áreas da programação; estanquicidade das redacções das estações concorrentes relativamente a esses mesmos eventos.

6. Cobertura noticiosa da *Volta a Portugal em Bicicleta* (edição de 1997)

A transmissão televisiva da *Volta a Portugal em Bicicleta* foi assegurada, durante muitos anos, pela *RTP*. Em 1994 os direitos de transmissão passaram para a *SIC*, e por um período de quatro anos. Em 1998, a principal prova ciclística portuguesa voltou a ser transmitida pela *RTP*.

Decidimos analisar a cobertura noticiosa deste evento nas edições de 1997 (o último a cargo da *SIC*) e 1998 (marcando o regresso da *RTP*).

Interessa-nos verificar se esta alteração na transmissão dos directos e dos resumos alargados se repercutiu, e de que forma, na cobertura noticiosa da prova, nomeadamente através dos telejornais daquelas duas estações. Não deixaremos, no entanto, de abranger, nesta análise, a cobertura efectuada pela *RTP2* e pela *TVI*.

Apesar da *SIC* deter o exclusivo das transmissões em directo da prova, a *RTP1* difundiu resumos alargados da *Volta*. O inverso não se verificou em 1998, aquando do regresso da *RTP1* às transmissões em directo.

Começando pela cobertura global (directos, resumos alargados, notícias em espaços informativos generalistas, notícias em informativos desportivos), a edição de 1997 da *Volta a Portugal em Bicicleta* gerou, nas quatro estações, um total de 140 inserções, assim distribuídas: 98 na *SIC*, 16 na *RTP1*, 14 na *RTP2* e 12 na *TVI*. Em valores percentuais, a *SIC* surge com 70% do total de inserções; a *RTP1* com 11,4%; a *RTP2* com 10%, e a *TVI* com 8,6 %.

Olhando aos tempos de emissão, a *SIC* destaca-se, naturalmente, das outras estações, com um total de 24h 56' 05". A *RTP1* surge a seguir, com 5h 06' 27". Vem depois a *RTP2*, com 47' 13". Por último, a *TVI*, com 13' 27".

Quadro 7 Volta a Portugal em Bicicleta (1997)				
Canal	Programa	Total de notícias	Duração	
	Informativos			
RTP 1	Rotações	3	09'	02"
RTP 1	Notícias 1	1	00'	25"
RTP 1	Jornal da Tarde	1	01'	30"
RTP 2	Remate	4	06'	08"
RTP 2	Jornal de África	1	01'	05"
SIC	Primeiro Jornal	4	09'	39"
SIC	Jornal da Noite	10	24'	26"
SIC	Último Jornal	1	03'	07"
TVI	4.ª a Fundo	5	12'	41"
Total	Informativos	30	01h 08'	03"
	Outros			
SIC	Mundo VIP	2	06'	56"
Total	Outros	2	06'	56"
SIC	Especiais da prova	37	06h 14'	32"
Total	Especiais da prova	37	06h 14'	32"
Total global (Informativos + Outros + Especiais da prova)		69	07h 29'	31"

Em percentagem, a *SIC* atinge 80,3%; a *RTP1* chega aos 16,4%; a *RTP2* queda-se nos 2,5%, com a *TVI* representando apenas 0,7% do tempo total de emissão dedicado à *Volta a Portugal em Bicicleta*.

Façamos agora a separação entre os especiais (directos ou resumos) e as restantes inserções. Depuração cumprida, ficaremos em condições de conhecer a repercussão da transmissão dos especiais na restante programação, e qual o comportamento das estações arredadas da difusão de tais especiais. Incluiremos aqui todos os programas, sejam eles de informação generalista ou especializada (ver quadro 7).

Começando pela *SIC*, esta estação emitiu 41 especiais, num total de 98 inserções. Ou seja, para além dos especiais, há a registar mais 57 inserções. 41,8% das inserções dedicadas aos especiais; 58,2% representando inserções da restante cobertura noticiosa.

Na *RTP1* a situação inverte-se drasticamente: das 16 inserções registadas, apenas duas reportam à cobertura noticiosa extra-resumos. Foram 14 os resumos difundidos, totalizando 87,5% das inserções. A repercussão noticiosa extra-resumos quedou-se nos 12,5%.

Não registando emissão de especiais, valem para a *RTP2* e para a *TVI* os valores indicados anteriormente.

Por último, interessa separar a cobertura noticiosa efectuada nos informativos de carácter generalista, das inserções difundidas por espaços de informação desportiva. De posse destes dados, ficaremos conhecedores da permeabilidade dos telejornais das diferentes estações à veiculação de notícias sobre o evento. Saber, a exemplo do que já fizemos nos casos anteriores (*Baja Telecel 1000, Granada-Dakar, Grande Prémio Portugal Telecom em Ciclismo, Grande Prémio Jornal de Notícias em Ciclismo*), se o exclusivo de transmissão de um evento se repercute na cobertura noticiosa dos telejornais, e que forma assume tal repercussão.

Verificamos que as 57 inserções extra-especiais efectuadas pela *SIC* são todas notícias incluídas nos três telejornais da estação: 30 no *Primeiro Jornal*, 25 no *Jornal da Noite* e 2 no *Último Jornal*. Estas 57 inserções representam um total de 58,2% do total emitido pela *SIC* sobre a *Volta a Portugal em Bicicleta*, edição de 1997.

Na *RTP1* registamos diferença de monta: apenas duas notícias, uma no *Notícias 1* e outra no *Jornal da Tarde*. Para um total de 16 inserções, a cobertura noticiosa representou apenas 12,5%.

Na *RTP2* não registamos qualquer notícia no telejornal da estação, o *Jornal 2*. As 14 inserções foram difundidas por programas de informação desportiva (4 no *Desporto 2* e 10 no *Remate*).

O mesmo se verificou na *TVI*. As 12 inserções desta estação distribuíram--se pelos programas de informação desportiva *Fora de Jogo* (11 inserções) e *Contra-Ataque* (1 inserção).

Olhando agora aos tempos de emissão. Na *SIC*, os 41 especiais totalizaram 22h 55' 19'', contra 2h 00' 46'' das 57 notícias veiculadas nos telejornais da estação. 91,9% dos tempo total de emissão despendido pela *SIC* foi utilizado na difusão de especiais. Em valores percentuais, a repercussão noticiosa nos telejornais cifrou-se em 8,1%.

Na *RTP1*, que transmitiu resumos da prova, estes totalizaram 5h 04' 10''. As duas notícias registadas totalizaram 2' 17'' (22'' no *Notícias 1* e 1' 55'' no *Jornal da Tarde*). Em valores percentuais, os especiais representaram 99,3% e as notícias 0,7%. Quanto à *RTP2* e à *TVI*, já sabemos que a repercussão noticiosa do evento foi igual a zero.

Olhando ao cômputo de notícias inseridas nos telejornais das diferentes estações, verificamos que essa cobertura foi efectuada em 59 inserções, sendo 57 da *SIC* e duas da *RTP1*. Em percentagem, a *SIC* difundiu 96,6% das notícias sobre a *Volta a Portugal em Bicicleta*, cabendo os restantes 3,4% à *RTP1*. Quanto ao tempo despendido, a *SIC* representa 98,1%, contra 1,9% da *RTP1*.

Conclui-se, assim, pela grande permeabilidade dos telejornais da *SIC* à difusão de notícias de um evento para o qual a estação assegurou cobertura em directo. No que reporta às outras estações, registamos, mais uma vez, total estanquicidade na difusão de notícias sobre acontecimentos de exclusivo assegurado por estações concorrentes (casos da *RTP2* e da *TVI*), e uma cobertura noticiosa residual por parte da *RTP1*.

Residual em número de notícias (apenas duas), residual nos tempos das mesmas (se o tempo gasto com a notícia do *Jornal da Tarde* se pode inserir na duração-padrão de uma notícia televisiva – 1' 55'', já o tempo registado na inserção do *Notícias 1* (00' 22"), se situa claramente abaixo da bitola tradicional).

Note-se que o *Telejornal*, principal bloco informativo da *RTP1*, ignorou ostensivamente a realização da *Volta a Portugal em Bicicleta*, não lhe tendo dedicado uma notícia que fosse. E isto apesar da *RTP1* também ter assegurado a difusão de resumos do evento ciclístico.[7]

Perante estes dados, são claras as estratégias seguidas pelos editores e, porventura, pelas chefias máximas das estações. A transmissão em directo obriga à inserção de um vasto caudal de notícias nos informativos da estação que assegurou o exclusivo. Nas outras estações, a ordem é para ignorar o evento transmitido pela concorrência. Reforça-se assim aquilo que já vínhamos constantando nos casos anteriores, tanto no ciclismo como nas provas de desporto motorizado.

---

[7] Esta *branca* noticiosa da *RTP* sobre a *Volta a Portugal em Bicicleta* começou logo no primeiro ano de transmissões efectuadas pela *SIC*. Naquela altura, o jornalista do *Público* José Mário Costa não poupava nas críticas à televisão pública, com um procedimento considerado *à altura das mais sinistras (ou ridículas?) práticas de falsificação censória*: "A Volta a Portugal em Bicicleta deste ano nunca existiu? O país não foi atravessado de lés a lés, nestes quinze dias da caravana mais genuinamente popular que se conhece, desde que há 54 anos arrasta o entusiasmo de multidões, como só o ciclismo faz? Por acaso, não houve um tal Orlando Rodrigues que chegou a Lisboa de camisola amarela conquistada ao peito, no domingo à tarde?

Quem, por um qualquer azar do destino, tivesse ficado todo este tempo dependente da RTP, não tivesse visto mais nada, nem lido nem ouvido noutro lado o que quer que fosse não ficaria a saber coisíssima nenhuma do maior acontecimento desportivo nacional do Verão. A RTP — televisão pública, empanturrada de subsídios do Estado sem conta e, por isso, com obrigações acrescidas no serviço que presta — pura e simplesmente, ignorou a Volta a Portugal em Bicicleta.

Não lhe prestando a mínima atenção, sequer uma palavra seca sobre a sua ocorrência ou quem, no domingo, a venceu — foi como se ela nem tivesse acontecido para a RTP. Melhor: encenou a sua não existência, deturpou a actualidade, mentiu (mente-se também por omissão), escamoteando a mais importante informação desportiva desse(s) dia(s), entre nós.

Portou-se muito mal a D. RTP. Portou-se à altura das mais sinistras (ou ridículas?) práticas da falsificação censória de quantos, ao longo da história da informação tutelada, sempre fizeram por apagar o que lhes desagrada(va), por algum motivo.

Dor de cotovelo pelos privilégios perdidos do exclusivo das décadas do monopólio televisivo? Porque lhe custava demasiado no orgulho ferido de ex-superpotência regatear com a SIC, como a SIC e a TVI fazem com as imagens do futebol? Reacção infantil de quem ainda não percebeu as novas regras resultantes do aparecimento dos canais privados — e em que base de princípios mínimos essa concorrência deve assentar?". ("A 'Volta' que nunca existiu", *Público*, José Mário Costa, 16.08.1994).

7. Cobertura noticiosa da *Volta a Portugal em Bicicleta* (edição de 1998)

Quadro 8 Volta a Portugal em Bicicleta (1998)					
Canal	Programa	Total de notícias	Duração		
	Informativos				
SIC	Primeiro Jornal	13		28'	19"
SIC	Jornal da Noite	27		52'	25"
SIC	Último Jornal	16		23'	41"
RTP 1	Notícias 1	10		17'	24"
RTP 1	Jornal da Tarde	16		44'	09"
RTP 1	Telejornal	20		43'	09"
RTP 1	24 Horas	17		27'	23"
RTP 2	Jornal 2	3		2'	20"
RTP 2	Caderno Diário	7		4'	46"
RTP 2	Desporto 2	1		5'	40"
RTP 2	Remate	1		1'	03"
TVI	TVI Jornal	4		4'	54"
TVI	Directo XXI	3		6'	00'
TVI	Ponto Final	2		0'	25"
TVI	Fora de Jogo	2		5'	41"
TVI	Contra Ataque	2		3'	23"
Total	**Informativos**	144	4h	30'	42"
	Especiais da prova				
RTP 1	**Especiais**	42	26h	19'	43"
Total Especiais da prova		42	26h	19'	43"
Total global (Informativos + Especiais da prova)		186	30h	50'	25"

Em 1998 a transmissão da prova-rainha do ciclismo nacional volta a ser assegurada pela *RTP*. Tal alteração implicou mudanças na cobertura noticiosa do evento? É o que iremos verificar, em seguida. Uma nota prévia: em 1997 a *SIC* difundiu os directos da prova, tendo a *RTP1* emitido vários resumos alargados.

Em 1998 o inverso não se verificou. A *RTP1* transmitiu a prova em directo, mas não houve emissão de resumos alargados pelas outras estações.

Começando pela cobertura global (directos, notícias em espaços informativos generalistas, notícias em espaços de informação desportiva), a edição de 1998 da *Volta a Portugal em Bicicleta* gerou, nas quatro estações, um total de 186 inserções, distribuídas da seguinte forma: 105 na *RTP1*, 56 na SIC, 12 na *RTP2* e 13 na *TVI*. Em valores percentuais, a *RTP1* surge com 56,5% do total de inserções; a *SIC* com 30,1%; a *RTP2* com 6,5%, e a *TVI* com 7% (ver quadro 8).

Nota-se, desde já, uma clara discrepância no comportamento das estações em relação à edição anterior da *Volta a Portugal em Bicicleta*. Discrepância no peso de inserções de que a *SIC* é responsável. Na edição anterior, apesar de contar com a emissão de resumos da prova, a *RTP1* não foi além dos 11,4% do cômputo global de inserções. Na edição de 1998, sem emissão de resumos, o peso percentual de inserções da *SIC* é de 30,1%, mais que duplicando os valores da estação pública, no ano anterior.

Olhando aos tempos de emissão, e continuando a atender ao cômputo de todas as inserções, verificamos que na *RTP1* totalizaram 28h 31' 48"; 1h 44' 25" para a *SIC*; 20' 23" para a *TVI*; 13' 49" para a *RTP2*.

Em valores percentuais, temos a *RTP1* com 92,5%, numa subida *vertiginosa* por comparação com o peso da inserções, que foi de 56,5%. A *SIC* surge em segundo lugar, com 5,6% (descida acentuada em relação aos 30,1% de inserções). Em terceiro lugar surge a *TVI*, com 1,1%, e em último a *RTP2*, com apenas 0,7%.

Repetindo exercício efectuado nos casos anteriores, faremos agora a separação entre a difusão de especiais e as restantes inserções, para conhecermos a repercussão da transmissão destes especiais na restante programação, e para constatarmos que práticas adoptaram as estações que não beneficiaram da difusão dos especiais.

Incluiremos aqui todos os programas, sejam eles de informação generalista ou especializada.

A *RTP1* emitiu 42 especiais, para um total de 105 inserções. Logo, para além dos especiais, o canal público registou mais 63 inserções. Quanto às outras estações, dado não ter havido transmissão de resumos alargados em qualquer uma delas, valem os valores anteriormente elencados.

Em valores percentuais, os 42 especiais da *RTP1* representam 40% do total de inserções referentes à prova ciclística. Os restantes 60% representam as 63 inserções noutros programas, de índole informativa geral ou especializada.

Em tempos de emissão, os 42 especiais somaram 26h 19' 43", com as 63 inserções noutros programas a totalizarem 2h 12' 05". Em valores percentuais, os especiais representaram 92,3% do tempo disponibilizado pela *RTP1* para a cobertura da prova, sendo os restantes 7,7% dedicados a noticiar o evento noutros espaços da programação.

Por último - e são estes os dados de maior interesse para a presente investigação -, interessa separar a cobertura noticiosa efectuada nos informativos de carácter geral, das inserções veiculadas por espaços de informação desportiva.

Constatamos que as 63 inserções extra-especiais da *RTP1* residiram, todas elas, em noticiários de feição generalista: 10 no *Notícias 1*, 16 no *Jornal da Tarde*, 20 no *Telejornal* e 17 no *24 Horas*. Todos os blocos informativos de índole geral do canal público foram *mobilizados* para a cobertura da prova.

Em relação ao ano transacto, a diferença é significativa. Recordamos que, em 1997, a *RTP1* apenas inseriu duas notícias sobre a *Volta a Portugal em Bicicleta*, uma no *Notícias 1* e outra no *Jornal da Tarde*. Mais uma vez se evidencia a estratégia de fazer render as transmissões em directo de um determinado evento de exclusivo garantido, nos espaços de informação diária.

E o correlato silenciamento noticioso por parte das outras estações, também se verifica aqui, a exemplo do que tem acontecido em casos anteriormente escalpelizados?

Efectivamente não. Começando pela *SIC*, esta estação difundiu apenas uma notícia a menos do que fizera no ano anterior, quando beneficiou do exclusivo das transmissões em directo. Em 1997 foram 57 as notícias veiculadas; em 1998 baixaram para 56. A *SIC* difundiu 13 notícias no *Primeiro Jornal*, 27 no *Jornal da Noite* e 16 notícias no *Último Jornal*.

No que respeita à *TVI*, recordamos que esta estação não veiculara, em 1997, qualquer notícia sobre a prova nos seus telejornais. As 12 inserções do ano transacto foram todas localizadas em programas de informação desportiva (11 no *Fora de Jogo* e uma no *Contra Ata*que). Em 1998 regista-se uma alteração: a *Volta a Portugal em Bicicleta* consegue penetrar nos telejornais da estação de Queluz, dividindo as inserções com outros espaços de informação desportiva. Os telejornais levam mesmo a palma em relação aos programas de actualidade desportiva, com nove notícias contra quatro.

Por último, a *RTP2*. Também aqui a generosidade noticiosa se repartiu pelo único telejornal de carácter geral da estação, por programas de informação desportiva, e por um espaço de informação dedicado aos jovens. Curiosamente, foi este mesmo espaço, o *Caderno Diário*, que difundiu mais de metade das notícias sobre o evento desportivo: sete inserções, para um total de 12 notícias. No *Jornal 2* registámos três notícias, uma no *Desporto 2* e outra no programa *Remate*.

Excluídas as notícias veiculadas pelos programas de informação desportiva, ficamos com um total, para as quatro estações, de 138 notícias, assim distribuídas: 63 na *RTP1*, 56 na *SIC*, 10 na *RTP2* e 9 na *TVI*.

Em valores percentuais, a *RTP1* representa 45,7% do universo total de notícias veiculadas pelas quatro estações, a *SIC* representa 40,6%, a *RTP2* 13,8% e a *TVI* 6,5%.

Comparando com a cobertura noticiosa da edição anterior da prova, a *RTP1* passa de 3,4% para 45,7%; a *SIC* desce de 96,6% para 40,6%. Quanto à *RTP2* e à *TVI*, no ano anterior não tinham difundido qualquer notícia sobre o evento desportivo, passando ambas de 0% para 13,8% e 6,5%, respectivamente.

Há, pois, e quanto às inserções, uma diferença clara entre as duas edições da prova, nomeadamente por parte da *RTP1*, ao passar de duas para 63 notícias. Um aumento de 3.150%.

Verifica-se, também, uma descida significativa da *SIC*, dos 96,6% para os 40,6%. De todo o modo, em nada comparável ao que se verificou com a *RTP1*, no cotejo das duas edições da prova. Repare-se que, em números absolutos, a diferença de notícias entre as duas estações se cifrou em 55, a favor da *SIC* (57 notícias para esta estação, e apenas duas para a *RTP1*), isto na edição de 1997. Já na edição de 1998, essa diferença passa para apenas 7 notícias (63 na *RTP1*, contra 56 na *SIC*). E, como já referimos, a *SIC* emitiu apenas menos uma notícia que no anterior (57 em 1997, 56 em 1998).

Se houve uma estratégia clara de apagamento do evento desportivo por parte da *RTP1*, em 1997, o mesmo não se verificou no ano seguinte em relação à *SIC*, que continuou a cobrir o evento quase com a mesma intensidade que no ano em que beneficiou das transmissões exclusivas. O menor peso percentual desta estação no cômputo geral das inserções fica a dever-se, não a uma inflexão na estratégia noticiosa da *SIC*, mas sim à inflexão radical da *RTP1*, e com menor intensidade na *RTP2* e na *TVI*.

Tempos de emissão das notícias sobre a *Volta a Portugal em Bicicleta*. As 63 notícias da *RTP1* ocuparam 2h 12'05''; as 56 notícias da *SIC* totalizaram 1h 44'25''; as 10 notícias da *RTP2* consumiram 7'06'' e as 9 notícias da *TVI* obrigaram a um dispêndio de 11'19''.

Em valores percentuais, a *RTP1* ocupou 51,8% do tempo despendido pelas quatro estações a noticiar a prova; a *SIC* ocupou 40,9%; a *TVI* surge com 4,4% e a *RTP2* com 2,8%.

Em comparação com 1997, a *RTP1* sobe de 1,9% para 51,8% (aumento de 2.731%); a *SIC* passa de 98,1% para 40,9% (descida de 140%). Na *RTP2* e na *TVI*, como já se sabe, não houve notícias sobre este evento desportivo em 1997.

Em conclusão: é clara a estratégia de amplificação noticiosa de eventos de transmissão exclusiva por parte das estações detentoras desses direitos de exclusividade. Esta estratégia corre a par com um apagamento noticioso total ou quase total de tais eventos por parte das estações que não detêm os direitos de transmissão exclusiva, ou privilegiada.

Estas tendências ressaltam, com clareza, da análise da cobertura noticiosa dos seis eventos desportivos que seleccionámos.

Importa, no entanto, não minorar o que se verificou com a cobertura noticiosa da *Volta a Portugal em Bicicleta*, efectuada pela *SIC* em 1998, no ano em que deixou de contar com os direitos de transmissão, em exclusivo, da prova velocipédica. Como já referimos, se em percentagem os valores respeitantes ao número de inserções descem em relação ao ano em que deteve o exclusivo, já em números absolutos podemos notar uma redução de significado quase nulo (de 57 para 56). A descida, em percentagem, recordamos, fica a dever-se ao aumento significativo de notícias na *RTP1*, e pela entrada no giro noticioso da volta, da *RTP2* e da *TVI* (estações que no ano anterior se tinham abstido de noticiar o evento).

Um sinal da redução da importância atribuída à *Volta em Portugal* (edição de 1998), poder-se-ia encontrar cotejando a duração média das notícias em

1997 e 1998. Efectivamente, há a registar uma diminuição do tempo médio de cada notícia, em 1998, ano em que a *SIC* já não transmitiu a prova: a duração média de cada notícia passou de 2' 07" em 1997 para 1' 51" no ano seguinte.

Não é uma diferença de monta, e pode explicar-se pelo seguinte: quem detém a transmissão exclusiva do evento opta, várias vezes, por efectuar ligações em directo no decorrer dos telejornais que vão para o ar já com a prova a decorrer, ou perto do seu início. É o que acontece, geralmente, com o *Jornal da Tarde*, na *RTP1*, e com o *Primeiro Jornal*, na *SIC*. Logo, esta diferença na duração média pode resultar desta especificidade, não devendo ser considerada como índice de desvalorização da cobertura noticiosa.

A explicação pode residir, porventura, em episódios que marcaram o desenrolar da edição de 1998 da *Volta a Portugal em Bicicleta*, acontecimentos que não se verificaram no ano anterior.

Interessa relembrar que também a *RTP2* e a *TVI* decidiram incluir o evento desportivo no seu mapa noticioso, facto que não acontecera em 1997. E, se em relação à *RTP2* a razão de tal integração se pode ficar a dever ao facto desta estação pertencer ao mesmo grupo da RTP1, tal já não vale para a *TVI*.

O que pode ter acontecido, então? A análise que temos vindo a efectuar contabiliza inserções, sua duração e localização em espaços específicos da programação, mas é *cega* quanto ao conteúdo das notícias. O facto de se reportar um determinado acontecimento um determinado número de vezes não significa, à partida, a constatação de que tal evento merece, efectivamente, uma *cobertura isenta*, independentemente da estação que o difunde em directo.

Em 1998, e ao contrário do que acontecera no ano anterior, verificaram-se vários casos de *doping* em ciclistas participantes na *Volta a Portugal em Bicicleta*. Casos detectados por mais do que uma vez, e abrangendo vários ciclistas.

Será que esta peculiaridade da prova de 1998 influenciou a cobertura noticiosa efectuada pelas estações concorrentes da *RTP1*?

É o que verificaremos a seguir, começando pela *SIC*. No *Primeiro Jornal*, esta estação inseriu 13 notícias sobre a prova. Seis dessas notícias reportaram os casos de *doping*, o que representa 46,2% do total de notícias difundidas por este informativo. Quase metade, portanto.

No *Jornal da Noite* foram difundidas 27 notícias sobre a prova; oito delas reportaram aos casos de *doping*, uma percentagem de 29,6%. E no *Último Jornal* registámos três notícias sobre o *doping*, em 16 difundidas, o que equivale a uma percentagem de 18,8%.

No total, os telejornais da *SIC* difundiram 17 notícias tendo como assunto dominante a dopagem de alguns ciclistas, e a consequente expulsão da prova por parte dos infractores. Em valores percentuais, 30,4% das notícias difundidas pela *SIC* sobre a *Volta a Portugal em Bicicleta* trataram de um aspecto negativo envolvendo uma prova transmitida por outro canal.

A redacção da *TVI* também despertou para o evento velocipédico em 1998, depois de o ter ignorado no ano anterior. De zero notícias, a estação passou para nove. Os casos de *doping* terão alguma responsabilidade nesta inflexão? Assim se passou, de facto. Cinco das nove notícias trataram dos casos de *doping*, o que equivale a uma percentagem de 55,6%. Mais de metade das notícias veiculadas pela *TVI* sobre a prova foram desencadeadas pela detecção de *doping* em alguns dos ciclistas. Alargando o espectro noticioso aos programas desportivos desta estação, verificamos que, das quatro notícias veiculadas pelo *Fora de Jogo* e pelo *Contra-Ataque*, metade também trataram da dopagem dos ciclistas.

Aqui chegados, interessa perguntar: nos canais públicos o relevo dado ao assunto foi similar ao das redacções das televisões privadas?

Não. O *Notícias 1*, informativo matinal da *RTP1*, inseriu uma notícia (10%) sobre o assunto, num total de dez notícias sobre a prova. O *Jornal da Tarde* inseriu três notícias (18,7%) em 16 dedicadas à volta; o *Telejornal* manteve a dose – 3 notícias (15%), mas num total de vinte dedicadas à prova. Por último, o *24 Horas* tratou do *doping* em duas notícias (11,8%), num total de 17 notícias sobre a *Volta*. No global, em 63 notícias sobre a *Volta a Portugal em Bicicleta*, 9 trataram dos ciclistas dopados, o que representa uma percentagem de 15,9%. Muito abaixo dos 55,6% da *TVI* e dos 30,4% da *SIC*.

A comparação entre estes valores percentuais vale mais para o confronto *SIC – RTP1*, do que para uma comparação entre esta última e a *TVI*. Tendo a *RTP1* dado um realce noticioso significativamente superior à prova, do que aquele que lhe foi oferecido pela *TVI*, é natural que as notícias sobre os casos de *doping* pesem bastante menos num universo de 63 notícias (*RTP1*), do que num conjunto de apenas nove (*TVI*).

A comparação mais fidedigna resulta do confronto com a *SIC*, dada a reduzida diferença entre o total de notícias das duas estações (63 na *RTP1*; 56 na *SIC*). E, neste confronto, verificamos que a *SIC* incluiu quase o dobro de notícias sobre o *doping* do que a *RTP1* (17 notícias na *SIC*, 9 notícias na *RTP1*).

Falta verificar o desempenho da *RTP2*. O *Jornal 2* tratou a volta em três notícias; o *Caderno Diário* em sete. O *Jornal 2* não reportou os casos de *doping*; o *Caderno Diário* dedicou uma notícia ao assunto. Logo, num total de dez notícias veiculadas pelo segundo canal público, apenas 10% trataram dos casos de *doping*. Esta percentagem reduzir-se-á se acrescentarmos as notícias difundidas pelos programas desportivos da estação. *Desporto 2* e *Remate* incluíram uma notícia cada, nenhuma delas se referindo ao *doping*. Acrescentando as notícias destes dois programas, a percentagem reduz-se para 8,3%.

Interrogações legítimas: a maior atenção noticiosa da *SIC* em relação à edição de 1998 da *Volta a Portugal em Bicicleta* (por comparação com o silenciamento da *RTP1* no ano transacto), ficou a dever-se a uma estratégia de denegrimento de uma prova transmitida por estação concorrente, prova essa envolvida em escândalos? Ou será que os jornalistas da *SIC* se pautaram, neste caso, pelos mais *rígidos* critérios de noticiabilidade?

Será que foram os jornalistas dos canais públicos os que utilizaram a bitola correcta, dando aos casos de *doping* o relevo noticioso que mereciam, não os empolando como terão feito os colegas da *SIC*? Ou será que se coibiram de relevar os escândalos, atendendo aos interesses da estação, que tinha garantido o exclusivo das transmissões directas, depois de alguns anos na posse da *SIC*?

Por que motivo despertaram os jornalistas da *TVI* para a prova de 1998, depois da hibernação verificada no ano anterior? Em ano sem casos de *doping*, nem uma notícia sobre o final da prova e a indicação do nome do vencedor se justifica? Isto apesar de não se tratar de um acontecimento que se esgota em mera hora e meia, mas se prolonga por mais de uma dezena de dias?[8]

---

[8] Vejamos o que a propósito de empolamentos e silenciamentos de eventos dizia o, ao tempo, *Provedor dos Leitores* do *Jornal de Notícias*. Fernando Martins (2001) tratou do tema que nos tem ocupado nestas últimas páginas. Não se referiu à televisão, mas sim ao jornal onde exercia o cargo de provedor. Em 2001, o *Jornal de Notícias* deixou de organizar a *Volta a Portugal em Bicicleta*, quebrando uma tradição de antanho. O espaço dedicado ao evento diminuiu, nas páginas daquele diário. Os leitores queixaram-se do facto:

"O ciclismo é um desporto de paixões. E de multidões. Tem uma mística que se estende para além do clubismo, e que bordeja as estradas com particular excitação. É assim desde há muitos anos, antes mesmo dos pelotões de miúdos, na rua, em que eu me integrava, de guiador de arame nas mãos. Era assim por força de um entusiasmo que o 'Jornal de Notícias' ajudou a construir. Mais do que qualquer outro jornal.

Já em 1915 a Empresa JN organizara o Circuito do Minho, precursor do Grande Prémio do Minho! Entre 1981 e 2000 (20 anos!), fez da 'Volta a Portugal', para além de uma prova ciclística de nível internacional, um espectáculo que coloriu os verões deste país.

Esse entusiasmo, essa dinâmica, tinham particular expressão nas páginas do jornal. Em qualidade. E em quantidade.

Por força de uma decisão com dúvidas que nem uma acesa polémica, nem o recurso aos tribunais dirimiram ainda, este ano, a 'Volta' passou a ser organizada por uma entidade exterior ao JN.

O que, independentemente de quaisquer factores que envolvem sensibilidades, teve como consequência mensurável uma redução, a menos de metade, do espaço dedicado à reportagem da prova!

Lamentaram-se vários leitores, verberando aos responsáveis pelo jornal uma conduta onde quiseram ver, apenas, ressentimento e propósitos de desvalorização. Falta de

8. Cobertura noticiosa do *Estoril Open* (edições de 1999 e 2000)

Em Março de 2000, a *SIC* passou a *canal de televisão oficial exclusivo* dos eventos desportivos promovidos pela *João Lagos Sports*, designadamente os torneios internacionais de ténis disputados em Portugal e as

---

quantidade e de qualidade estão entre algumas das queixas. Amadeu Vieira Pereira, de Valadares, diz mesmo que, se quis estar completamente informado sobre a 'Volta', teve que comprar outros jornais.

Sobre o assunto, a Direcção, através do director adjunto José Leite Pereira, considera:

'Alguns leitores e porque não confessá-lo publicamente mesmo alguns dos jornalistas do JN, estranham, por vezes, algumas das opções que o jornal vem fazendo. Coube agora a vez à Volta a Portugal em Bicicleta [...]

[...] Quanto à Volta, quero deixar claro uma posição pessoal: é minha convicção que o JN foi espoliado de uma organização que durante anos se pautou por enorme profissionalismo e eficácia. Pessoalmente lamento-o. Mas esta minha convicção não significa que não entenda que os novos organizadores possam até fazer melhor. Esperar para ver.

'Enquanto organizador, o JN tinha com os anunciantes/apoiantes da prova algumas obrigações que condicionavam — empolando — o espaço que dedicávamos não só a essa prova como a todas as outras durante a época.

Este ano, não organizando a prova, demos-lhe o tratamento jornalístico que considerávamos adequado. Em termos de texto, houve o cuidado de não faltar com informação ao leitor sobre a corrida propriamente dita, além de que, diariamente, tratámos de assuntos mais ou menos marginais à prova. Em média, dedicámos duas páginas a cada uma das etapas. Não faltaram chamadas à primeira página sempre que isso nos pareceu interessante (anteriormente estavamos contratualmente obrigados à presença da Volta na capa do jornal). Se pensarmos que um jogo grande de futebol no JN tem entre uma a duas páginas, diga-nos o leitor - ou o Provedor por ele - se duas páginas por etapa é coisa pouca. Não houve na redução do espaço concedido à Volta nenhuma atitude de 're-vanchismo' relativamente aos novos organizadores ou à Federação. As nossas obrigações este ano eram, muito simplesmente, diferentes. E, sinceramente, penso que não prestámos um mau serviço nem traímos uma modalidade ou os seus seguidores à qual o JN já muito deu.'

Também interpelado pelo Provedor, o editor de 'Desporto', Manuel Neto, tem, em relação à cobertura da 'Volta', posição paralela da da Direcção, esclarecendo que, 'dada a pouca publicidade existente, entendeu-se que duas páginas seriam suficientes para relatar as peripécias da prova, ainda que num estilo diferente, e mais de acordo com as novas opções editoriais. Sendo certo, ainda, que, pelo menos num dos chamados 'dias grandes', o espaço foi ampliado para três páginas.' Manuel Neto, que reitera que o JN 'terá cumprido o seu dever de informar', explica, ainda, que 'este ano, a pré-época futebolística começou mais cedo do que é habitual e fomos forçados a dedicar-lhe também um espaço condizente com o peso dos clubes então já em actividade.".

O texto de Fernando Martins prossegue, dando conta dos esclarecimentos prestados pelo Conselho de Redacção do *JN*:

"Não obstante a convicção de que o objectivo primeiro de uma empresa jornalística é contribuir para a satisfação do direito dos leitores a ser informados, o CR não ignora que tais condicionalismos podem depender do nível de empenhamento da empresa nos eventos e dos compromissos em termos de patrocínios.

provas de golfe nacionais que integram o calendário oficial do circuito profissional europeu. O acordo estabelecido entre as duas empresas foi apresentado como *uma parceria estratégica*, a vigorar durante três anos. Segundo notícia do *Público*,[9] a estação de Carnaxide manifestou intenção de alargar a cobertura de eventos desportivos organizados pela *João Lagos Sports* a outros canais, como o *SIC Radical*, onde tinham especial cabimento os *Beach Games* (incluindo as etapas do circuito mundial de *surf*), que a João Lagos organiza no Verão. Terminava assim o reinado de vários anos da *RTP* na transmissão das provas de ténis e de golfe em Portugal. Lagos adiantou ao *Público* que o acordo subscrito assinalava uma *fase diferente que precisa da genica e do empenho que a SIC está disposta a dar e que vai muito para além das transmissões, que implica dinâmica para levar as pessoas aos locais e para as envolver nas modalidades.* Por seu turno, Emídio Rangel sublinhou ser objectivo da *SIC alargar o campo de acolhimento* do público para estes desportos, tornando-os mais populares, dando-lhes *especial destaque e relevo tanto jornalístico como promocional.*

A parceria abarcava, no caso do ténis, a 11.ª edição do *Estoril Open*, com início a 10 de Abril de 2000; a *Masters Cup*, em Novembro, para além de outras provas de menor relevo, como o *Axa Open*, a *Federation Cup*, o *Maia Open* ou o *Masters TMN*. Quanto ao golfe, o acordo abrangia os três principais momentos do calendário oficial, o *Algarve Open de Portugal*, o *Madeira Op*en (com edições de 2000 já concluídas) e o *Open do Estoril*, a decorrer em Outubro.

Não obstante os efeitos decorrentes do facto de a Empresa do 'Jornal de Notícias' ter deixado de organizar a prova, designadamente ao nível da capacidade de afectação de recursos e espaço no jornal, até pela diminuição do número de patrocinadores, que igualmente se verificou em relação à própria prova, o CR considera que a cobertura realizada procurou fornecer o essencial e o mais significativo do acontecimento".

No fecho do texto, percebe-se que Martins não alinha com os argumentos aduzidos:

"Há, visivelmente, uma certa unanimidade: Direcção, Editor do 'Desporto' e Conselho de Redacção consideram que o JN: 'cumpriu o dever de informar', segundo Manuel Neto; 'Procurou fornecer o essencial e o mais significativo', segundo o CR; e que não foi prestado um mau serviço nem traída a modalidade, segundo José Leite Pereira. Unanimidade no minimalismo. Minimalismo que permite intervenções diagonais e interpretativas que vão desaguar no conceito da Direcção: porque dizer que 'não foi prestado um mau serviço' não significa, necessariamente, que essa prestação tenha sido boa!

A verdade é que, ao longo de 20 anos (não ao longo de 20 meses ou de 20 dias), o JN habituou os seus leitores a um tratamento jornalístico em que uma ou outra eventual falha de qualidade terá sido compensada pela quantidade da informação. Não interessava ao leitor, então, o porquê dessa cobertura de que ele gostava. E o mesmo desinteresse envolverá, hoje, as justificações para a redução do número de páginas".

[9] "Canal de Carnaxide assinou ontem acordo com a João Lagos Sports – Ténis e golfe mudam de estação". *Público*, Margarida Portugal, 28.03.2000.

Quadro 9 Estoril Open 1999					
Canal	Programa	Total de notícias	Duração		Benefício
RTP 1	Notícias 1	1	00'	22"	24.354 Esc.
RTP 1	Jornal da Tarde	7	17'	21"	28.229.481 Esc.
RTP 1	Telejornal	7	13'	21"	50.640.199 Esc.
Total RTP 1		15	31'	04"	78. 894.034 Esc.
SIC	Primeiro Jornal	1	01'	57"	6.315.543 Esc.
SIC	Último Jornal	1	02'	02"	775.066 Esc.
Total SIC		2	03'	59"	7.090.609 Esc.
Total global		17	35'	03"	85.984.643 Esc.

Estamos perante mais uma alteração na concessão de exclusivos de transmissão de provas desportivas. A exemplo do que fizémos com a *Volta a Portugal em Bicicleta*, iremos verificar agora o impacto de tais alterações na cobertura noticiosa dos eventos, por parte das estações envolvidas na troca. Análise à cobertura do *Estoril Open* em ténis, edições de 1999 (exclusivo *RTP*) e de 2000 (exclusivo *SIC*).

Em 1999 (ver quadro 9) a *RTP1* inseriu um total de 15 notícias sobre a prova, assim distribuídas: 1 no *Notícias 1*, 7 no *Jornal da Tarde* e outras 7 no *Telejornal*. No primeiro informativo disponibilizaram-se 22" à prova; no noticiário do almoço, as sete notícias obrigaram a um dispêndio de 17' 21"; no informativo do horário nobre, despenderam-se 13' 21". No que toca aos benefícios auferidos pela divulgação noticiosa do *Estoril Open*, a notícia do informativo matinal rendeu 24.354$ (121,48€), as sete do *Jornal da Tarde* valeram 28.229.481$ (140.808€), com as restantes sete inseridas no *Telejornal* equivalendo a um investimento publicitário de 50.640.199$ (252.592€). 15 notícias no total, ocupando 31' 04" e valendo 78.894.034$ (393.522€).

A *SIC* foi bastante mais parca a noticiar a edição de 1999 do *Estoril Open*. Apenas duas notícias, uma no *Primeiro Jornal* (1' 57", valendo 6.315.543$ [31.502€]), outra no *Último Jornal* (2' 02", valendo 775.066$ [3866€]). No total, duas notícias, ocupando 3' 59" de antena, com um benefício de 7.090.609$ (35.368€).

Passemos agora para a edição de 2000 do *Estoril Open* (ver quadro 10), começando de novo pela *RTP1*. Constatamos que a prova desapareceu do *Notícias 1* (1 notícia em 1999) e do *Telejornal* (7 notícias em 1999). No *Jornal da Tarde*, as 7 notícias do ano transacto passaram a apenas uma, em 2000. Registam-se ainda cinco notícias inseridas no *24 Horas*, informativo que se alheara da edição de 1999 do *Estoril Open*. Quanto a tempos, 40" segundos para a notícia do *Jornal da Tarde*, e 8' 31" para as cinco notícias do *24 Horas*. No respeitante ao benefício, a notícia do informativo do almoço valeu 991.800$ (4.947€), com as 5 notícias do *24 Horas* rendendo 3.499.328$

Quadro 10 Estoril Open 2000						
Canal	Programa	Total de notícias	Duração			Benefício
RTP 1	Jornal da Tarde	1		00'	40"	991.800 Esc.
RTP 1	24 Horas	5		08'	31"	3.499.328 Esc.
Total RTP 1		**6**		**09'**	**11"**	**4.491.128 Esc.**
SIC	Primeiro Jornal	9		49'	53"	90.393.871 Esc.
SIC	Jornal da Noite	9		15'	44"	73.405.044 Esc.
Total SIC		**18**	**1h**	**05'**	**37"**	**163.798.915 Esc.**
Total global		**24**	**1h**	**14'**	**48"**	**168.290.043 Esc.**

(17.455€). *RTP1* com um total de seis notícias, duração de 9' 11" e benefício de 4.491.128$ (22.402€).

Regista-se uma redução no número de notícias (menos 9, passando de 15 em 1999 para 6 em 2000); redução nos tempos disponibilizados (menos 21' 53", passando de 31' 04" em 1999 para 9' 11" em 2000); redução no benefício (menos 74.402.906$ [371.120€], tendo passado de 78.894.034$ [393.522€] em 1999 para 4.491.128$ [22.402€] em 2000).

A desvalorização informativa do *Estoril Open* não residiu apenas na difusão de um menor número de notícias. Pormenor de monta, a prova foi banida do principal informativo da estação, com uma redução substancial de notícias no informativo do almoço. Nestes dois telejornais, os que beneficiam de maiores audiências, o *Estoril Open* passou de 14 para apenas uma notícia. Facto que justifica a diminuição significativa no benefício auferido, de menos 74.402.906$ (371.120€).

A duração média das notícias também baixou de um ano para o outro, passando de 124 segundos em 1999 para 91" em 2000. A localização da quase totalidade das notícias no último informativo da estação (5 notícias em 6, 83,3%), noticiário de audiência residual, originou ainda uma quebra substancial no valor do benefício por segundo. Em 1999, cada segundo de notícias sobre o *Estoril Open* valeu 42.325$ (211€); no ano seguinte, o valor por segundo baixou drasticamente para 8.150$ (41€).

No que toca à *SIC* registou-se procedimento inverso. De duas notícias em 1999 passou-se para 18 no ano seguinte, uma subida de 900%. 9 notícias no *Primeiro Jornal*, com uma duração total de 49' 53"; outras 9 no *Jornal da Noite*, durando 15' 44". As notícias do informativo do almoço representaram um benefício de 90.393.871$ (450.883€), e as do informativo do *prime time* valeram 73.405.044$ (366.143€). No total, a *SIC* despendeu 1h 05' 37" noticiando a prova, generosidade assinalável se olharmos aos 3' 59" gastos no ano anterior. O tempo gasto com notícias do *Estoril Open* regista subida bastante mais significativa que o número de notícias, um aumento de 1.647%. No que reporta ao benefício, passou-se de 7.090.609$ (35.368€) em 1999 para 163.798.915$ (817.026€) em 2000. Não só se registaram mais notícias (aumento de 900%), como a duração destas foi incomensuravelmente maior (aumento de 1647%), e muito melhor localizadas, no que reporta à captação de audiências. É no benefício que se regista o maior aumento percentual, de 2.310%.

A duração média das notícias passou de 119 segundos em 1999 para 218 segundos no ano seguinte. O valor de benefício por segundo noticioso passou de 29.667$ em 1999 (148€), para 41.605$ (208€) em 2000. Na *RTP1*, a duração média por notícia baixou 33 segundos; na *SIC* subiu 99 segundos. No canal público, o benefício por segundo baixou 34.175$ (170€); na *SIC* subiu 11.938$ (60€). Em 1999 a *SIC* excluíra o *Estoril Open* do principal informativo do dia. O acordo com a João Lagos Sports abriu as portas do *Jornal da Noite* ao *Estoril Open*. Procedimento similar se verificara na *RTP1*, com a prova a ser reportada em 1999, ano em que o canal público detinha o exclusivo, e a ser banida da informação do *prime time* no ano em que perdeu tal exclusivo.

9. Cobertura noticiosa do Portugal-Brasil em futebol (Abril 2002)

Quadro 11 Portugal - Brasil (Abril 2002) Análise por Programa			
Canal	Programa	Ins.	Duração
TVI	TVI Jornal	36	1:19:43
TVI	Jornal Nacional	12	0:28:16
TVI	Ultima Edição	2	0:03:35
RTP 1	Bom Dia Portugal	20	0:31:06
RTP 1	Jornal da Tarde	19	0:32:42
RTP 1	Telejornal	8	0:15:15
RTP 1	24 Horas	4	0:07:30
SIC	Informação da Manhã	9	0:03:39
SIC	Primeiro Jornal	7	0:19:59
SIC	Jornal da Noite	5	0:07:46
SIC	Informação	5	0:08:48
RTP 2	Jornal 2	1	0:02:04
Total		128	4:00:23
Análise por Canal			
		Ins.	Duração
TVI	6694" (46,4%)	50	1:51:34
RTP 1	5193" (36%)	51	1:26:33
SIC	2412" (16,7%)	26	0:40:12
RTP 2	124" (0,9%)	1	0:02:04
Total	14.423"	128	4:00:23

O reduzido número de emissões desportivas efectuadas ao tempo pela *TVI* torna mais difícil a selecção de um estudo de *news* referente a esta estação.

Acresce o facto do acesso que nos foi facultado a este tipo de estudos pela *Cision* estar, obviamente, condicionado à encomenda de tais análises por parte de clientes da empresa.

Tivemos acesso à análise da cobertura do jogo de futebol entre as selecções de Portugal e do Brasil, encontro amigável disputado a 17.04.2002. Os totais apurados pela *Cision* incluem, para além das estações generalistas, a *SIC Notícias*, *Sport TV* e *NTV*. Expurgando os dados referentes a estas estações (ver quadro 11), de acordo com o método que temos seguido, encontramos um total de 153 inserções, com uma duração total de 7h 17' 16''. A *TVI* surge em primeiro, tanto em inserções (74), como no tempo disponibilizado (5h 07' 44''). Segue-se a *RTP1*, com 51 inserções (1h 26' 33''); em terceiro vem a *SIC*, com 26 inserções (40' 12''); a *RTP2* ocupa o último posto (2 inserções, 02' 43'').

Em valores percentuais, no que toca ao número de inserções, temos a *TVI* com 48,4%, a *RTP1* com 33,3%, a *SIC* com 17% e a *RTP2* com 1,3%. No que reporta à duração das inserções, a diferença entre a *TVI* e as restantes estações acentua-se bastante, passando dos 48,4% para 70,4%. A *RTP1* mantém-se em segundo lugar, baixando dos 33,3% para 19,8%; a *SIC* passa dos 17% para 9,2%, com a *RTP2* a quedar-se nos 0,6%.

Os dados acima carreados incluem inserções nos telejornais, em espaços de informação desportiva, assim como a transmissão em directo do jogo de futebol. Interessa depurarmos estes dados, para nos cingirmos apenas à penetração nos telejornais.

Verificamos que a *TVI* não liderou em número de inserções nos telejornais, tendo contabilizado menos uma que a *RTP1* (50 para a *TVI*, 51 para a *RTP1*). A *SIC* ficou-se quase pela metade (26 inserções), tendo-se ainda contabilizado uma inserção na *RTP2* (estação com um só noticiário por dia, e no qual não se dá especial destaque ao futebol).

De referir que a *TVI* não dispunha de serviço noticioso matinal, ao contrário do que, ao tempo, acontecia com a *RTP1* e a *SIC*. E, nos espaços informativos da manhã, contabilizaram-se 20 inserções para a *RTP1* e 9 para a *SIC*. A *TVI* lidera, no entanto, nos tempos de emissão dedicados, nos telejornais, ao jogo de preparação para o Mundial de Futebol de 2002. 1h 51' 34'' foi o tempo disponibilizado, equivalente a 46,4% do total. Segue-se a *RTP1*, com 1h 26' 33'' (36%); a *SIC*, com 40" 12'' (16,7%) e a *RTP2*, com 02' 04'' (0,9%).

Digno de nota, também, o número de inserções e o tempo disponibilizado pelo noticiário da *TVI*, emitido à hora do almoço, no dia do jogo. No *TVI Jornal* de dia 17 contabilizaram-se 24 inserções, com uma duração total de 54' 44''. Estratégia clara de *alavancagem* da transmissão em directo (o jogo teve início às 21h), com sequências ao longo da tarde.

Depois dos 54' 44'' gastos no *TVI Jornal*, a estação de Queluz voltou ao assunto às 14h 25' (espaço de 5'), às 16h (espaço de 3' 30''); às 17h (espaço de 4' 15''), às 18h (espaço de 4' 45''), às 18h 25' (espaço de 5' 00''), e às 18h 40'' (espaço de 29' 30''), tendo ainda disponibilizado mais 18' 10'', repartidos por cinco inserções no *Jornal Nacional*, espaço informativo que antecedeu a transmissão em directo do encontro de futebol.[10]

---

[10] No que reporta à exposição de marcas (*sponsor*), o *Mediamonitor* avançava, a 19.04.2002, para o mesmo evento, os seguintes dados: "As marcas Vodafone e BPN foram visíveis no jogo Portugal *vs* Brasil do dia 17 de Abril (Quarta-feira) durante 428 e

10. Cobertura noticiosa de actividades da Fundação de Serralves (1999)

A maior atenção dedicada por uma estação de televisão a determinados acontecimentos não se confina apenas às transmissões com exclusivo garantido. Pode assumir outras formas, como, por exemplo, um mero protocolo de divulgação de actividades de uma instituição cultural.

Foi o que aconteceu a 5 de Maio de 1999, entre a *SIC* e a Fundação de Serralves. Naquela data foi assinado um protocolo através do qual a estação de televisão se comprometia a divulgar as várias actividades levadas a cabo pela reputada instituição cultural.

Tivemos acesso a um estudo de *news* que contabiliza a difusão de notícias sobre as actividades da Fundação de Serralves durante todo o ano de 1999. O estudo da *Cision* inclui quatro estações de televisão (*RTP1, RTP2, SIC* e *TVI*) e quatro estações de rádio (*Antena 1, RFM, Rádio Renascença* e *TSF*).

Contabilizaram-se, neste conjunto, 156 inserções, valendo 1.745.568,68€ (349.955.101$). A *SIC* surge com 28 inserções, representando 17,9% do total. Mas esta percentagem sobe significativamente se atendermos ao benefício resultante das notícias difundidas. Esse benefício totalizou 1.177.064,32€ (235.980.210$), representando 67,4% do total. A diferença entre os valores percentuais das inserções e do benefício é abissal, resultante da significativa diferença de custos da publicidade inserida na televisão e na rádio.

Devemos depurar estes dados, trabalhando apenas com o meio/televisão. Encontraremos então um total de 59 inserções, assim distribuídas: *RTP1* – 20 inserções; *RTP2* – 9 inserções; *SIC* – 28 inserções; *TVI* – 2 inserções. A *SIC* surge, neste conjunto, com 47,5% das inserções, seguida da *RTP1*, com 33,9%. A *RTP2* atinge 15,3% e a *TVI* apenas 3,4%.

No que respeita aos tempos de emissão, a *SIC* lidera também, com 1h 13' 21". Segue-se a *RTP1*, com 40'34", a *RTP2*, com 18'00", e a *TVI*, com 05'01".

Olhando aos valores percentuais, verificamos que a presença da Fundação de Serralves na *SIC* se acentua, em relação às restantes estações de televisão, passando de 47,5% para 53,6%. Em segundo lugar mantém-se a *RTP1*, que baixa dos 33,9% para 29,6%. Na *RTP2* também se verifica uma redução, de 15,3% para 13,2%, ao contrário do que acontece com a *TVI*, que regista uma subida, dos 3,4% para 3,7%.

Vejamos agora o *benefício*. Ao quantificar as inserções e sua duração em função da localização das peças (que, como é sabido, valem bastante mais se

---

406 segundos de exposição e uma audiência total de 2.574.400 e 2.568.400 espectadores, respectivamente. A cobertura alcançada pela marca Vodafone foi de 4.064.400 espectadores enquanto a marca BPN se ficou pelos 3.974.700 espectadores".

Quadro 12 - Fundação de Serralves - 1999 - Análise por Canal

Canal	PTE	Euro	Duração	Inserções
A1	12,256,709$	61,136.21	01:55:02	47
RFM	385,400$	1,922.37	00:06:31	5
RR	13,228,500$	65,983.48	01:31:19	23
RTP 1	62,900,579$	313,746.77	00:40:34	20
RTP 2	3,690,243$	18,406.85	00:18:00	9
SIC	235,980,210$	1,177,064.32	01:13:21	28
TSF	16,168,001$	80,645.65	01:54:46	22
TVI	5,345,459$	26,663.04	00:05:01	2
	349,955,101$	**1,745,568.68**	**30:07:44:34**	**156**

inseridas no horário nobre do que noutras faixas horárias), este índice dá-
-nos uma valor menos *cego* que o número de inserções ou a duração temporal
destas, analisadas de *per si*. Apenas um exemplo: duas notícias com a mesma
duração (03' 12"), notícias sobre a *Fundação de Serralves* difundidas pela
SIC no *Último Jornal* de 25.02.1999 e no *Primeiro Jornal* de 26.02.1999,
representam, respectivamente, *benefícios* de 7.843,50€ (1.572.480$) e de
27.211,86€ (5.455.488$).

Verificámos que a *SIC*, tendo já o maior número de inserções, potenciadas
por uma maior duração temporal, também as localizou em faixas horárias mais
importantes que as restantes TV's.

A *Fundação de Serralves* surge, na *SIC*, com um *benefício* de 1.177.064,32€
(235.980.210$). Tínhamos já referido que este valor, para o global do estudo
de *news* (incluindo as 4 estações de rádio), representava 67,4% do total.
Olhando apenas aos totais do *benefício* das quatro estações de televisão
(1.535.880,98€; 307.916.491$), a *SIC ofereceu* à *Fundação de Serralves* 76,6%
do total. A *RTP1*, com 313.746,77€ (62.900.579$), ofereceu um *benefício* de
20,4%. Os 26.663,04€ (5.345.459$) da *TVI* representam um *benefício* de 1,7%,
e os 318.406,85€ (3.690.243$) da *RTP2* representam um *benefício* de 1,2%.

Seccionemos agora o conjunto de notícias sobre as actividades da
Fundação de Serralves difundidas pela *SIC* antes e depois da celebração do
protocolo. Verificamos que, nos quatro meses que antecederam a assinatura
do documento, se registaram três inserções, uma média de 0,75 inserções
mensais. Nos oito meses seguintes, já com o protocolo em vigor, essa média
subiu para as 3,1 intervenções mensais, num total de 25. A assinatura do
protocolo fez quadruplicar o número de inserções.

Olhando aos tempos disponibilizados, temos 6' 43" no quadrimestre
anterior ao protocolo, e 1h 06' 38" durante a vigência do acordo. Em média, a
estação de Carnaxide disponibilizou, no primeiro período, 1' 10" 75"' (70,75
segundos) por mês à *Fundação de Serralves*, contra 7' 09" 75"' (499,75 segundos) mensais no segundo período.

Com a assinatura do protocolo, a Fundação de Serralves passou a beneficiar, na *SIC*, de um tempo quase sete vezes superior ao que dispunha antes da vigência do acordo. No que reporta aos *benefícios* auferidos, temos 35.239,88€ (7.064.961$) no primeiro período, e 1.141.824,44€ (228.915.249$) no segundo período. Estes totais representam uma média de 8.809,97€ (1.766.240$) mensais no quadrimestre anterior ao protocolo, contra 142.728,05€ (28.614.406$) mensais nos restantes oito meses do ano.

A assinatura do protocolo trouxe, à *Fundação de Serralves*, um *benefício* 16,2 vezes superior ao que auferia, na *SIC*, antes de celebrado o acordo.[11]

11. Outros *apagões* noticiosos

Como já vimos, a amplificação noticiosa de determinados eventos de transmissão exclusiva ou preferencial por uma estação de TV corre a par com o silenciamento ostensivo, ou redução significativa do caudal noticioso por parte das estações concorrentes.

Notámos ainda (caso da edição de 1998 da *Volta a Portugal em Bicicleta*), um maior enfoque noticioso da concorrência em torno de aspectos negativos do evento. Acontece bastas vezes, e em situações de muito menos aparato que a transmissão de uma prova velocipédica de âmbito nacional.

A 1 de Julho de 1999 teve lugar, na praça de touros do Campo Pequeno, a *1.ª Grande Corrida de Touros TVI*. A estação começou a incluir *promo news* do evento mais de uma semana antes da sua realização. A primeira inserção que registámos ocorreu a 23 de Junho. Até ao dia da tourada contabilizámos um total de 14 *promo news*.

No dia do espectáculo, o *TVI Jornal* dedicou mais três *promo news* ao evento (3 notícias, 8'55"), com outras duas (11'20") a serem difundidas no *Directo XXI*. Ficando só pelo telejornal do almoço, registamos um directo (4'18") estabelecido com um repórter na praça de touros, uma peça (3'01") sobre um dos dois grupos de forcados que actuariam naquela noite, e uma terceira detalhando os *poderosos* meios (1'36") a utilizar na transmissão em directo da tourada.

A tourada lá se realizou, correu tudo bem, um grande sucesso, com um pequeno senão, conhecido pelos telespectadores portugueses, ainda naquela noite, através da *SIC*.

---

[11] Uma campanha de solidariedade, se noticiada pelos *media*, também rende proveitos à empresa ou entidade benemérita. A iniciativa *Linha de Fax por Timor*, desencadeada pela *Portugal Telecom* em Setembro de 1999, aquando dos trágicos acontecimentos naquele território, mereceu duas notícias na *RTP1* (*País País* e *Telejornal*), e três notícias na *SIC* (*Primeiro Jornal, Jornal da Noite, Último Jornal*). Apesar do escasso número de inserções (cinco no total, com uma duração de 08'02"), a acção de solidariedade fez reverter para a operadora telefónica um *benefício* de 79.729,87€ (15.984.404$).

No *Último Jornal* de 1.07.1999 não se espaventou, naturalmente, o êxito da corrida de touros organizada pela *TVI*. Deu-se antes conta de um acidente originado pela derrocada de algumas pedras vindas da fachada principal da praça de touros do Campo Pequeno. As pedras atingiram dois turistas norte-americanos, tendo um deles sido internado no Hospital de Santa Maria, com traumatismo craniano. Foi notícia de abertura daquele informativo (1 notícia, 1'57").

A *TVI* já não emitia, ao tempo, o *Ponto Final*, espaço informativo nocturno da estação. Os pormenores da tourada ficaram guardados para o dia seguinte. No *TVI Jornal* (13h 30'), emitiram-se três peças sobre o evento, com uma generosa duração de 8' 02". Mas nem uma palavra sobre o acidente da noite anterior. Pressupondo tal comportamento por parte da concorrente, a *SIC* tratou de informar os telespectadores que na noite anterior haviam ido mais cedo para a cama. A peça do *Último Jornal* foi repetida no *Primeiro Jornal* de 2.07.1999 (1 notícia, 1' 54"), e voltou a ser inserida no *Jornal da Noite* (1 notícia, 1' 50"). No *Directo XXI* de dia 2, a *TVI* voltou a dar conta do sucesso do espectáculo que promovera, continuando a ignorar o acidente da véspera.[12]

No exemplo anterior, poderemos questionar-nos quanto à *bondad*e dos critérios jornalísticos que impeliram a *SIC* a deslocar-se ao Campo Pequeno, para noticiar o acidente ali verificado. *Bondade* simétrica para os critérios jornalísticos da *TVI*, ao ter poupado aos seus telespectadores mais um entre tantos acidentes que polvilham diária e insistentemente os telejornais.

No próximo caso não há *bondade* que valha à prática seguida. Em que consiste ela? Em esconder informação relativa a um evento transmitido em directo por uma concorrente, à mesma hora em que a estação *silenciadora* emite um noticiário.

Vejamos este caso. A 17.05.2000, à hora dos telejornais, decorria a final da Taça UEFA. A transmissão em directo era efectuada pela *RTP1*. No *Jornal da Noite* (*SIC*), dá-se conta de que o jogo decorria naquele momento. Não se diz, nem teriam que o dizer, que a transmissão em directo estava a ser feita noutro canal. Mas já será exigível, por respeito para com os telespectadores da estação, que se indique ao menos o resultado do encontro. Nomeadamente quando a dita final também é notícia no canal que não efectua a transmissão do evento.

Pois bem, *nesse Jornal da Noite*, José Alberto Carvalho concede em

---

[12] Uma semana depois, a *SIC* haveria de voltar ao Campo Pequeno, desta feita para noticiar uma manifestação contra as touradas. Foi notícia no *Último Jornal* de 9.07.1999 (2' 03") e no *Primeiro Jornal* de 10.07.1999 (2' 03"). A *TVI* não compareceu.

lembrar que a final *decorre neste momento*, no aperitivo de uma peça sobre a violência em torno do evento, na noite anterior: *"A final da Taça UEFA, que decorre neste momento em Copenhaga, na Dinamarca, é marcada pelo signo da violência. Na véspera do jogo, adeptos do Arsenal, de Inglaterra, e do Galatasaray, da Turquia, envolveram-se em confrontos violentos que provocaram, pelo menos, oito feridos".*

Ignora-se o desenrolar de um acontecimento que ocorria no preciso momento em que se dava a notícia; prejudica-se a actualidade para oferecer aos telespectadores notícia requentada da véspera.

Uma prática seguida bastas vezes, não apenas pela *SIC*, mas por todas as estações. E que demonstra bem a que extremos pode chegar o afã *jornalístico* de silenciar acontecimentos de transmissão efectuada por estações concorrentes. Uma prática que escancara bem como os interesses empresariais se sobrepõem aos critérios jornalísticos, e como alguns jornalistas aceitam, sem pestanejar, violar princípios que deveriam ter como fundamentais para o exercício da sua profissão.

Em nosso entender, tais omissões lesam, efectivamente, o direito dos cidadãos a uma informação veraz, constituindo-se como uma forma diferente de desinformação.

A *Associação Portuguesa de Direito do Consumo* emitiu, em Março e em Julho de 1999, dois comunicados considerando que a medição das audiências televisivas em Portugal eram uma *farsa*, enganando consumidores e anunciantes e, em consequência, *pervertendo o sistema democrático*. Aquela associação fundamentava tão graves denúncias no facto da recolha e tratamento dos dados não ser efectuada de uma forma *transparente e clara*.

Notícias sobre esta posição da APDC: em Março, uma no *Jornal da Tarde* (31.03.1999; 1' 52"), outra no *Jornal 2* do mesmo dia (21"). Em Julho, a denúncia surgiu no *Telejornal* (12.07.1999; 2' 14").

Só a *RTP1* e a *RTP2* deram eco às posições daquela associação, presidida por um colaborador da primeira (nomeadamente no programa *Consultório* e, por vezes, nos espaços informativos diários). Ao tempo, a *SIC* não tinha queixas a fazer das audiências, continuava sólida no primeiro lugar. Nos canais públicos a situação era inversa. Porque é que a *SIC* ignorou as denúncias? Porque é que a *RTP* lhes deu eco? Por puros critérios jornalísticos, embora divergentes, ou por opções atinentes aos interesses das respectivas empresas?[13]

---

[13] Sobre este assunto se pronunciou, em 13.10.1999, a Alta Autoridade para a Comunicação Social (AACS), na sequência de exposição apresentada pela APDC. Aquele órgão emitiu uma deliberação de que respigamos a conclusão: "Tendo apreciado uma

As Marchas de Lisboa foram, em 1999, transmitidas pela *SIC*. Conhecida a classificação, gerou-se movimento de protesto, aglutinando doze bairros, que denunciavam irregularidades cometidas pela marcha vencedora, a de Alfama. A 14 de Junho os protestantes chamaram a comunicação social, para os jornalistas ouvirem um *Basta!*, *Temos que colocar um ponto final neste escândalo das festas de Lisboa*. Que se saiba, a estação televisiva nada tinha a ver com as decisões do júri. Mas o protesto não passou nos telejornais da estação.

A 26 de Junho de 1999 teve início, na cidade açoriana da Horta, a 15.ª edição da Mostra Atlântica de Televisão (MAT 99), uma iniciativa da *RTP* açoriana destinada a premiar anualmente os melhores programas de televisão sobre o mar. A concurso apresentaram-se 58 documentários e 32 reportagens ligadas ao mar, num total de 90 obras. O júri incluía nomes de prestígio, como o realizador João Mário Grilo, o director-geral da *TVE* Ramón Villot y Villot, o jornalista Joaquim Vieira, o realizador Artur Ramos e João Gonçalves, investigador do Departamento de Oceanografia e Pescas da Universidade dos Açores. Este departamento recebeu o *Açor de Cristal*, prémio atribuído pela organização, a título de homenagem, a uma pessoa ou instituição de prestígio na área de interesses em torno do mundo marinho. Jacques Cousteau, Mário Soares (na sua qualidade de Presidente da Comissão Mundial Independente dos Oceanos), Mário Ruivo, David Attenborough e Georges Pernoud foram alguns dos galardoados com o *Açor de Cristal*. Pela primeira vez foi atribuído um prémio de 2500 contos (12.500€) para o melhor programa de divulgação da imagem de Portugal, prémio patrocinado pelo ICEP. A concurso apresentaram-se obras do Reino Unido, Alemanha, Bélgica, Espanha, Canadá, Dinamarca, Finlândia, Irlanda, Itália, Lituânia, França, México, China, Japão, Polónia e Suécia, para além de Portugal, Cabo Verde e Moçambique. O certame prolongou-se até 30 de Junho.

---

exposição da Associação Portuguesa de Direito do Consumo em que se manifestam reservas quanto ao sistema de audimetria implantado em Portugal e quanto à forma como o mesmo vem sendo auditado, a Alta Autoridade para a Comunicação Social, considerando embora que não dispõe de atribuições que lhe permitam pronunciar-se sobre os aspectos técnicos ou metodológicos das audimetrias, não deixa de ser sensível às repercussões sociais destes estudos, aos seus reflexos na estrutura do panorama audiovisual e, consequentemente, manifesta o seu empenho em promover um diálogo com as entidades envolvidas na produção e fiscalização das audimetrias no sentido de ser implementado um sistema de auditoria garantido por uma entidade cuja composição não fique delimitada à participação dos utilizadores directos dos estudos de audiência.

A AACS admite ainda a possibilidade de alertar o legislador para as questões da fiscalização das audimetrias no âmbito das propostas de alteração da Lei das Sondagens que irá novamente submeter à sua apreciação".

O MAT 99 mereceu cobertura regular da imprensa portuguesa. Apesar da importância do evento, o ferrete da organização a cargo de uma estação de televisão fez com que *TVI* e *SIC* o banissem da cobertura noticiosa. Só a *RTP* reportou o facto, com cinco notícias espalhadas pelos principais informativos da estação.

Na cerimónia de abertura, o Presidente do Governo Regional dos Açores teceu fortes críticas à *RTP*. No discurso, Carlos César[14] manifestou o seu descontentamento pelo serviço público de televisão nas ilhas, começando pela informação: "Os Açores apenas constam dos serviços informativos mais nobres quando são atingidos pelo infortúnio de calamidades naturais, pela notoriedade de meliantes ou por *fait divers* de mau gosto". Lamentou ainda a falta de investimentos num canal regional obrigado a cobrir um arquipélago disperso por nove ilhas. A *RTP* não reportou o facto, naturalmente.

Em Março de 2000, gerou polémica a ausência da *RTP* na cobertura noticiosa da estreia do *Portugal Fashion*, em Paris. A moda portuguesa desfilava, pela primeira vez, no Louvre, acontecimento que justificou a presença do Ministro da Cultura e onde, segundo o *Público*,[15] acorreram *todos os órgãos de comunicação social portugueses*. Razões apontadas pelo jornal - o facto da *SIC* ter o exclusivo da cobertura das galas do *Portugal Fashion* em Portugal: "Nenhuma câmara da televisão pública portuguesa acabou por registar o desfile das criações de Maria Gambina, Osvaldo Martins, Miguel Vieira, Luís Buchinho (Jotex Selectif), Mário Oliveira, Flagrante e Ráfia. Na sala do Carroussel do Louvre estavam representantes dos principais jornais e revistas nacionais, da agência Lusa e ainda da SIC e da TVI, bem como jornalistas franceses, ingleses, italianos, espanhóis, alemães, japoneses e checos, entre outros. Manuel Maria Carrilho seguiu o desfile na primeira fila, tendo ao seu lado os representantes diplomáticos portugueses na capital francesa e um membro do Governo francês. Destaque ainda para a presença de Nuno Júdice, poeta e adido cultural da Embaixada Portuguesa e do ex- -ministro Augusto Mateus" – informava o *Público*, detalhando em seguida as razões próximas da ausência: "O Público apurou que na origem da decisão dos responsáveis da RTP esteve o facto de a SIC ter o exclusivo das

---

[14] Ver "César ataca RTP na inauguração da Mostra Atlântica", *A Capital*, Jorge Pinho, 28.06.1999; "MAT exige 'serviço público' à RTP", *Correio da Manhã*, Isabel Faria, 28.06.1999; "*Presidente açoriano critica televisão pública* – César farto do tratamento discriminatório da RTP", *Público*, Nuno Mendes, 28.06.1999.

[15] "Televisão pública falha estreia do Portugal Fashion em Paris – RTP fora da moda". *Público*, Rui Baptista e Margarida Portugal, 11.03.2000.

transmissões televisivas das galas do *Portugal Fashion* realizadas em Portugal. Durante a gala de apresentação da colecção Primavera/Verão, realizada no Porto, em Outubro do ano passado, a RTP teve o direito a transmitir nos seus blocos noticiosos apenas dois minutos do evento, organizado pela Associação de Jovens Empresários (ANJE), Associação Portuguesa de Têxteis (APT) e Fundação da Juventude".

11. 1. Proibido citar a concorrência

Atentemos neste outro caso. A 25 de Março de 1999, a Alternativa Democrática (AD) aproximava-se vertiginosamente do fim. Os sinais de desentendimento entre Paulo Portas e Marcelo Rebelo de Sousa eram bastantes. Durante o dia, rádios e televisões foram dando eco desses desentendimentos, chegando mesmo a noticiar-se que a Comissão Directiva do Partido Popular já havia dado luz verde a Paulo Portas para romper com a coligação (*Rádio Renascença*, 7h 00 e seguintes; *Antena 1*, 8h 00 e seguintes).

Nessa noite, o líder do CDS/PP seria entrevistado na *SIC*, no programa *Esta Semana*. Escusado será dizer que a expectativa em torno deste programa era enorme, por motivos óbvios. A AD finaria no decorrer do programa? Portas faria declarações explosivas, avançaria com pesado caderno de exigências ao outro parceiro da coligação? Ou todo o clima criado durante o dia não passaria de fogo fátuo?

Expectativa adensada pela inclusão de um excerto da entrevista (previamente gravada) de Paulo Portas a Margarida Marante, no *Jornal da Noite* da *SIC*. Pelo menos uma estação de rádio, a *Antena 1*, também anunciou, antecipadamente, a presença do líder do CDS/PP na *SIC*.

Não houve fogo fátuo, Paulo Portas fez várias exigências e algumas revelações explosivas. Do ponto de vista jornalístico, o depoimento do líder popular deixava de pertencer ao universo dos *programas de entrevistas da concorrência*, passando a significar uma eventual ruptura da coligação oposicionista. Tratava-se, sem dúvida, de um facto político a merecer devida atenção.

Qual foi, então, a opção da redacção do *24 Horas* (*RTP1*), emitido pouco tempo depois da entrevista de Portas ter sido difundida pela *SIC*? A de mesclar as informações que circularam durante o dia com outras que se percebiam ancoradas no depoimento de Portas a Margarida Marante. Mas, *t'arrenego citação*, nem uma referência à presença de Paulo Portas na *SIC*.

Eis o texto da notícia: "A Alternativa Democrática pode estar em risco. Paulo Portas quer saber até que ponto o PSD está empenhado na coligação. O líder do PP pretende uma cimeira extraordinária da AD. Para acabar com dúvidas, Paulo Portas pretende marcar uma cimeira. Ao mesmo tempo surgem rumores de que Portas tem tido falta de solidariedade de Marcelo Rebelo Sousa no caso da Universidade Moderna. Para já, o líder do PSD, que nesta altura está em Itália, não quer fazer comentários. Disse à correspondente Paola Roletta não saber de nada" [segue-se depoimento de Marcelo Rebelo de Sousa].

Os telespectadores fiéis da *RTP1* foram dormir ignorantes de que os rumores do dia já tinham cara, e voz viva. Portas assumira as críticas, fizera revelações de fazer corar os colegas de coligação; se a AD estava por um fio, no dia seguinte talvez ninguém conseguisse já descobrir-lhe a ponta.

Por desígnios que só se podem sondar na excomunhão de um furo da concorrência, o *Jornal da Tarde* de dia 26 alinha a situação na AD em 10.º lugar. Porventura por desígnios siameses dos da *RTP1*, a *TVI* (cujo noticiário do almoço se iniciava meia hora mais tarde que os das outras estações), alinhou o estado de pré-ruptura da Alternativa Democrática em 7.º lugar.

A *SIC* optou pelo 2.º posto. Para informar que Marcelo Rebelo de Sousa regressara apressadamente de Itália, após ter tido conhecimento do teor da entrevista de Paulo Portas. E voltou mais tarde, para quatro outras notícias sobre a crise na AD.

A Alternativa Democrática haveria de finar às 19 horas e alguns minutos de 26 de Março de 1999. Ao mesmo tempo, Marcelo Rebelo de Sousa demitia--se de Presidente do PSD. Na comunicação efectuada, o líder social-democrata atribuiu a Portas a responsabilidade pela ruptura, desde logo por ter revelado o teor de conversas secretas, havidas entre ambos, no programa *Esta Semana*.

Às 20 horas, o *Telejornal* da *RTP1* referia-se, finalmente, mesmo que por interposto Marcelo Rebelo de Sousa, à entrevista concedida por Portas à concorrência.

Ao ignorar, ostensivamente, a dita entrevista, a *RTP1* prestou um mau serviço aos seus telespectadores, saltando uma etapa crucial num episódio de grande relevância política e consequências extremamente importantes, pelo menos para o principal partido da oposição.

Em Outubro de 1999, mais de uma dezena de crianças e jovens fogem de um lar, na Póvoa de Lanhoso, quando funcionários da Segurança Social se preparavam para os transferir para outras instituições de solidariedade.

Ao todo eram 18 crianças, a mais nova com apenas sete anos. Passaram a noite a monte, foram encontradas no dia seguinte. Na *RTP1* (*Jornal da Tarde*, 14.10.1999) diz-se que foram encontradas por uma equipa de reportagem da estação, e só depois pela GNR:

"A GNR tentou durante toda a noite encontrá-los, mas foi a *RTP* que os encontrou primeiro" – assevera Andreia Neves, *pivot* do *Jornal da Tarde*. Na peça, o jornalista avança com mais detalhes: "No terreno, as buscas da GNR, durante a madrugada, não resultaram. Foi a equipa de reportagem da *RTP* que descobriu as 18 crianças, ao início do dia, escondidas num palheiro, na freguesia de Calves, Póvoa de Lanhoso, a mais de dez quilómetros de casa. Cansados e com fome [seguem-se depoimentos das crianças]. Alguns minutos depois o grupo de crianças aceitou entregar-se à GNR".

No *Telejornal* do mesmo dia, foi notícia de abertura. Judite de Sousa repetiu a informação dada à hora do almoço: "Dezoito crianças fugiram da instituição onde viviam, na Póvoa de Lanhoso. A Casa do Miradouro, assim se chama a instituição, foi encerrada pela Segurança Social, devido a falta de condições. Mas à chegada dos inspectores, as crianças fugiram. A GNR tentou localizá-las durante toda a noite, em vão. O curioso é que foi a equipa da RTP a encontrá-las, já ao início da manhã". A mesma informação foi dada, também, no *24 Horas*.

Não é irrelevante saber-se que um tão elevado número de crianças foi descoberto, não pelas autoridades que procediam às buscas, mas sim por uma equipa de jornalistas. Mais do que abonar a favor dos repórteres, desabona as forças policiais. Pois bem, vejamos a informação prestada a este respeito pela *SIC* e pela *TVI*.

Começando pela *SIC*, *Primeiro Jornal* de 14.10.1999:

Pivot: "(...) À chegada das carrinhas da Segurança Social, as dezoito crianças fugiram. Estiveram desaparecidas durante várias horas. Esta manhã, a Judiciária já as encontrou (...)".

Jornalista: "(...) A GNR da Póvoa de Lanhoso, apesar de estarem dezoito crianças desaparecidas, desde as duas da tarde, só colocou dois guardas nas operações de busca".

Pivot: "Mas recordo que as crianças já foram encontradas, esta manhã, pela Polícia Judiciária".

Rodrigo Guedes de Carvalho prometeu, para o *Jornal da Noite*, "*mais pormenores sobre esta história rocambolesca*".

Tal como aconteceu com a *RTP1*, também a *SIC* abriu o informativo do horário nobre com a notícia da fuga das dezoito crianças. Libertaram-se novos pormenores, cumprindo a promessa do *pivot* do *Primeiro Jornal*. Quanto à descoberta das crianças, aí o pormenor manteve-se: "As crianças foram localizadas, esta manhã, pela GNR da Póvoa de Lanhoso (...)". Nenhuma informação quanto à descoberta das crianças por parte dos jornalistas da *RTP*, e uma alteração: afinal não havia sido a Polícia Judiciária a descobrir as crianças, mas a GNR de Póvoa de Lanhoso.

Quanto à *TVI*, a notícia foi dada na primeira edição do *Directo XXI*, às 19h 30'. A *RTP* continua banida da estória, as crianças deixaram de ser encontradas por quem quer que fosse, tendo tomado a iniciativa de se entregarem às forças policiais: "(...) A fuga só terminou esta manhã, entregaram-se todas na GNR local".

No decorrer da semana de observação directa que efectuámos na delegação do Porto da *RTP*, observação inserida nos trabalhos de doutoramento, tivemos oportunidade de confrontar o jornalista autor das notícias emitidas pelo canal público, com as duas versões veiculadas. Pedro Pereira assegura ter sido ele a encontrar as crianças, testemunho corroborado pelo seu colega João Fernando Ramos: "Quem descobriu as crianças foi o jornalista Pedro Pereira, da RTP. A equipa da SIC foi dormir, enquanto o Pedro Pereira passou a noite à procura das crianças, na companhia de um jornalista do *JN*. Vivendo em Braga, o Pedro conhece bem a zona. E foi ele que os convenceu a entregarem--se à GNR. Aliás, foi ele que telefonou para a GNR a dar conta da intenção das crianças e do local em que se encontravam".[16]

Silenciar informação relevante, desinformar, pouco importa, quando a directiva impõe que a concorrência *não exista*. Até nos pormenores mais comezinhos se nota este afã de esconjurar a concorrência do mapa noticioso.

A 31 de Maio de 1999, no sul do Kosovo, forças da NATO atacam, por engano, um autocarro onde seguiam vários jornalistas europeus. Na comitiva iam integrados dois profissionais da *RTP* e um da *TSF*.[17] A *RTP* (nos seus

---

[16] Esta mesma versão é corroborada pelo *Jornal de Notícias*, edição de 15.10.1999. A descoberta das crianças pelos jornalistas sobe a subtítulo do artigo "Crianças procuradas estavam no palheiro – *Jornalistas do JN e da RTP puseram fim à estranha fuga de menores que iam ser realojados pela Segurança Social*". No texto, podemos ler: "(...) A localização destes menores, procurados desde a tarde de anteontem, aconteceu mais cedo do que se esperava, graças ao 'faro' jornalístico de equipas de reportagem do JN e da RTP. Depois de uma noite quase perdida a rondar os locais que se mostravam suspeitos, os repórteres acabaram por ir encontrar os pequenos foragidos no palheiro de um monte de S. Gens de Calvos (...) às 8 horas de ontem, apesar das suspeitas que já tinha sobre o possível paradeiro dos menores, a GNR da Póvoa do Lanhoso nem por isso estava, nessa altura, em condições de dar o passo decisivo. Pelo que apurámos, era-lhe necessário um mandato de busca aos locais sob suspeita, mas, para isso, tinha de esperar pelas 9 horas, ou seja, pela chegada ao tribunal do juiz que devia autorizar tal procedimento. O certo é que os jornalistas do JN e da RTP acabaram por resolver o impasse mais cedo do que se esperava. (...) Ao sentirem-se descobertas, as crianças saíram, de imediato, do seu refúgio e foram, normalmente, ao encontro dos jornalistas. Na altura, a sua maior preocupação era a de não virem a ser separadas de irmãos e amigos nesta transferência para outras instituições. Os repórteres garantiram-lhes que isso não iria acontecer e pediram-lhes, então, para que os acompanhassem até junto das autoridades". ("Crianças procuradas estavam no palheiro – *Jornalistas do JN e da RTP puseram fim à estranha fuga de menores que iam ser realojados pela Segurança Social*". *Jornal de Notícias*, Pedro Leitão, 15.10.1999).

[17] Ver entrevista de Maria João Caetano ao operador da *RTP*, Carlos Pinota, "Tinha que gravar aquele momento – *No Kosovo, um grupo de jornalistas foi alvo da NATO. O operador de imagem da RTP foi o único a registar o acontecimento*", *Diário de Notícias*, 20.06.1999.

dois canais) deu a devida conta (porventura exagerada conta) do acontecimento. A jornalista Elsa Marujo fora atingida, mas sem gravidade. Pior sorte teve uma colega da *BBC*, que sofreu ferimentos graves. Noticiou- -se a decisão da NATO, de abrir um inquérito ao incidente; a versão aliancista, de que o objectivo a atingir seriam os túneis por onde, a má hora, passava o autocarro dos repórteres, e não estes; ainda a decisão das direcções de in- formação da *RTP* e da *TSF* de emitirem um protesto formal; também um comentário ao sucedido por parte do Ministro dos Negócios Estrangeiros da Grã-Bretanha. A 2 de Junho noticiou-se ainda a chegada, a Portugal, dos *repórteres de guerra* da *RTP*.

Na *SIC* o relevo noticioso dado ao erro da NATO foi diminuto. No entanto, no *Primeiro Jornal*, identificaram-se os repórteres como profissionais da *RTP*, mencionando-se até os seus nomes. No *Jornal da Noite* essas referências desapareceram.

Quanto à *TVI*: no noticiário da manhã foi feita referência à *RTP*. Mas às 13h 30', no *TVI Jornal*, a identificação da concorrente desapareceu, salvando- -se a nacionalidade: *atingida uma jornalista portuguesa*.

No *Directo XXI* seguiu-se expediente similar: a jornalista da *RTP* continuou a ser identificada apenas pela sua nacionalidade; já quanto ao jornalista da estação de rádio, este foi identificado como pertencendo à *TSF*.

"(…) Uma jornalista britânica ficou gravemente ferida. Uma repórter portuguesa sofreu alguns ferimentos. Na coluna seguia também um jornalista, da *TSF*, que ficou ileso (…)".

Nenhum problema em designar uma estação, desde que a mesma não dê pelo nome de *SIC* ou *RTP*. Quanto à rádio, como esta não faz mossa nas audiências televisivas, liberte-se o nome da estação.[18]

Mais um caso de desinformação, culpa atribuída à alergia a citações da concorrência. Alergia que assume, por vezes, natureza ridícula. A 6 de Junho de 2000, o *Telejornal* (*RTP1*) abre com uma manifestação contra a co-incineração, a decorrer em Setúbal. Estabelece-se uma ligação em directo, e o repórter começa por ouvir um dos organizadores da manifestação. Em seguida, tenta ouvir depoimentos de populares que integravam o cordão humano de protesto. Não o conseguiu fazer. O ruído era imenso, ouviam-se

---

[18] Esta alergia à concorrência estende-se, muitas vezes, à programação. Só um exemplo. O actor João Didelet esteve no *Amigo Público*, da *RTP1*, a 30.09.1999. No programa, apresentado por Júlio Isidro, foram emitidos alguns excertos de peças televisivas que contaram com a actuação de Didelet. Todos os excertos extraídos de programas emitidos pela *RTP*. Ao tempo, o actor desempenhava o papel de *Caixinha*, jornalista estagiário bastante desastrado, isto na série *Jornalistas*, exibida pela *SIC*, e que fazia sucesso. No decorrer de toda a entrevista, nenhuma referência à sua prestação na série da concorrente.

gritos de *palhaço*, dirigidos ao vereador da Câmara Municipal de Setúbal (autarquia pró-co-incineração). O vereador Soares Feio entrara na *boca do lobo*, para ser entrevistado pela *RTP1*. Não foi possível efectuar a entrevista, por mor do tumulto gerado. A apresentadora retomou então a emissão dos estúdios. Seguiram-se quatro peças, duas delas ainda sobre o tema da co--incineração.

Quinze minutos decorridos desde o início do noticiário, Judite de Sousa volta a referir-se à manifestação de Setúbal, dando conta de uma alegada agressão ao vereador, salvo por intervenção policial: "E voltamos a Setúbal, para ver algumas imagens registadas pelo operador de câmara da RTP há breves instantes, há breves minutos, na altura em que o jornalista Vítor Gonçalves procurava entrevistar o vereador da Câmara de Setúbal, Soares Feio. Tal não foi possível, o ruído da multidão era muito grande, como de resto se pôde verificar durante o directo. E depois alguns populares terão agredido o vereador da Câmara de Setúbal, Soares Feio. Uma agressão que motivou, inclusivamente, a intervenção de agentes da polícia presentes no local. Os manifestantes estão revoltados com o governo, e também com a Câmara Municipal de Setúbal, já que o presidente da autarquia apoia a decisão do ministro do Ambiente José Sócrates em avançar com a co-incineração. Estes foram os momentos em que os ânimos estiveram realmente muito exaltados, quando os populares se aperceberam da presença do vereador Soares Feio, que se preparava para fazer algumas declarações ao jornalista da RTP, que se encontra no local a fazer a cobertura desta manifestação. Após a intervenção da polícia, e depois do vereador se ter retirado do local – aqui estamos a ver justamente as imagens em que a polícia foi chamada a intervir -, logo que o vereador abandonou o local, como dizia, os ânimos voltaram a acalmar".

Esta intervenção de Judite de Sousa durou 1' 47", ia o *Telejornal* com cerca de 17 minutos de duração. Quase três minutos depois, aos 19' 42", é a vez da *SIC* reportar o que se passara. O *pivot* do *Jornal da Noite*, Paulo Camacho, dá entrada ao repórter destacado para Setúbal:

Pivot: "Ao fim da tarde de hoje um grupo de cidadãos promoveu um cordão humano em Setúbal. Boa noite Miguel Ribeiro, a população respondeu à chamada?"

Repórter: "Exactamente. Aqui em Setúbal juntaram-se largas pessoas, para se manifestarem contra a co-incineração na Serra da Arrábida. Este cordão humano, que foi feito a partir das sete da tarde, percorreu cerca de dois quilómetros e meio da cidade, toda a gente de mão dada, até aqui à praça do município. Toda esta manifestação decorreu sem incidentes até há alguns segundos atrás, quando o vereador do Ambiente da Câmara Municipal de Setúbal arriscou a vir aqui, ao centro desta manifestação. Nessa altura os populares começaram a exaltar-se, e acabou por ter que sair escoltado pela Polícia de Segurança Pública, o vereador do Ambiente (...)"

Ora, o autarca não se havia deslocado até junto dos manifestantes, para os esclarecer ou desafiar, antes tal deslocação havia sido motivada pela concessão de uma entrevista a um canal concorrente da *SIC*, depoimento que não chegou a efectivar-se, por força da revolta dos manifestantes. São situações bastante diferentes. Factualmente, o vereador foi impedido de prestar o seu depoimento a uma estação de televisão, eventualmente agredido em seguida.

Para não nomear a estação concorrente, o repórter da *SIC* escondeu, aos telespectadores do *Jornal da Noite*, o que efectivamente se tinha passado. Note-se como Miguel Ribeiro *salta* uns largos segundos na narrativa, para queimar o supremo vexame de um autarca apupado, alegadamente agredido, impedido de prestar um depoimento à *RTP*, e não à *SIC*!

A 21.01.2002 toda a atenção das televisões se virava para a quase certa substituição de Octávio Machado por José Mourinho, no lugar de treinador do FCP. O presidente do clube foi ao programa *Jogo Falado*, da *RTP1*, confirmar a saída de Octávio Machado. A confirmação pública do abandono do treinador foi feita, pois, aos microfones do canal público. Na concorrência, todos utilizaram as declarações de Pinto da Costa na entrevista em estúdio dada à *RTP1*, utilizando *piruetas elípticas* para evitar uma citação da concorrência. Por exemplo, na *Última Edição*, informativo da *TVI*, madrugada de dia 22: "*Pinto da Costa confirmou a saída de Octávio e disse que José Mourinho...*". Confirmou a quem? Os telespectadores fiéis da *TVI* ficaram sem saber. E disse a quem? Os telespectadores fiéis da *TVI* ficaram sem resposta.

O mesmo jogo elíptico na *SIC Notícias*, noite de 21, madrugada de 22: "*Pinto da Costa já confirmou a saída de Octávio, a rescisão foi por mútuo acordo*", tudo informações respigadas do *Jogo Falado*...

É compreensível, apesar de discutível, que determinados acontecimentos envolvendo jornalistas de uma estação televisiva sejam reportados apenas por essa emissora. Compreensível, se olharmos para tais factos como sendo de importância informativa menor, logo só valorados pela estação que é também protagonista, por via dos seus profissionais, no referido acontecimento.

Em conformidade, só a *TVI* noticiou a abertura, por parte da AACS, de um processo contra o Desportivo de Chaves, por agressão a um repórter da estação (*Directo XXI*, 7.01.1999). Só a mesma estação deu conta do teor da deliberação aprovada pela AACS, em relação ao mesmo caso (*TVI Jornal* e

Directo XXI, 25.02.1999).

Só a *SIC* informou os cidadãos portugueses da absolvição de Sofia Pinto Coelho, num processo judicial motivado por reportagem da jornalista onde revelava *negócios menos claros* envolvendo responsáveis pelas florestas nacionais (*Jornal da Noite*, 11.03.1999).

Já outros silêncios não podem ser minimizados, porque ignorar também pode constituir-se numa forma de desinformar. Tanto mais que a alergia à citação da concorrência só se denota em situações consideradas positivas para as outras estações. Quando toca à desgraça na estação do lado, aí o *blackout* quebra-se rápida e pressurosamente, quase sempre com grande fervor. Mais alguns casos, antes de passarmos ao capítulo seguinte.

A investigadora e docente universitária Felisbela Lopes publicou, em Outubro de 1999, um livro intitulado *O Telejornal e o Serviço Público*. O lançamento ocorreu a 27 daquele mês, na Universidade do Minho. A cerimónia contou com a presença do Secretário de Estado da Comunicação Social. Só a *RTP1* noticiou o evento. Fê-lo no *24 Horas* do dia do lançamento da obra (1 notícia, 2' 20"); no *Notícias 1* de dia 28 (uma notícia, 2' 22"); depois no *Jornal da Tarde* (2 notícias, 3' 48"); por último no *Telejornal*, também a 28 de Outubro (1 notícia, 2' 23").

SIC e *TVI* ignoraram o acontecimento. Na *RTP2* também não foi notícia, mas Felisbela Lopes esteve no magazine cultural *Acontece*. Razão para os investigadores do campo televisivo se precaverem. Caso anseiem por exposição mediática na televisão, importa que elejam *corpus plural*, todas as estações do país abrangidas.

Acontece que havia, no mesmo dia, que falar de outros livros. Dois, pelo menos. Seus títulos: *A Censura. De Salazar a Marcelo Caetano*, e *Do Marcelismo ao Fim do Império*.

É natural que a *SIC* e a *TVI* tenham optado por cobrir o lançamento destas obras. Também não. O primeiro tinha como autor Cândido de Azevedo, jornalista da *RTP*. O segundo tinha como autor Brandão de Brito, Presidente do Conselho de Administração da *RTP*.

A *RTP1* e a *RTP2* noticiaram, naturalmente. A obra de Cândido de Azevedo mereceu 38" no *Telejornal* de dia 28; mais 20" no *Jornal 2*, e mais 2' 07" no *24 Horas*.

Como nestas coisas de literatura a hierarquia também pesa, Brandão de Brito teve direito a uns segundos mais que Cândido de Azevedo. O *Telejornal* dispensou 4' 29" ao livro; o *Jornal 2* mais um pouco (11' 08", sendo 7' 35" gastos com entrevista em estúdio ao autor da obra); e só o *24 Horas* se ia, quase, esquecendo das hierarquias. Mesmo assim, à cautela, dispensou ao trabalho de Brandão de Brito 2' 08", um segundo a mais que a Cândido de Azevedo. No total, o jornalista somou 3' 05", o presidente 17"45".

A 10 de Dezembro de 1999 coube a vez a João Gabriel, assessor da Presidência da República, de lançar um livro, narrando percursos das suas reportagens. Gabriel foi jornalista da *TSF*, fazia equipa com Paulo Camacho, jornalista da *SIC*, em provas de desporto motorizado. Já adivinharam: só teve direito a notícia televisionada na *SIC* (*Último Jornal*, 2'22"). Silêncios com silêncios se pagam, não sabemos quem ganha, mas sabemos quem sai prejudicado de tudo isto: os cidadãos-telespectadores, merecedores de uma selecção noticiosa alheia às baias empresariais impostas pelo patrão, ou, se calhar, impostas por editores num afã de serem mais papistas que o próprio patrão.

Como consta da lista por nós coligida, em Dezembro de 1999 a Comissão Nacional para as Comemorações do 50.º aniversário da Declaração Universal dos Direitos do Homem atribuiu um Prémio de Jornalismo aos repórteres Alberto Serra, da *RTP*, e a José Vegar, do *Expresso*. Foram ainda atribuídas quatro *Menções Especiais*. Esta comissão era presidida pelo ex-Presidente da República, Mário Soares. O júri integrava Vital Moreira, Fernanda Mestrinho e José Solano de Almeida. Na cerimónia de entrega dos prémios estiveram presentes, para além de outras personalidades, o Provedor de Justiça, Menéres Pimentel, o representante da Amnistia Internacional, José Manuel Cabral, e o advogado António Maria Pereira.

O prémio destinava-se a galardoar trabalhos jornalísticos sobre temas referentes aos direitos humanos. Apresentaram-se a concurso 24 trabalhos, sendo doze de televisão, sete da imprensa nacional e cinco da regional.

Só a *RTP1*, no *Telejornal* de 10.12.1999 (2'25"), reportou a cerimónia. Alberto Serra foi premiado pelo seu trabalho *Sina de Cigano*. José Vegar viu distinguidas as suas reportagens sobre Timor. Carlos Narciso (*SIC*) e Amélia Moura Ramos (*SIC*), receberam *Menções Especiais* por trabalhos sobre o povo núbio (do Sudão) e sobre o problema do acesso dos ciganos à *escola pública*. Sofia Pinto Coelho, jornalista da *SIC*, recebeu uma *Menção Especial* que distinguia reportagens sobre a situação dos reclusos, publicadas no semanário *Expresso*. Luísa Inês (jornal *A Voz do Mar*, Sesimbra), recebeu uma menção especial pelo trabalho *Um caso exemplar de ajuda humanitária*.

Como se verifica pela natureza do prémio e trabalhos distinguidos, encontramo-nos aqui nos antípodas de outros galardões profusamente noticiados pelas TV's, como os *Globos de Ouro*, troféus *Nova Gente* e similares. O prémio principal não distinguia apenas um jornalista da televisão, mas também um profissional da imprensa. Nas *Menções Especiais* encontramos trabalhos de jornalistas da *SIC* e também da imprensa. Com excepção da repórter do jornal regional de Sesimbra, que não conhecemos, todos os galardoados têm produzido, ao longo da sua carreira, inúmeros trabalhos de mérito, revelando por vezes grande coragem ao realizá-los, sofrendo riscos para oferecerem aos telespectadores e aos leitores visões do país e do mundo que fogem da bitola a que se vai conformando algum jornalismo, hoje em dia.

Pois bem, pelo facto do Prémio de Jornalismo ter sido entregue a um repórter da *RTP* (mesmo que dividido com outro colega da imprensa), a *SIC* e a *TVI* silenciaram a cerimónia, nos seus telejornais. A pergunta que se faz é simples: terão José Vegar, Carlos Narciso, Sofia Pinto Coelho, Amélia Moura Ramos e Luísa Inês que expiar a terrível *culpa* de verem os seus trabalhos premiados num concurso que também distinguiu uma reportagem da *RTP*? É correcto espoliar os telespectadores da *SIC* e da *TVI* de uma informação pelos motivos aduzidos? Por certo que não.

Note-se que esta prática é reiterada. Em Dezembro de 2001, a *SIC Notícias* recebeu o *Prémio Inovação Manuel Pinto Azevedo Júnior*, atribuído pelo jornal *O Primeiro de Janeiro*. Como se adivinha, só a estação contemplada e a *SIC* noticiaram a atribuição do galardão (6 notícias na *SIC Notícias*, uma na *SIC*). Acontece que, na cerimónia ocorrida a 6.12.2001, o empresário Belmiro de Azevedo recebeu o *Prémio Nacional*, atribuído também pelo diário *O Primeiro de Janeiro*. Voltamos ao mesmo, mas aqui com outras *vítimas*: pelo facto da ofertante se ter decidido pela entrega de um galardão a uma estação de televisão, também Belmiro de Azevedo se viu privado de notícias sobre o prémio recebido nas outras televisões. A organização também foi lesada, ao ver a difusão da iniciativa reduzida à difusão em apenas dois canais. Destes e de muitos outros casos similares (basta compulsar a longa lista que publicámos no início deste livro), os organizadores de prémios podem começar a tirar ilações de consequências perversas, e que poderão bulir com a presumida genuinidade e honestidade das decisões dos júris: ou deixam de premiar trabalhos de estações de televisão, ou encontram fórmula de as distinguir a todas, sempre com o primeiro prémio, e sempre *ex aequo*. Só assim, porventura, evitarão que as suas iniciativas sejam banidas por algumas estações.

CAPÍTULO 3
Desvirtuações

1. Super Liga da Desinformação entre TV's

Quando os critérios empresariais sobrelevam aos critérios jornalísticos, começamos a entrar no reino do vale-tudo. Há publicidade travestida de notícia, há saturação informativa quando interessa à estação, silêncios comprometedores quando os acontecimentos interessam e valorizam a concorrência. E há, também, desvirtuações de monta. Os casos que a seguir detalhamos são bem ilustrativos deste género de práticas.

Sempre que a concorrência dá um passo em falso, há notícia. E notícia até quando não há passo em falso algum.

No exemplo seguinte, o tropeção deontológico é dado pela estação difusora da notícia, também pela fonte citada. A notícia (um *off*) é do *TVI Jornal* (19.10.1999), a fonte é o *Diário Económico*, ao tempo propriedade do mesmo grupo empresarial.

"O governo vai privatizar uma parte do capital da RTP. A notícia surge esta manhã no 'Diário Económico'. Segundo o jornal, esta é a fórmula encontrada por António Guterres a fim de evitar a falência. Uma fonte próxima de António Guterres garante ao 'Diário Económico' que a empresa pública de televisão terá de ser reestruturada, sob pena de fechar as portas. Uma das hipóteses em estudo é tornar a *Portugal Telecom* sócia da RTP. O objectivo seria desenvolver a capacidade de produção de conteúdos. A situação da empresa é considerada calamitosa, e a sua reorganização é uma das prioridades do governo".

A *RTP* não viu parte alguma do seu capital privatizada; a *PT* não se tornou, consequentemente, sócia da *RTP*. Note-se ainda o tom que perpassa de algumas das expressões utilizadas: *falência*, risco de *fechar as portas*; situação *calamitosa*.

Um mês mais tarde, o ministro com a tutela da comunicação social esteve de visita à *RTP*. Negou futura privatização. Quanto à entrada da *Portugal Telecom*, respondeu ao jornalista que lhe fez a pergunta com um *nim*.

Tal não impediu a *TVI* de abrir a notícia (e também o noticiário de 17.11.1999), com uma afirmação categórica: *"A Portugal Telecom vai entrar no projecto de reestruturação da RTP"* – asseverou o *pivot*. Na peça, Armando Vara não o confirma. À pergunta do jornalista – *"E a entrada da Portugal Telecom?"* o governante responde: *"Na lógica de criação de um grupo empresarial, pode haver alguns parceiros. E eu não posso neste momento dizer-lhe que esse não possa ser um parceiro. Mas se você me pergunta se há alguma decisão nessa matéria, não há"*.

Não há decisão ministerial? Não haverá mesmo? Manuel Domingos, jornalista responsável pela notícia, ou ouviu mais do que o excerto seleccionado, ou ouviu diferente:

"A entrada da *Portugal Telecom* na *RTP* é uma estratégia que está inserida no plano de recuperação aprovado pelo governo para travar o prejuízo de cem milhões de contos que a televisão do Estado acumulou durante os últimos anos. A forma como a *Portugal Telecom* vai ser inserida no plano de reestruturação da *RTP* ainda vai ser analisada pelo governo".[1]

O depoimento do ministro não bate com a abertura da notícia, também não bate com a sequência da notícia, mas adiante, rumo à privatização da *RTP* anunciada pela *TVI*, no mês anterior. Afinal, não vai haver:

"Em conferência de imprensa, o ministro Armando Vara, responsável pela tutela da RTP, deixou claro que não vai haver despedimentos na RTP, e não vai haver privatização".

A visita de Vara também foi notícia na *SIC* (*Jornal da Noite*, 17.11.1999), mas o jornalista Pedro Coelho não especulou com a *Portugal Telecom*. Referiu-se apenas à possibilidade, admitida pelo governo, de avançar para *parcerias estratégicas em algumas empresas subsidiadas*.

A visita do ministro foi, naturalmente, notícia na *RTP1* e na *RTP2* (nesta última, apenas uma breve síntese). O enfoque foi, obviamente, diferente. Na *TVI* referiu-se, na entrada do *pivot*, o *crescimento do prejuízo de cem milhões de contos que a televisão do Estado acumulou ao longo dos últimos anos*; já na peça, voltou a lembrar-se o *prejuízo de cem milhões de contos que a televisão do Estado acumulou durante os últimos anos*. E remata-se a notícia com uma nota de prudente cepticismo: *Resta saber se o plano estratégico para pôr fim ao prejuízo da televisão pública vai resultar. Até ao momento*

---

[1] Sobre os pormenores de reestruturação da *RTP*, ver, p. ex., "Canais divididos por empresas", *Público*, S. R./ J. A. L., 11.12.1999. Podem ainda confrontar-se as peças das três estações de televisão com o que foi noticiado na imprensa, no dia seguinte à conferência de imprensa de Armando Vara. Ver "Manter dois canais públicos", *Público*, Sofia Rodrigues, 18.11.1999.

não existe uma estimativa em relação ao prejuízo que a RTP vai ter ao longo do próximo ano.

Na *SIC*, com peças estilisticamente mais cuidadas, o prejuízo não andou a espreitar frase sim, frase sim. A entrada de José Alberto Carvalho valia por todos os prejuízos da *TVI*: *A mais deficitária empresa pública portuguesa, a RTP, vai ser alvo de um plano de reestruturação, no próximo ano.*

Na *RTP1* (*Telejornal*, 17.11.1999), o *prejuízo* foi substituído pelo *orgulho*. *Pivot*: "*A RTP vai começar a ser reestruturada. A administração da televisão pública reuniu-se hoje com o governo, e ambas as partes anunciaram linhas estratégicas para a RTP: mais informação e mais produção em português*".

Jornalista: "*Traçar um novo rumo para a televisão pública, com uma nova organização empresarial. Uma reestruturação com objectivos para os próximos anos, quanto a questões de financiamento e de funcionamento interno. Armando Vara, ministro-adjunto com a tutela da RTP, quer uma televisão da qual os portugueses se orgulhem, e nela se reconheçam (…)*".

No *24 Horas* (17.11.1999, 2' 05"), repetiu-se a peça do noticiário da hora do jantar. Alteração apenas na entrada do *pivot*. Pedro Mourinho preferiu começar por onde José Rodrigues dos Santos havia finalizado: "*A RTP vai apostar cada vez mais na informação e na produção portuguesa. O governo quer que a televisão do Estado seja a televisão com que os portugueses mais se identifiquem (…)*".

A submissão dos critérios jornalísticos aos interesses das estações foi patente (e assaz denunciado) aquando da polémica gerada em torno das decisões tomadas pelo governo social-democrata em relação à *RTP* (Maio de 2002).

Acusações cruzadas: a *RTP* foi acusada de dar demasiado destaque ao assunto, abrindo os telejornais com desenvolvimentos da polémica, durante dias seguidos.[2] Acusada ainda de fornecer aos telespectadores versões pouco

---

[2] Estudo efectuado pela *MediaMonitor/Marktest* e divulgado pelo jornal *Público*, comprovava esse maior volume noticioso por parte do canal estatal, numa das semanas em que a polémica foi mais acesa. "Entre 6 de Maio, data em que o ministro da Presidência anunciou as intenções do Governo para a empresa [RTP], e o passado dia 19, foram emitidas cerca de 14 horas de informação sobre a matéria, nos diversos serviços noticiosos dos quatro canais de sinal aberto e da SIC Notícias. De acordo com um estudo da MediaMonitor/Marktest, 44% desse tempo informativo foi usado pela RTP. Entre os seus dois canais, a televisão visada nas notícias assegurou 60 por cento do tempo que os serviços noticiosos dedicaram ao tema - e isto excluindo os debates e transmissões directas do Parlamento exibidos na RTP.

Visto de outro modo, mais de 18% de todo o tempo noticioso da RTP1 durante os dias em causa foi ocupado por este assunto. Logo a seguir ficou a RTP2, que lhe dedicou 15,8 % dos seus noticiários. Na TVI, o futuro da RTP ocupou 8,5 do tempo de informação e a SIC ficou-se pelos 7,6%.

isentas desses acontecimentos. Tal prática não se restringiria aos noticiários, alargando-se a outros programas de informação. Por exemplo, criticou-se a ausência de convite a Morais Sarmento, ministro da tutela, aquando de um primeiro debate organizado pela *RTP1* sobre o serviço público. A estação alegou em sua defesa que, nesse primeiro debate decidira não incluir responsáveis políticos no painel de convidados. Estes responsáveis políticos seriam convidados para um segundo debate, agendado para oito dias depois. Convidado a participar no debate, o ministro Morais Sarmento recusou.

As acusações de falta de isenção nos noticiários não se restringiram às televisões, tendo-se alargado também aos jornais (nomeadamente ao *Expresso*), não deixando de fora acusações individuais a alguns jornalistas (caso de José Manuel Fernandes, director do diário *Público*). No meio da refrega, jornalistas anunciaram mesmo processos-crime contra colegas de outras estações. Assim aconteceu com os Conselhos de Redacção (CR) da *SIC* e da *SIC Notícias* que admitiram vir a processar a *RTP* na sequência de um comunicado no qual o CR da empresa pública contestava o *tom irónico de alguns pivots da SIC, que nem se preocupam em confirmar boatos/notícias sobre a RTP*. No comunicado que gerou a ira dos jornalistas da *SIC* repudiava-se ainda o *tom jocoso e difamatório* de alguns *media* em relação à *RTP*, apontando-se como exemplo a *infame cruzada do Expresso*.

No entanto, foi a TVI que mais vezes abriu o jornal das 20h com o tema, tendo-o feito em cinco dias. Os restantes canais analisados fizeram-no quatro vezes.

De acordo com o estudo, baseado no serviço e-Telenews do MediaMonitor e dados do Audipanel da Marktest, foram emitidas sobre a RTP 325 notícias nas duas semanas consideradas. Também neste aspecto a RTP foi a que mais de destacou: a maioria das peças, ou seja, 134 notícias, foi exibida na RTP1. A RTP2, com 51 notícias exibidas ao longo de duas horas e 20 minutos, ficou atrás da TVI, que emitiu 63 peças jornalísticas em duas horas e 27 minutos. Ainda assim, o segundo canal da TV pública, com apenas um serviço noticioso na análise - o Jornal 2 -, bateu a SIC em número de notícias: o canal de Carnaxide produziu 47 peças relacionadas com o caso, num conjunto de uma hora e 49 minutos.

Já no uso dos directos, e exceptuando a SIC Notícias, a RTP2, sobretudo devido ao horário do seu noticiário (22h), foi a que menos se evidenciou. Apenas quatro das peças que exibiu sobre a matéria incluíram directos. Já a RTP1 não só foi a que mais ligações em directo estabeleceu, num total de 13, como foi a que mais tempo dedicou a esta abordagem: uma hora e 21 minutos. Os 10 directos da TVI perfizeram um total de 44 minutos e a SIC, que estabeleceu oito ligações em directo, destinou-lhes 36 minutos de emissão.

Todavia, numa análise relativa à proporção, a SIC foi a que mais apostou nesta técnica. É que, apesar de ter feito menos directos, foi aquela que mais usou essa abordagem proporcionalmente ao tempo que dedicou ao assunto.

O estudo contabilizou ainda o número de 'flashes' sobre a RTP inseridos nos espaços informativos - ou seja, promoções, resumos e remissões para peças a exibir mais adiante. E, neste aspecto, a prevalência da RTP1 é esmagadora. Enquanto a SIC emitiu dois 'flashes', com uma duração total de 23 segundos, a RTP1 emitiu os restantes 14, ocupando com eles dois minutos e 35 segundos de antena". ("RTP com mais tempo, notícias e directos". *Público*, Elisabete Vilar, 2.06.2002).

De acordo com o *Público*[3] os Conselhos de Redacção da *SIC* qualificaram as acusações de *totalmente falsas e desprovidas de qualquer fundamento*, declarando que "*os jornalistas da SIC/SIC Notícias não são marionetas de ninguém*, recusando em conformidade *qualquer tipo de subserviência jornalística ao serviço de interesses económicos, políticos ou outros*.

Seja na polémica gerada aquando da entrada em funções do governo liderado por Durão Barroso, seja em situações anteriores ou posteriores, temos para nós que, neste *campeonato da desinformação inter-TV's* ninguém pode atirar a primeira peça. Os exemplos de informação tendenciosa surgem em cascata, provindos de todas as redacções.

A 26.01.1999 só a *RTP1* (Telejornal, 2'0") noticiou o início do julgamento envolvendo os responsáveis do programa *Cadeira do Poder* e António José Seguro, membro do governo de António Guterres. Apesar das repercussões públicas registadas aquando da transmissão do primeiro episódio – o que justificaria a queixa-crime -, a redacção da *SIC* não viu no julgamento qualquer ponta de interesse jornalístico, logo não fez notícia, deixando assim a José Rodrigues dos Santos a prerrogativa de informar os portugueses de que *a Cadeira do Poder* estava *no banco dos réus*.

A redacção de Carnaxide já considerou de grande interesse noticiar investigação da Polícia Judiciária a José Eduardo Moniz, por este ter, alegadamente, efectuado duas viagens ao estrangeiro, pagas pela Olivedesportos, quando era director de programas da *RTP*. Mereceu duas notícias no *Último Jornal* de 5.03.1999, *reprise* da dose no *Primeiro Jornal* de dia 6, ainda no *Jornal da Noite* de dia 6, ainda no *Último Jornal* de dia 6. 16'29". Ao todo, um exagero ou apenas uma forma de compensar o silêncio da *RTP* (de onde Moniz saíra) sobre o assunto, também o silêncio da *TVI* (onde Moniz se encontrava) sobre o caso.

Foi ainda através da *SIC* (*Jornal da Noite*, 7.05.1999, 1'40"; *Último Jornal*, 7.05.1999, 1'50") que os portugueses ficaram a saber estar a *RTP a um passo de um processo de penhora devido a uma dívida ao fisco*.

Foi a *TVI* que divulgou a *possibilidade* da *SIC* estar a enganar os telespectadores, no programa *Roda dos Milhões*: "Os números de telefone que podem ser contemplados são escolhidos duas horas antes do programa, e não em directo como a estação privada procura dar a entender durante a emissão" – informava José Carlos Castro a 8.01.1999 (*Directo XXI*, 2'18").

Foi nos telejornais da *TVI* e da *RTP* que os telespectadores puderam acompanhar os transcendentes desenvolvimentos da cerimónia de união de

---

[3] "Guerra entre Conselhos de Redacção da SIC e da RTP". *Público*, P.M.G., 25.05.2002.

facto entre Bárbara Guimarães e Manuel Maria Carrilho. A *SIC* guardou, sobre o assunto, olímpico silêncio. Os telespectadores do canal de Carnaxide ficaram a perder prosas do jaez da que a seguir transcrevemos (*Jornal Nacional, TVI*, 7.08.2001): "Mesmo a terminar este *Jornal Nacional* uma nota sobre um dos casamentos mais mediáticos dos últimos tempos em Portugal. Afinal Bárbara Guimarães e Manuel Maria Carrilho não deram o nó. Apesar do mediatismo da cerimónia, da exclusividade do jornal *Expresso* e da realização de um copo de água, o casamento não chegou a ser celebrado oficialmente. Mas se Bárbara e Carrilho não deram o nó, deram pelo menos o laço. Ao reduzido número de convidados para a cerimónia anunciaram a celebração de uma simples união de facto... heterossexual. Aguardam-se, portanto, com expectativa, as cenas dos próximos capítulos desta novela".

17 de Novembro de 2001, sábado, 7 da manhã. Na *SIC Notícias* faz-se a revista da imprensa do dia. Primeiro o *Público*, depois o *Jornal de Notícias*, depois o *Diário de Notícias*, ainda o *Expresso*.

17 de Novembro de 2001, sábado, 8 da manhã. Na *SIC Notícias* faz-se a revista da imprensa do dia. Primeiro o *Expresso*, depois o *Diário Económico*, depois o *Público*, depois o *Jornal de Notícias*, ainda o *Diário de Notícias*.

17 de Novembro de 2001, sábado, 10 da manhã. Na *SIC Notícias* faz-se a revista da imprensa do dia (às 9h não houve). Primeiro o *Público*, depois o *Diário Económico*, depois o *Expresso*.

O *Diário de Notícias* desse sábado fazia manchete com uma entrevista a Emídio Rangel, ex-director da *SIC*, agora dirigindo a *RTP*. Às sete horas, palavra à *pivot*: "No *Diário de Notícias* a guerra no Afeganistão também em destaque este sábado – desgoverno no Afeganistão. Faz manchete ainda duma entrevista com Emídio Rangel – Balsemão está desorientado".

Às 8 horas, palavra à pivot: "No *Diário de Notícias* destaque também para o desgoverno no Afeganistão".

Às 10 horas não vale a pena dar a palavra à *pivot*, que o *DN* fora banido da revista de imprensa. Depois de, às 8h, o *destaque* ter passado para o fundo da página, e a manchete ter sido ignorada, às 10h ignorou-se o jornal inteiro. O único critério jornalístico que se vislumbra para esta opção é o *critério-patrão*.[4]

---

[4] No *Público*, Luciano Alvarez apercebeu-se do facto, assim o comentando, com uma pergunta assaz pertinente no remate: "Todas as manhãs, o canal de notícias de Pinto Balsemão faz uma revista de imprensa. Revela primeiro as manchetes dos jornais e, depois, a totalidade ou parte das restantes chamadas da primeira página. Ontem, foi mais uma vez assim com todos os jornais, menos com o 'Diário de Notícias'. Às 8 da manhã, a 'pivô' de serviço leu apenas parte da capa do 'DN', dando a entender que a manchete

Outro caso. Às 00h da noite de 16 para 17.01.2002, a *SIC Notícias* começou a difundir notícia de um relatório no qual se teciam graves críticas à gestão da RTP. As acusações, alegadamente constantes nas conclusões de uma auditoria efectuada à empresa pública três anos antes, haviam chegado ao conhecimento da Alta Autoridade para a Comunicação Social, e esta resolvera pronunciar-se, considerando *verdadeiramente caótica e irresponsável* a gestão da *RTP*. A AACS surgia com verbo duro, no ar ficava a suspeita do desaparecimento de vários milhões de contos em equipamentos adquiridos pela empresa pública. Merecia, sem sombra de dúvida, destaque noticioso. O que a *SIC Notícias* fez, madrugada dentro – 1h, 2h, 3h, 5h, 7h, repetindo--se sempre a peça inaugural. No *Primeiro Jornal* da *SIC*, às 13h, repetiu-se peça e entrada de *pivot*. Às 22h de dia 17, de novo na *SIC Notícias*, repetiu--se, uma vez mais, a peça difundida pela primeira vez às 00h.

Nesse mesmo dia, o Presidente do Conselho de Administração da *RTP* deu uma conferência de imprensa na qual contestava, com veemência, a leitura dos dados feita pela AACS, bem como o tratamento jornalístico que estava a ser dado ao caso. Os jornalistas ficaram ainda conhecedores da posição da auditora (a *BDO*), negando as extrapolações feitas sobre o relatório. Na conferência de imprensa, Pedro Aleixo Dias, da *BDO,* afirma: "No nosso relatório apenas é transcrita uma reserva por limitação de âmbito, devido ao facto de, na contabilidade da RTP, estarem relevados contabilisticamente, em 31 de Dezembro de 1998, cerca de 10 milhões 793 mil contos de equipamentos básicos, de transporte, administrativos e outros, para os quais não existe qualquer inventário. As 339 páginas do nosso relatório descrevem factos concretos, específicos, e não contêm qualquer afirmação de que tenham desaparecido ou sido desviados equipamentos da *RTP*". Na *SIC* e na *SIC Notícias* a conferência de imprensa da *RTP* não existiu, nunca se deu conta da posição da empresa.

Depois da repetição da peça, às 22 horas, seguiu-se o programa *Grande Angular*, todo ele dedicado à momentosa questão. Tudo subordinado ao

---

era a notícia que tinha por título 'Desgoverno no Afeganistão'. Não era. A manchete referia-se a uma entrevista com Emídio Rangel, em que o ex-homem forte da SIC e hoje director-geral da RTP afirmava que 'Pinto Balsemão [patrão da SIC] está desorientado'.

Essa manchete foi escondida na primeira apresentação e, na segunda, uma hora depois, foi o DN que desapareceu da revista de imprensa. Lamentável, ainda mais num canal de televisão que foi uma lufada de ar fresco na informação televisiva em Portugal.

A partir de ontem, a SIC Notícias perdeu parte da credibilidade que merecidamente ganhou. E a haver, como diz Rangel, desorientação na SIC, ela não é só de Pinto Balsemão.

PS - Mais uma informação: o director do 'DN' é comentador da SIC Notícias. Será que vai ser despedido do canal por fazer aquela manchete no jornal que dirige?". ("Desorientação". *Público*, Luciano Alvarez, 18.11.2001).

lead "Relatório arrasa RTP". O *Grande Angular* constou de entrevistas em estúdio a António Pedro Vasconcelos, membro do Conselho de Opinião da *RTP*, e ao crítico de televisão Eduardo Cintra Torres. No programa não foi feita nenhuma menção à posição da empresa pública. António Pedro Vasconcelos referiu-se à conferência de imprensa dada pelo presidente do C.A. da *RTP* e, pese embora ser bastante crítico da gestão da empresa pública, tentou ensair um *todas as televisões devem dinheiro*. Não pôde continuar por esse caminho, *admoestado* que foi pela apresentadora: *Estamos aqui para falar da RTP!* E ponto quase final.

Porque a saga haveria de continuar no dia 18. Apesar de, na revista de imprensa das 00h 50' se ter feito menção ao título de primeira página de um jornal, onde o Secretário de Estado da Comunicação Social afirmava que *a esmagadora maioria dos membros da AACS* não lera *a auditoria à RTP*, as notícias sobre o relatório que *arrasava* a empresa pública continuaram, agora recheados de excertos escolhidos a dedo das prestações de Vasconcelos e Cintra Torres. Passou à 1h 09', às 2h 13', às 3h 12', às 5h 13'...

2. Notícias *à Benfica*

O alinhamento das televisões portuguesas em duas grandes equipas de futebol - a equipa pró-Benfica/Vale e Azevedo/anti-Olivedesportos, composta por dirigentes, editores e alguns jornalistas da *SIC*, e a equipa anti-Benfica/Vale e Azevedo/SIC/pró-Olivedesportos, evoluções nos ecrãs da *RTP* e da *TVI* – pode integrar, em lugar de destaque, qualquer manual de mau jornalismo, qualquer receituário de jornalismo de campanha, a favor dos interesses da estação-patroa. Articulistas de vários meios, diferentes opções clubísticas e variadas sensibilidades puseram, ao tempo, o dedo na gangrena. Permitam--nos alguns respigos de tais denúncias.

A 12.09.1998, José António Lima, no *Expresso* (coluna de opinião "O que eles dizem"), referia-se à *campanha pseudo-informativa* da *SIC*, a propósito de uma alegada *promoção do Benfica*, que a estação pretendia *transformar em campeã nacional*: "EMÍDIO RANGEL — Já se sabia que o director da SIC acredita que a sua televisão pode vender tudo, até Presidentes da República. Agora, tornou-se evidente que o deslumbramento do poder, neste caso televisivo, o levou à obsessão de transformar uma equipa de futebol em campeã nacional. Não há memória de uma campanha pseudo-informativa tão despudorada como a que a SIC vem fazendo na promoção do Benfica e na denigração dos seus adversários, em particular do FC Porto. O regressado programa 'Os Donos da Bola' ultrapassa, nesta campanha, tudo o que os espíritos mais destorcidos poderiam imaginar. A quase fazer esquecer o realinhamento governamental da informação da RTP1, com o ministro Jorge

Coelho a bater todos os recordes de presenças nas peças dos telejornais".

Três dias antes, em declarações ao *Diário Económico*, o então Secretário de Estado da Comunicação Social acusava a *SIC* de *manipulação editorial em benefício dos seus interesses empresariais*. Arons de Carvalho[5] referia-se a uma edição do programa *Os Donos da Bola*, considerando-o *uma autêntica campanha contra o Sport TV*, sublinhando ainda terem existido ali *peças manipuladas*.

O governante não teve dúvidas em afirmar ser *"visível que a SIC manipula a sua linha editorial em benefício dos interesses empresariais, já que o Sport TV é um forte concorrente"* para a estação de Carnaxide.

Em Janeiro de 2000, se alguém pensava já ter visto tudo em televisão...

"(...) mudou certamente de opinião esta semana. Faltava-lhe assistir à transmissão quase integral de um jogo de futebol disfarçado de telejornal, com um jornalista competente e prestigiado remetido ao papel de locutor de continuidade. Foi o que aconteceu na SIC, quarta-feira à noite [24.01.2000], com a emissão do Benfica-Sporting no originalíssimo sistema de directo-diferido: não era bem 'em directo', porque passavam alguns segundos entre o golo e a sua transmissão, mas não era bem 'em diferido', porque o tempo de espera entre o golo e o ecrã não correspondia ao estabelecido para a definição desse tipo de transmissões" - escrevia Fernando Madrinha no *Expresso*.[6]

"Mesmo os telespectadores que só queriam ver o Jornal da Noite de quarta-feira e dispensavam muito bem o Benfica-Sporting que lhes impingiram como brinde sabem do triste caso que deixou as televisões engalfinhadas, o Governo em apertos, o Sporting a protestar e a imagem do Benfica ainda mais de rastos. Não só por ter sido eliminado da Taça de Portugal, mas também porque a sua direcção decidiu comprometer o nome do clube em mais uma aventura lamentável que diz tudo sobre a cultura da arrogância e o sentimento de impunidade que determina certos procedimentos.

Depois de ter fracassado uma negociação tortuosíssima para a transmissão do jogo em directo, a que se candidataram todas as estações portuguesas e mais essa estranha entidade que não é uma televisão, mas costuma transmitir pela RTP - a famosa Olivedesportos - pensava-se que quem não fosse ao Estádio da Luz só veria um excerto ou outro do jogo, breve e raro como manda a lei, nos espaços de informação ou apenas depois do jogo. Errado! Com a diligente cooperação da tal direcção do Benfica - nem poderia ser de outra forma - a SIC tratou de instalar previamente no estádio os meios necessários para transmitir o jogo. E, na hora de ele começar, lá estava para

---

[5] "Arons de Carvalho acusa a SIC de manipulação editorial". *Diário Económico*, Paulo M. Guerrinha, 9.09.1998, p. 24.

[6] "A cultura da arrogância". *Expresso*, Fernando Madrinha, 29.01.2000.

emitir as imagens, praticamente na íntegra e quase em tempo real, do espectáculo que decorria na Luz. As outras televisões foram impedidas de fazer o mesmo e, naturalmente, protestaram.

Ora, este arranjinho Benfica-SIC não é condenável só por resultar na discriminação das outras televisões ou por violar, como sustentam o Governo e todos os queixosos, as leis do direito à Informação e da Televisão. É condenável em si mesmo, pela simples razão de que ofende as mais elementares regras da convivência social.

O que o Benfica e a SIC estão a dizer é que os seus interesses estão acima ou para lá das regras de conduta - se não da própria lei - exigíveis a pessoas e instituições de bem. E que a sua vontade se exerce em nome de dois únicos objectivos que se sobrepõem a tudo o resto e consistem, pura e simplesmente, em vencer a concorrência e ganhar as audiências. Tal atitude tem de ser verberada por esta razão elementar: um clube como o Benfica e um meio de comunicação como a SIC têm responsabilidades óbvias perante a sociedade. A sua missão não é, necessariamente, a de educar o povo. Mas não podem, com o seu exemplo, dar a ideia de que a única lei válida, ou aquela que reconhecem, é mesmo a lei da selva".

O crítico de televisão Eduardo Cintra Torres assinava por baixo: "Já o jogo Benfica-Sporting para a Taça se transformou num caso que dominou por completo a actualidade do país durante dois dias. Uma vez mais, ficou patente que não é possível lidar com o fenómeno futebol como um desporto. É um puro negócio, e à margem da economia normal. Pelo que vejo na televisão, o futebol português é um negócio em que falta decência, lisura, boa educação, hombridade (e bom futebol, já agora). O dinheiro que há parece que serve apenas estratégias de enriquecimento pessoal e não de engrandecimento dos clubes. Tudo porque o negócio do futebol português vive acima da lei. O governo tem mais medo dos clubes de futebol do que duma sondagem negativa. Ao fazer o que fez do seu noticiário na noite do jogo, a SIC prestou um mau serviço à dignidade da informação porque seguiu a mesma motivação dos negociantes do desporto: fez negócio à conta do jogo. Aquele 'Jornal da Noite' não era informação, não era notícias: era negócio. Transformou o noticiário numa interminável chatice de duas horas e sete minutos, imprópria da sua habitual qualidade informativa, apenas para capitalizar audiências com extractos do jogo que mais ninguém estava a transmitir. A informação ficou ao serviço do relato do jogo. A ética habitual do 'Jornal da Noite' ficou à porta do estúdio. Os jogos pertencem aos clubes. Eles que façam o que quiserem com o que é seu. Transmitir os jogos não é serviço público, é negócio. Mas fazer da transmissão do jogo um instrumento de cizânia e de violação das normas da informação, eis o que a SIC podia ter evitado. Não foi livre informação, foi capitalismo selvagem".[7]

Onze meses volvidos, o mesmo Cintra Torres[8] fazia o ponto da situação: "SIC e TVI, Outubro: a informação da SIC apoiou Vale e Azevedo; a informação da TVI apoiou Manuel Vilarinho. Os jornalistas das duas estações estão de parabéns: informação livre, isenta, desinteressada! Se fosse a posição editorial, aceitava-se. Mas não, foi a informação. As notícias estiveram ao serviço da estratégia empresarial. Toda a gente viu, mas Moniz ainda tem a arrogância de tomar tempo de antena no Jornal Nacional para dizer que não, que a informação da TVI não tomou partido. Depois da travessia no deserto, voltou o Moniz que conhecíamos da RTP".

Três dias antes, a AACS anunciava-se preocupada, relatava o *Público*: "A Alta-Autoridade para a Comunicação Social (AACS) está a analisar a forma como os órgãos de informação - especialmente as duas televisões privadas e os jornais desportivos - acompanharam as eleições para os corpos gerentes do Benfica. O tratamento noticioso dado pela TVI ao concurso Big Brother será também apreciado no âmbito do mesmo processo.

A decisão de abrir um processo para análise da informação produzida na campanha eleitoral para a presidência do Benfica e do tratamento dado ao Big Brother nos telejornais da Televisão Independente foi tomada depois de o assunto ter sido levantado por diversos membros da AACS e de particulares terem feito chegar ao organismo queixas sobre os dois assuntos".[9]

Dia 11 de Novembro, foi a vez da Associação de Telespectadores (ATV) vir a terreiro, denunciando "a falta de transparência entre o que é pretensa informação" e o que considerava "uma verdadeira propaganda levada a cabo pela SIC e pela TVI aquando da eleição do actual presidente do Benfica".[10]

Em Janeiro de 2001, se alguém pensava já ter visto tudo em televisão... viu o principal serviço informativo de uma estação desaparecer da

---

[7] "Jogos & Negócios". *Público*, Eduardo Cintra Torres, 31.01.2000.

[8] Mensagens escritas". *Público*, Eduardo Cintra Torres, 6.11.2000.

[9] "Clube encarnado condenado por 'entraves' à informação – Benfica e Big Brother na mira da Alta Autoridade". *Público*, João Manuel Rocha, 3.11.2000. A AACS pronunciou-se, por diversas vezes, sobre o desempenho dos *media* na cobertura das actividades do Benfica, e da relação controversa dos responsáveis do clube com a comunicação social. Ver, por exemplo, "Deliberação sobre a aplicação do artigo 16.º da Lei da Televisão", 7.01.1998; "Deliberação sobre queixa de O Jogo contra Sport Lisboa e Benfica por discriminação no acesso às fontes de informação", 28.01.1998; "Deliberação sobre queixa da TVI contra o Sport Lisboa e Benfica", 26.01.2000 e 31.10.2000 ; "Deliberação sobre impedimento de acesso de jornalistas ao estádio do Sport Lisboa e Benfica", 5.04.2000; "Deliberação sobre queixa da RTP contra o Sport Lisboa e Benfica", 31.10.2000.

[10] "ATV pede rigor na informação". *Público*, n/a, 9.11.2000.

programação: "A SIC, de cabeça perdida por causa do Big Brother, inaugurou agora uma era um pouco diferente, mas não menos deplorável. Já tinha uma grelha afogada em novelas e pimbalhada a esmo. Resistia apenas a informação. Primeiro Jornal, Jornal da Noite e Último Jornal eram os únicos espaços sobreviventes, mas recentemente o Último Jornal desapareceu e, no passado domingo, o Jornal da Noite também. A SIC transmitiu o Benfica-FC Porto às 19h00 e quando o jogo acabou, em vez de emitir o Jornal da Noite, às 20h45, como seria natural, apareceu Emídio Rangel a meter umas correntes nas pernas de umas meninas e de um menino. Longe de mim negar a Emídio Rangel o direito de acorrentar quem ele quiser e consentir, o que me parece revoltante é que o trabalho da redacção da SIC seja relegado para um 'digest' noticioso às 18h30, privando os espectadores de saberem o que se passou no país e no mundo e relegando os jornalistas para uma posição subalterna e de 'tapa buracos' da grelha. Sem Último Jornal e com o Jornal da Noite submetido à lógica devoradora das audiências, a SIC está cada vez mais acorrentada às telenovelas e ao populismo 'voyeurista'. Resta aos seus jornalistas pôr um letreiro ao pescoço a dizer 'Redacção aluga-se'. E ir bater à porta da SIC Notícias, que salva a honra do convento". José Alberto Lemos[11] acrescentava um *ps*: "As meninas e o menino acorrentados tiveram 22,9 por cento de 'share', enquanto o Big Brother propriamente dito teve 56 por cento. O crime não compensou, Emídio Rangel".

Pela parte que nos toca, autorizem-nos reportagem, em diferido, de um confronto noticioso *SIC-RTP1*, dos idos de 1999. Em diferido de um Palácio da Justiça algures em Lisboa, relato de mais uma sessão do julgamento que opunha Benfica à Olivedesportos, 20.05.1999.

Comecemos pela *SIC, Jornal da Noite*, 2' 30":

Pivot: "O caso que opõe a Olivedesportos ao Benfica voltou hoje ao tribunal. Depois do depoimento do presidente, Vale e Azevedo, na primeira sessão, esta tarde foi a vez do tribunal ouvir seis das testemunhas indicadas pela direcção encarnada".

Jornalista: "Quanto pesa o Benfica no mercado do futebol televisivo, foi a primeira questão que se tentou avaliar. Falou-se de exploração de publicidade estática, e de audiências televisivas, e da forma como variam consoante os clubes envolvidos. Terá ficado demonstrado aquilo que já se sabia. Os jogos dos maiores clubes têm audiências mais elevadas. E disso, o Benfica pesa mais. Isto vai num sentido inverso do argumento da Olivedesportos, de que um jogo do Benfica valeria tanto quanto um jogo de dois clubes do fim da

---

[11] "Redacção aluga-se". *Público*, José Alberto Lemos, 24.01.2001.

tabela.

O contrato entre o Benfica e a Olivedesportos foi directamente abordado quando foi ouvido Emídio Rangel. Um contrato de oito anos, cedendo direitos para todos os meios audiovisuais actuais ou a surgir no futuro, terá colocado o Benfica nas mãos da Olivedesportos. E o caso não será só do Benfica".

Emídio Rangel: "Todo o negócio do futebol está integralmente, ou na sua quase integralidade, nas mãos da Olivedesportos. E todos os clubes, do meu ponto de vista, parecem-me cintos completamente atados de pés e mãos, incapazes de reagir a qualquer situação".

Jornalista: "Para o director da *SIC*, a Olivedesportos construiu, ao longo dos anos, as condições para monopolizar o negócio do futebol. Por isso, a *SIC* teve grandes dificuldades em chegar aos campos de futebol".

Emídio Rangel: "A *SIC*, que hoje só transmite jogos do Benfica e do Alverca, gostaria de transmitir jogos de todos os clubes. Gostaria de ter condições e possibilidades de poder transmitir outros jogos. E só tinha vantagens, não tinha nenhuma desvantagem. A *SIC* foi bloqueada, desde o primeiro minuto houve um bloqueio. Nós estivemos impedidos, durante anos, de entrar nos estádios para fazer reportagem, entrar com uma câmara. E estivemos sempre impedidos de o fazer. Nós propusemos à Olivedesportos a compra de jogos; nós propusemos à Olivedesportos a compra de resumos, e tudo nos foi sempre negado".

Jornalista: "Na próxima semana serão ouvidas mais oito testemunhas apresentadas pelo Benfica. Será o segundo capítulo do julgamento mais mediático do futebol português".

Agora a *RTP1, Telejornal, 59*":

Pivot: "Benfica e Olivedesportos voltaram hoje ao tribunal. Na segunda sessão do julgamento, o clube da Luz apresentou as suas testemunhas, e um novo documento que o tribunal não aceitou".

Jornalista: "Segundo dia de julgamento. O Benfica tentou juntar ao processo um estudo de audiências da *SIC*, mas a juíza rejeitou a admissão do documento. Entre as testemunhas do Benfica estava Emídio Rangel. O director da *SIC* sustenta as teses do clube da Luz, e explicou porquê".

Emídio Rangel: "Eu acho que o que está em causa é o negócio do futebol. O negócio do futebol é um negócio de milhões. Pensem, pensemos todos naquilo que envolve o negócio do futebol. Os direitos de televisão são provavelmente, até, talvez a fatia mais pequena"

Jornalista: "E se, apesar disso, todos a querem, cabe ao tribunal julgar quem tem de facto os direitos sobre o negócio do futebol. Na próxima semana, a terceira audiência em que serão ouvidas as testemunhas do Benfica que hoje faltaram à chamada".

Na *RTP1* dá-se conta da rejeição, pelo tribunal, de um documento que o

Benfica pretendia juntar aos autos, um estudo de audiências da *SIC*. Na notícia da *SIC* omite-se este episódio e, pelo teor da notícia, dão-se como *demonstrados* os argumentos carreados pelo Benfica, *num sentido inverso do argumento da Olivedesportos*.

A peça da *SIC* tem por eixo central a *denúncia* do poder monopolista da Olivedesportos, empresa contra a qual a estação se batia. Empresa que amarrava os clubes de futebol aos seus ditames, e por longos anos – *"O contrato entre o Benfica e a Olivedesportos foi directamente abordado quando foi ouvido Emídio Rangel. Um contrato de oito anos, cedendo direitos para todos os meios audiovisuais actuais ou a surgir no futuro, terá colocado o Benfica nas mãos da Olivedesportos. E o caso não será só do Benfica"*.

Eixo suportado e reforçado pelo depoimento do director da estação. Numa peça de 2' 30", Emídio Rangel ocupou 66 segundos, 44% do tempo total da peça.

Na *RTP1*, com uma notícia de duração bastante menor (59"), Rangel apenas teve direito a 27,1% (16 segundos), do tempo total da notícia.

16 segundos que não foram ocupados a denunciar o alegado poder monopolista, as garras tentaculares, opressoras e sufocantes da Olivedesportos, antes se optando por uma declaração quase inócua. Emídio Rangel refere-se ao negócio do futebol como um negócio de milhões, números soberbos dos quais os direitos de transmissão televisiva representariam parte diminuta. Afirmação na qual o jornalista se ancora para rematar em tom irónico: "E se, apesar disso [dos direitos de televisão representarem uma parte diminuta do negócio global do futebol], todos o querem (…)". O mesmo é dizer – *se representa assim tão pouco, porque é que a SIC se meteu nesta guerra, tirando as transmissões do estádio da Luz à Olivedesportos, o mesmo é dizer à RTP?*

Uma semana volvida, nova audiência de julgamento. Comecemos, desta feita, pela *RTP1* (*Telejornal*, 27.05.1999, 2'27").

Pivot: "Emídio Rangel pediu desculpas à Olivedesportos. O director da *SIC* admitiu ter prestado declarações falsas na última sessão do julgamento Benfica/Olivedesportos. Rangel alegou tratar-se de um lapso. A juíza deu agora dez dias ao Benfica para juntar aos autos todos os contratos televisivos com a *SIC*, algo que o clube da Luz queria evitar".

Jornalista: "Emídio Rangel escreveu uma carta ao tribunal onde admite que o Benfica assinou um contrato de longa duração com a *SIC*, de 99 até 2004, para a transmissão televisiva de encontros de futebol. Uma confissão que contradiz as declarações proferidas numa sessão anterior. Nessa altura reconheceu apenas a assinatura de um contrato, válido para a época 98/99. Por isso Emídio Rangel vai ser novamente chamado a depor em tribunal, no próximo dia 17 de Junho".

Pergunta de jornalista: "O contrato altera de alguma forma a estratégia da Olivedesportos?"

Resposta do advogado da Olivedesportos: "Não, não altera nada. Prova apenas que os contratos a longo prazo não são necessariamente bons, nem necessariamente maus. Mas que há contratos a longo prazo, isso há. Houve um. Há um com a Olivedesportos, há outro agora com a *SIC*".

Resposta do advogado do Benfica: "A carta do Dr. Rangel? A estratégia do Benfica não depende do Dr. Rangel nem de cartas nenhumas, meu Deus. Não depende de nada disso".

Pergunta do jornalista: "Depende de quê, então?"

Resposta do advogado do Benfica: "A estratégia do Benfica depende do reconhecimento da validade ou não validade dos contratos. Isso não é uma estratégia, é uma questão de fundo, não é?"

Jornalista: "O tribunal requereu já uma cópia do contrato com a *SIC* para ser integrado no processo. Na sessão foram ouvidas mais três testemunhas indicadas pelo Benfica: o jornalista Alfredo Farinha; o chefe de gabinete da presidência de Vale e Azevedo, Martim Cabral; e o director financeiro do Benfica, António Leitão. Mais uma vez estiveram em análise os compromissos estabelecidos entre o Benfica e a Olivedesportos, e que foram considerados nulos por Vale e Azevedo".

Advogado da Olivedesportos: "O problema que tem que se pôr, e esse é mais importante do que o processo, é saber se vale a pena atirar para o ar farroncas, dizer *Ah!, eu se tiver liberdade faço tudo*. Claro, o tipo que se casou diz isso: *Se tiver liberdade faço uma data de coisas que não faço casado*. Agora, quando a gente faz um contrato, seja de arrendamento, seja de cedência de direitos desportivos, tem lados bons e tem lados maus".

Advogado do Benfica: "Eu não me pronuncio nem sobre o Benfica nem sobre a Olivedesportos. Pronuncio-me só sobre a verdade objectivamente considerada, não é assim? Eu entendo que foi uma boa sessão, quer para o Benfica, quer para a Olivedesportos".

Jornalista: "Nova audiência está marcada para dia 17 de Junho, onde serão ouvidos, entre outros, José Guilherme Aguiar, director-executivo da Liga, e Manuel Damásio, antigo presidente do Benfica".

Agora a *SIC* (*Jornal da Noite*, 27.05.1999, 1' 44"):

Pivot: "O caso que opõe a Olivedesportos ao Benfica voltou hoje ao tribunal. Foi a terceira sessão do julgamento. O objectivo era ouvir oito testemunhas do Benfica, mas apenas houve tempo para chamar duas. Um atraso provocado por uma carta do director de programas e informação da *SIC*, que o tribunal demorou quase duas horas a discutir".

Jornalista: "Na carta enviada ao tribunal, Emídio Rangel confirmou a existência de um contrato entre a *SIC* e o Benfica, válido por cinco anos. Ficou assim corrigido o depoimento prestado há oito dias, onde o director de programas e informação da *SIC* tinha afirmado existir apenas um acordo por um ano. Na carta Emídio Rangel diz ter sido um lapso, motivado pela grande quantidade de contratos que lhe passam pelas mãos. Os advogados consideram o incidente como um caso encerrado, sem margem para aproveitamento.

Resposta do advogado do Benfica: "A carta do Dr. Rangel? A estratégia do Benfica não depende do Dr. Rangel nem de cartas nenhumas, meu Deus. Não depende de nada disso".

Pergunta do jornalista: "Depende de quê, então?"

Resposta do advogado do Benfica: "A estratégia do Benfica depende do reconhecimento da validade ou não validade dos contratos. Isso não é uma estratégia, é uma questão de fundo, não é?".

Advogado da Olivedesportos: "A posição tomada pela Olivedesportos e pelos advogados da Olivedesportos é que não podem admitir que tenha havido um intuito doloso do Dr. Emídio Rangel. Do nosso lado o caso está arrumado. Achamos que ele é uma pessoa respeitável, já o tínhamos dito antes disso, que ele era uma pessoa respeitável. Agora, o problema não é connosco, é com a juíza".

Jornalista: "A juíza vai enviar o assunto para o Ministério Público, que decidirá se houve ou não desrespeito ao tribunal. Também ordenou a presença de Emídio Rangel, na próxima sessão, a 17 do próximo mês, onde serão ouvidas as últimas testemunhas do Benfica e as primeiras da Olivedesportos".

Quase se torna despiciendo assinalar as diferenças entre estas duas notícias sobre um mesmo facto. A *RTP1* é taxativa: Emídio Rangel prestou *declarações falsas* ao tribunal, comportamento por ele próprio admitido. Suprema humilhação: a de ter pedido *desculpas* à Olivedesportos. A carta de Rangel carrega o fardo de uma *confissão*, contradizendo as declarações da semana anterior. Mais: a magistrada deu um prazo ao Benfica para juntar aos autos cópia do contrato de longa duração com a *SIC*, o tal contrato de que Rangel negara a existência na anterior sessão do julgamento. Entrega de documentos que, segundo a *RTP1*, o Benfica *queria evitar*.

Na *SIC* não há *declarações falsas*, nem contradições, nem pedido de desculpas. Há, apenas, a *correcção* do depoimento anteriormente prestado. E detalham-se os motivos por detrás do lapso: a *grande quantidade de contratos* que passavam pelas mãos do director da estação.

O depoimento do advogado do Benfica é similar nas duas peças, havendo mesmo repetição de parte do seu testemunho. Já quanto à selecção das declarações do advogado da Olivedesportos, aí a diferença é substancial. Na *RTP1*, o causídico ironiza com o facto do Benfica e da *SIC* terem, afinal de contas, avançado para uma prática contratual que antes haviam combatido, e que até então sempre fez parte do argumentário de base de todo este imbróglio. Serra Lopes critica as *farroncas* dos que se casam mas exigem privilégios de solteiros.

Na *SIC*, o depoimento dos dois advogados sustenta a afirmação do jornalista, a de os causídicos considerarem *o incidente como um caso encerrado, sem margem para aproveitamento*. Na peça da SIC caíram as *farroncas* e demais críticas de Serra Lopes aos procedimentos do Benfica e da *SIC*. O advogado surge para defender a respeitabilidade de Emídio Rangel.[12]

3. A verdade sinérgica

As sinergias chegaram, e vieram para ficar. Com jornais, rádios e televisões agrupando-se em médios ou grandes conglomerados multimédia, a lógica do jornalismo de empresa passa, obrigatoriamente, a lógica de jornalismo de conglomerado. Se, até há pouco, o cordão sanitário contra atoardas noticiosas se circunscrevia a uma determinada empresa, a partir do advento sinérgico o perímetro de segurança alargou-se sobremaneira, passando a incluir todas as empresas do grupo. O Estado-Maior da República Sinérgica delineou uma estratégia defensiva, prevenindo ataques soezes do inimigo, e uma estratégia ofensiva, materializada numa rampa de lançamento de *notícias-panegírico*, também de permutas publicitárias disfarçadas de informação.

Alguns exemplos. Logo a abrir 1999, a Câmara Municipal de Lisboa e a *Sojornal* assinaram um protocolo de permuta, com a primeira a ceder um terreno para a nova sede do *Expresso*, e a segunda a dar em troca à autarquia o antigo edifício do jornal *A Capital*. A Sojornal, empresa de Pinto Balsemão, editava, entre outras publicações, o *Expresso* e *A Capital*. Da cerimónia, realizada a 6 de Janeiro, só a *SIC* deu conta num dos seus telejornais (*Jornal da Noite*, 1' 50").

Ainda neste mês, o semanário *Expresso* comemorou 25 anos de existência. A 17 de Janeiro teve lugar, no Coliseu dos Recreios, em Lisboa, uma gala comemorativa da efeméride. Só a *SIC* reportou o acontecimento. 5' 45" no *Jornal da Noite* de dia 17; 3' 20" no *Último Jornal* do mesmo dia; e mais 3' 16" no *Primeiro Jornal* de dia 18.

---

[12] O requinte na arte de manipular pode, como é óbvio, residir não no texto, mas nas imagens. O jornal do Sporting, edição de 29.06.1999, notava o facto da *RTP* e da *TVI* terem ilustrado notícias da contratação de Schmeichel com imagens de *grandes defesas* do famoso guarda-redes. Já quanto à *SIC*, preferiu mostrar Schmeichel a sofrer um golo... ("Jornais, Jornalistas e Críticas". *Sporting*, 29.06.1999).

Acrescente-se que a *SIC* transmitiu a cerimónia em horário nobre, a 20 de Janeiro.

A revista *Valor* apresentou um novo grafismo, a 3.02.1999. Notícia apenas na *TVI* (*Ponto Final* desse mesmo dia, 1' 12"). A revista (que entretanto deixou de se publicar), era editada pela *Expansão Económica*, editora controlada a cem por cento pela *Media Capital*, grupo proprietário da *TVI*.

Em Março as mudanças bateram à porta de *O Independente*. Começara em tablóide, fez depois uma experiência mal sucedida no *broadsheet*, e voltava agora ao formato original. Notícia apenas na *TVI* de dia 11 (*Directo XXI*, 1' 40"). O semanário pertencia, à época, à *Media Capital*, grupo proprietário da *TVI*.

Em finais de Junho, o vespertino *A Capital* apresentou mudanças gráficas de monta, ao mesmo tempo que se anunciava a sua venda. Notícias no *Primeiro Jornal* (1' 33") e no *Jornal da Noite* (1' 50"), ambos da *SIC*, de 28.06.1999. Desta feita o acontecimento também passou na *RTP1*, apesar de não ter chegado aos principais telejornais da estação, como aconteceu com a *SIC*. Foi notícia no *País Regiões Lisboa* de 29.06.1999 (4' 15").

Em Agosto foi apresentado o projecto de criação de um novo canal de televisão, a emitir do Porto. Ao tempo era designado como *Porto TV*, nome que foi alterado para *NTV*. No projecto estava envolvida a *RTP*, em parceria com outras empresas, como a Lusomundo.

Notícias apenas na *RTP1*, a 6.08.1999 (2' 10" no *Jornal da Tarde*; 2' 07" no *Telejornal*; 2' 09" no *24 Horas*).

Alguns dias depois estala polémica entre o PSD e o PS, em torno do projecto televisivo. Da polémica, nenhuma referência nos noticiários da *RTP*. Já a *SIC*, que ignorara a apresentação de dia 6, deu destaque ao assunto, dia 13 (*Primeiro Jornal*, 2' 28"). Trabalho de investigação da redacção da *SIC*, recolha de dados e depoimentos a que a *RTP* não tivera acesso? Não. A polémica era pública, a *Rádio Renascença* a ela se referira em vários noticiários do dia 9 de Agosto.

A programação é outra arma sinérgica, destinada, sempre que possível, a publicitar iniciativas da estação, a promover novos programas, a tentar recuperar audiências de programas que andem lá por baixo, a dar visibilidade aos profissionais do programa *X*, que por sua vez retribuirá a gentileza ao anfitrião do programa *Y*, gentilezas que ambos hão-de reconhecer tempos mais tarde no programa *Z*, antes do anfitrião do *Z* iniciar périplo pelos programas *X* e *Y*. Criam-se programas destinados quase que exclusivamente a promover outros programas e outras figuras da estação. Assim aconteceu com o *Mundo Vip*, da *SIC*, o *Jet Sete* da *RTP1*, o *Lux* da *TVI*. Estes programas passavam reportagens que já haviam andado pelos telejornais, e os jornalistas também passavam por estes programas. A gala do *Expresso*, noticiada nos informativos da *SIC*, também passou no *Mundo Vip* (23.01.1999, 10' 28").

A festa do milésimo programa *Acontece*, noticiada pela *RTP1* e *RTP2*, também foi assinalada pelo *Jet 7*, a 28.02.1999. Na mesma edição, destaque para um novo programa da *RTP1*, o *Atlântico*, acontecimento que já cumprira volta noticiosa por todos os informativos da estação.

Clara de Sousa, jornalista da *SIC*, esteve no *Mundo Vip*, a 30.09.2000; Alexandra Abreu Loureiro, jornalista da *SIC*, esteve no *Mundo Vip*, a 25.12.2000; Pedro Pinto, jornalista da *TVI*, esteve no *Lux*, a 10.02.2001.

Carlos Pinto Coelho esteve no *Praça da Alegria* (12.02.1999), Manuel Luís Goucha esteve no *Jet 7* (24.10.1999).

Neste afã promocional também são mobilizados os noticiários regionais. A festa de Carnaval da *RTP* foi notícia no *País País* de 2.02.1999 e 11.02.1999, incluindo-se aqui uma entrevista à directora de programas da estação, Maria Elisa, que ali foi revelar, presume-se que em primeira mão, pormenores da programação da *RTP* para o período carnavalesco.

A cruzada promocional também chega aos informativos dirigidos aos mais jovens, como o *Caderno Diário*, da *RTP2*. A festa carnavalesca da estação pública mereceu notícia, a 12.02.1999. Por sua vez, a directora da estação tratou de, no seu programa *Maria Elisa* (1.04.1999), enxertar uns minutos do *Contra-Informação*. O programa era sobre o endividamento das famílias, os bonecos do *Contra* lá apareceram, capitaneados por *Belmiro Mete Medo*. Um ensaio para o que viria a acontecer anos mais tarde, com a jornalista e apresentadora do *Bom Dia Portugal* a falar, todos os dias, e durante alguns minutos, para o boneco... do *Contra*.

A criação de novos programas televisivos e o lançamento de novas publicações impressas pode correr a par, como aconteceu com o surgimento, no ano 2000, da revista mundana *LUX*, associada a um programa de televisão com o mesmo nome a passar na *TVI* (revista e estação televisiva ambas propriedade do grupo *Media Capital*). Carlos Pissara, director da revista, assumia ao *Público*[13] o interesse na *criação de sinergias* entre os dois veículos: *Essa foi uma das razões que me levou a aceitar este desafio –*, confessava Pissarra, adepto da fórmula *uma revista, um programa, um só nome.*

Sinergias que já se notavam na concorrência, entre o *Mundo Vip* da *SIC* e a revista *Caras*, do grupo *Abril/Controljornal/Edipresse*, no qual Pinto Balsemão detinha posição importante. Este empresário chegou a avançar com uma outra revista, à qual deu o mesmo nome do programa televisivo da

---

[13] "*Projecto terá um programa na TVI* – Media Capital quer lançar revista mundana". *Público*, Sofia Rodrigues, 3.03.2000.

estação de Carnaxide. A revista *Mundo Vip*[14] desapareceu em Fevereiro de 2001.

As *sinergias* passam pela redução de custos, produzindo reportagens para emissão televisiva e publicação nas revistas, como acontecia com as deslocações de famosos a locais paradisíacos. À redução de custos há que somar a publicidade cruzada entre os dois meios: quem lê a revista sabe que pode, mais tarde, ver as fotos *animadas* na televisão, e o texto com o timbre e a entoação dos declarantes. Quem vê o programa televisivo, tem a possibilidade de degustar o prazer do texto escrito e das imagens em papel.

Para além do facto, não menos despiciendo, desta *dupla tv-revista* servir para promover profissionais ligados ao grupo empresarial proprietário. Quer o *Mundo Vip* quer o *Lux* incluíam, invariavelmente, no menú, reportagens sobre outros programas da *SIC* e da *TVI*, entrevistas a protagonistas de telenovelas e demais programas recreativos, revelações sobre os bastidores de algumas produções, também entrevistas a jornalistas da casa. Jornalistas que, em alguns dos casos, beneficiaram do mesmo tratamento que outros entrevistados, aceitando protagonizar reportagens em locais de sonho.

No lançamento da revista *Mundo Vip* foi anunciada a colaboração de Cândida Pinto e Paulo Camacho, dois *pesos-pesados* do jornalismo da *SIC*.

A generosidade na promoção de figuras da estação, seja por outros programas da mesma estação, ou por outros meios pertencentes ao mesmo grupo, corre a par com a má vontade em oferecer palco a quem não esqueça a concorrência. Foi o que aconteceu com Rui Veloso, impedido de participar no programa *Roda dos Milhões*, da *SIC*, por se ter recusado a cantar noutro programa da estação, o *Big Show SIC*. Em declarações ao *Tal & Qual*[15] Veloso apontava o dedo ao produtor do programa, qualificando a actuação de Ediberto Lima como semelhante à dos *censores que, antes do 25 de Abril, estavam incumbidos de proibir o que não conviesse ao anterior regime.* Xutos e Pontapés, Mila Ferreira e Caras Lindas fariam, segundo aquele semanário, companhia a Rui Veloso no *index* do produtor brasileiro.

---

[14] Ver "Imprensa fecha títulos", *Euronotícias*, Cristina Amaro, 22.02.2001. Aquando do lançamento da *Mundo Vip*, a directora da publicação revelava ao *Público* ("*Mais uma revista cor-de-rosa no mercado* – Mundo Vip em revista", Catarina Cardoso Matos, 7.10.2000) que a revista iria ter "uma ligação estreita ao programa com o mesmo nome antecipando algumas das matérias que mais tarde passarão em versão televisiva". Substituiria a *Caras*, até então responsável por fazer "a ponte entre o papel e a televisão". O preço de capa mais elevado que o das concorrentes não assustava Fernanda Dias, convencida de que os leitores estariam dispostos a pagar "o que damos a mais" que as outras. O "mais" era, segundo o Público, "as benesses que as sinergias de um grande grupo de comunicação social permitem". O número zero da *Mundo Vip* foi oferecido a quem comprasse outras publicações do grupo de Pinto Balsemão, como o *Expresso* e a *Visão*.

[15] "Rui Veloso barrado na SIC", *Tal & Qual*, 8.01.1999.

A polémica haveria de continuar em Março de 1999, desta feita desencadeada pela emissão do programa *Os Reis da Música Nacional*, na *TVI*. "*As editoras comunicaram-nos que o Ediberto Lima estava a fazer pressão para que os artistas que elas representam não participassem no 'Reis da Música Nacional*", afirmavam ao semanário *O Independente*[16] responsáveis da *Valentim de Carvalho*, produtora do musical da *TVI*, estreado a 27.03.1999.

O boicote aos *objectores* do *Big Show Sic* estendia-se à *Rádio Metropolitana*, propriedade de Lima. Temas de Rui Veloso e Sara Tavares, entre outros, não passavam na estação "*pelo simples facto de estes se terem recusado a participar no 'Big Show SIC' e na 'Roda dos Milhões' e de terem explicado nas revistas que o faziam porque não gostavam deste tipo de programas*" – adiantava *O Independente*.

Em declarações ao *Correio da Manhã*,[17] Lima arguia com a necessidade de não sobreexpor os intérpretes, o que originaria uma rápida saturação dos telespectadores. E lembrava a prática seguida pela *RTP1*, aquando do início das emissões do *Big Show SIC*: "*Era assim: se for ao Big Show não vem ao Herman porque éramos concorrentes no mesmo horário*".

O panorama descrito só poderia vir a beliscar, ainda mais, a confiança dos cidadãos nos jornalistas. Sempre que estejam em causa interesses ligados ao grupo proprietário do órgão para o qual um jornalista trabalha, as reportagens deste sobre outros órgãos do mesmo grupo passam a sofrer de aura panegírica; se o trabalho jornalístico ataca interesses de grupo concorrente, logo nasce suspeição de favores ao patrão. Foi o que aconteceu, com grande alarde, aos trabalhos do semanário *Expresso* a propósito da

---

[16] "Edi treme com TVI". *O Independente*, 26.03.1999. Em finais de 1999 soube-se que a MTV estava a ser investigada por alegada violação da legislação *anti-trust* em vigor nos EUA. Segundo a *Reuters*, citada pelo *Público*, a *MTV* era acusada de ilegalidades na fixação dos seus contratos com as editoras discográficas e de práticas monopolistas que esmagariam a concorrência no mercado dos canais musicais. O Departamento de Justiça norte-americano ordenara um inquérito a uma série de práticas da cadeia televisiva, nomeadamente no que reportava à cedência dos direitos de transmissão de videoclips em regime de exclusividade para os canais do grupo.

"As autoridades federais dos EUA apertaram o cerco à MTV a partir da aquisição, em Maio de 1999, de um pequeno canal concorrente. Com a compra do Box, a posição da MTV no mercado tornou-se ainda mais dominante, suscitando queixas sistemáticas da parte dos responsáveis de algumas editoras discográficas. A MTV Networks (grupo que integra os canais MTV, M2, VH1 e Nickelodeon) é acusada de exigir direitos exclusivos sobre a transmissão de certos vídeos, bem como de abusar da sua posição dominante para impor um regime de preços que desagrada às editoras" – informava o diário *Público* ("*Departamento de Justiça dos EUA ordenou uma investigação às práticas do canal* – MTV acusada de monopólio". *Público*, Inês Nadais, 17.12.1999).

[17] "Tudo a bem do público". *Correio da Manhã*, 26.03.1999.

crise vivida na *RTP*, em Abril/Maio de 2002.

Já antes, em finais de 2001, Emídio Rangel, nas funções de director de antena da *RTP*, acusava o semanário *Expresso* de *estar a proteger a SIC*. Segundo o jornal *Público*,[18] o ex-director daquela estação privada acusava o semanário de Pinto Balsemão de seguir *uma estratégia de desinformação para proteger o canal do grupo empresarial onde se integra*.

O *PSD* vence as legislativas, e o novo governo faz finca-pé numa das promessas eleitorais. *RTP só com um canal, já!*, foi a divisa do Ministro Morais Sarmento. Houve quem, como Vasco Pulido Valente,[19] tivesse notado zelo porventura excessivo na redacção do semanário propriedade do dono da *SIC*:

"Nunca vi o *Expresso* defender uma causa com tanto zelo. Ontem, a manchete proclamava 'Durão 1 - RTP 0' e, por baixo, zunia - em grande destaque - a seguinte ementa: 'Indemnização de Rangel é de 417 mil contos' (...por azar?) 'ilíquidos', 'SIC processa antigo director-geral', 'Carrilho pede intervenção do Presidente da República' e 'O PS *reforma* Arons de Carvalho'. Também na primeira página vinha um editorial – 'O fim do saque à RTP?' - em que se 'aplaudia' o Governo e se recomendava silêncio e 'pudor' à oposição. Na quarta página, Fernando Madrinha apoiava a política de Morais Sarmento e, de caminho, ia lamentando que desde quinta-feira o Telejornal abrisse com as manifestações dos trabalhadores da casa, seguindo uma orientação 'guerrilheira e umbiguista'. Na página seis, com a história do despedimento da administração da RTP (informada e neutra), aparecia o interessante currículo de um dos sucessores, Luís Marques, o 'único com carreira na comunicação social, jornalista, actual colunista do *Expresso*' e 'ex--subdirector de Informação da SIC, de onde saiu há um ano, por discordâncias com Rangel'. Na página sete, continuava a dança, com três notícias triunfais: 'Rangel pode ficar sem nada'; Rangel não conseguiu aumentar a audiência da RTP1; e o Tribunal de Contas condena a gestão da televisão do Estado.

---

[18] Rangel reagia a uma notícia inserida na primeira página do *Expresso*, intitulada "Toneca' salva 'Contra-Informação": "A notícia diz que o novo director da televisão pública terá pensado retirar o programa da grelha e que só não o fez devido a 'uma *intervenção superior*'. Mais à frente, refere que a ideia de fazer desaparecer o programa da grelha 'não agradaria a vários membros do Governo incluindo o próprio primeiro--ministro, *Toneca Guterres*'.

Rangel nega que o fim do Contra-Informação tenha sido equacionado bem como qualquer 'intervenção superior' e sublinha que 'se o programa não correspondesse aos interesses da RTP acabaria rapidamente quaisquer que fossem as pressões, intrigas ou jogos de propaganda' – pormenorizava o *Público*. ("Rangel diz que 'Expresso' protege SIC", n/a, 29.10.2001). O mesmo assunto no *DN* – "Rangel acusa 'Expresso' de falsidade", n/a, 29.10.2001.

[19] "Pensem bem", *Diário de Notícias*, Vasco Pulido Valente, 12.05.2002.

Na habitual coluna do 'sobe e desce', Morais Sarmento estava evidentemente no 'alto', com suaves louvores, e Rangel no 'baixo', com uma descompostura em forma, como, de resto, João Carlos Silva no 'sobe e desce' do 2.º caderno. Na página 13, Henrique Monteiro exigia o fim da publicidade na RTP. Na página 28, um *segundo* editorial tornava a defender a política de Morais Sarmento. E, na última, caso alguém não tivesse ainda percebido, José António Lima repetia o sermão. Que dizer disto? Pensem bem".

Na semana seguinte o *Expresso* haveria de repetir a dose, incluindo no cardápio virulenta resposta a Vasco Pulido Valente. José António Lima[20] negava peremptoriamente qualquer campanha contra a *RTP*, inseria excertos de textos que, ao longo dos anos, o *Expresso* publicara vergastando a *SIC*, considerando que muitos dos protestos e críticas ao trabalho jornalístico do semanário tinham origem em *preconceitos ideológicos, fanatismo partidário, patente má fé ou num manifesto primarismo intelectual.* As críticas restantes resultariam, segundo o articulista, em *falta de informação, fraca memória ou legítimas divergências de opinião*[21] .

---

[20] "Memória curta", *Expresso*, José António Lima, 22.05.2002. Sobre esta polémica pode ver-se ainda "A RTP (parte II)", *Expresso*, Clara Ferreira Alves, 18.05.2002; "Alternativas de emprego", *Expresso*, Henrique Monteiro, 18.05.2002; "Vira o disco e toca o mesmo", *Expresso*, José António Saraiva, 21.05.2002; "Selecção gera novo atrito entre Morais Sarmento e a RTP", *Expresso*, n/a, 25.05.2002; "A posição do EXPRESSO em 1994", *Expresso*, editorial, 25.05.2002; "Caso berbequim' acusa Rangel", *Expresso*, Rosa Pedroso Lima, 25.05.2002; "RTP vai patrocinar Rodrigues dos Santos", *Expresso*, n/a, 25.05.2002; "Jornalistas da SIC contra-atacam RTP", *Expresso*, n/a, 25.05.2002.
O director do diário *Público* também foi envolvido directamente nesta polémica. Sobre as posições de José Manuel Fernandes, e contestação às mesmas, ver "O extintor implacável", artigo de opinião de António Luís Marinho, *Público*, 26.05.2002; "A tendência para a asneira", resposta de José Manuel Fernandes a António Luís Marinho, *Público*, 26.05.2002; "Extinga-se já!", *Público*, José Manuel Fernandes, 17.05.2002; "A RTP que já não existe", *Público*, José Manuel Fernandes, 29.05.2002; "O futuro depois da RTP", *Público*, José Manuel Fernandes, 30.05.2002. A exemplo do que fez José António Lima no *Expresso*, também José Manuel Fernandes publicou recordatório das posições que, sobre a *RTP*, veiculara ao longo dos anos no diário que dirigia – "Recordatório", *Público*, 12.05.2002.
[21] Lima esquecera-se de mencionar o despedimento, por parte do *Expresso*, de João Carreira Bom. Importa lembrar que a *dispensa* deste colunista se ficou a dever a uma contundente crítica à programação da *SIC*, atingindo (in)directamente o proprietário da estação. A crónica intitulada *O Patriota*, publicada a 18.10.1997 na secção semanal *Afectos*, da Revista do *Expresso*, foi substituída, a partir de 25.10.1997, pelas *Cartas do Comendador Marques de Correia*, de Henrique Monteiro.
Para a direcção do semanário, João Carreira Bom rompera "*o elo de confiança com o EXPRESSO ao abandonar o terreno da opinião livre para entrar no domínio da ofensa pessoal à figura do fundador e primeiro director deste jornal. Uma instituição que não respeita as suas referências não se respeita a si própria*" ("Cartas do Comendador'

Na edição de 18.05.2002, *o Expresso* publicou uma nota da direcção, em resposta a carta de leitor[22] que verberava a postura do semanário neste caso concreto: "A questão de fundo que esta carta levanta não tem saída: tudo o que o EXPRESSO escreva sobre a RTP é susceptível de ser interpretado como tendo por objectivo beneficiar a SIC. Perante isto, tomámos a única decisão possível: agirmos como se essa questão não existisse, tratando o tema RTP como trataríamos qualquer outro. Sem 'parti pris' nem complexos de culpa.

E o passado, aqui, joga a nosso favor.

Primeiro: porque o EXPRESSO sempre criticou a SIC quando entendeu dever fazê-lo, mesmo em períodos em que todos a elogiavam ou temiam. Quem não se lembra disso?

Segundo: porque há muito que o EXPRESSO defende a solução agora preconizada para a RTP, ou seja, um só canal generalista sem publicidade. E sem publicidade por uma razão fácil de entender: a existência de publicidade levaria o canal público a participar na guerra das audiências e essa participação conduziria inevitavelmente a uma programação semelhante à das comerciais e longe do serviço público.

Terceiro: os elementos que compõem a direcção do EXPRESSO têm um

---

substituem 'Afectos", *Expresso*, n/a, 25.10.1997).

O Conselho de Redacção do *Expresso* apoiou a direcção do jornal na medida tomada. Vicente Jorge Silva, que fora director do *Expresso*, comentava assim a dispensa de Carreira Bom: "Para quem trabalhou com ele e com ele partilhou os princípios básicos da deontologia jornalística, faz impressão ver como o fundador do *Expresso* se tornou prisioneiro de um negócio que está nos antípodas do verdadeiro jornalismo. Por causa da SIC um colaborador do *Expresso* acaba de ser suspenso por atentado de lesa-majestade a Balsemão. Enquanto escrevi no *Expresso* e critiquei Balsemão como primeiro--ministro, o seu 'fair-play' era outro. Mesmo que a minha liberdade de opinião tenha tido o seu preço".

Fernando Correia citava este depoimento de Vicente Jorge Silva, para concluir: "Mais do que considerações sobre Balsemão 'antes da SIC' ou 'depois da SIC', é importante constatar a realidade nua e crua: o patrão do canal televisivo português de maior audiência não pode ser criticado no semanário português de maior tiragem. E, quem sabe, talvez que daqui a alguns anos nem o canal televisivo nem o semanário poderão criticar o então presidente de todos os portugueses, entretanto eleito com a sua ajuda...

São estes os efeitos e as consequências da concentração e da natureza da propriedade dos *media*, com meia dúzia de grandes capitalistas a dominarem (juntamente com o governo de serviço) toda a comunicação social de expansão nacional. Efeitos e consequências que atingem não só a liberdade de expressão mas também a própria saúde democrática". ("Saúde democrática", *Avante!*, Fernando Correia, 6.11.1997).

Outros artigos sobre este assunto: "Expresso cala Carreira Bom", *DN*, 21.10.1997, pp. 1, 53 e 56; *"Direcção do 'Expresso' suspendeu colaborador* - Fim de Carreira", *Público*, Kathleen Gomes, 21.10.1997, p. 41.

[22] "O caso RTP nas páginas do EXPRESSO". Artigo de opinião do leitor José Miguel Costa, a que se segue a nota da direcção do *Expresso*, 18.05.2002.

passado de independência e um nome a defender que não se compadeceria com a hipoteca da sua liberdade de opinião ou com a sujeição da orientação do jornal a critérios não jornalísticos".

Pese embora a violência da defesa do *Expresso* feita por José António Lima - vendo as críticas à postura do semanário como radicadas, na sua maior parte, em *preconceitos ideológicos, fanatismo partidário, patente má fé, manifesto primarismo intelectual, falta de informação, fraca memória,* concedendo ainda assim a possibilidade de algumas dessas críticas resultarem de *"legítimas divergências de opinião"* -; pesem embora os argumentos aduzidos na nota da direcção, havia um facto que os responsáveis editoriais do jornal não podiam negar, e que se traduzia na colaboração entre o semanário e a estação de Carnaxide, permuta que não se verificava com outras estações de televisão concorrentes.

Como é sabido, de 2002 aos dias de hoje as práticas sinérgicas ganharam um inamovível direito de cidade, estendendo-se a todos os grupos de comunicação, alguns deles constituídos tendo como critérios fundacionais a potenciação de tais sinergias. Ao trinómio imprensa escrita/rádio/televisão acrescentar-se-ia a web. Pela sua natureza e incomensuráveis potencialidades, esta haveria de consolidar práticas sinérgicas que, no início do século XXI - e referindo-nos especificamente a Portugal -, ainda surgiam balbuciantes, carecendo por vezes de justificações legitimadoras.

Já então o *Expresso* dava o nome a programa da *SIC Notícias*, o *Expresso da Meia-Noite*, tendo um dos seus directores-adjuntos (Nicolau Santos) como *pivot*. A publicação, pelo *Expresso*, em 2002, de uma série de destacáveis sobre os castelos de Portugal teve rubrica fixa nos telejornais da *SIC*, com reportagens efectuadas por jornalistas da estação. Nos telejornais da *SIC*, nomeadamente no *Jornal da Noite* das sextas-feiras, incluíam-se peças resultantes de reportagens do *Expresso*, com o *pivot* a lembrar aos telespectadores que a reportagem completa estaria disponível *amanhã no semanário Expresso*.[23] A redacção da *SIC* aproveita o labor investigativo de jornalistas do *Expresso*, este semanário recebe como contrapartida notícias--promocionais das suas edições, publicidade grátis atingindo um auditório de milhões de telespectadores. A parceria chegava já aos programas de ficção, com dossiers ou grandes reportagens do *Expresso* a serem depois *animadas* pela *SIC* (veja-se o caso da série sobre o capitão Roby, baseado em

---

[23] Por exemplo, a reportagem emitida pelo *Jornal da Noite*, edição de sexta-feira, 6.09.2002, sobre Nuno Leocádio, apanhado a conduzir com 4,97 gramas de álcool no sangue. No final, o *pivot* alertou os telespectadores para a possibilidade de lerem outros pormenores do caso na edição do *Expresso* do dia seguinte.

trabalho de Felícia Cabrita, ou *Simplesmente Maria*, exibido a 10.10.2002, docudrama associado à telenovela *O Olhar da Serpente*, também ele baseado em grande reportagem publicada anos antes na *Revista do Expresso*). Os agradecimentos ao semanário constavam mesmo da ficha técnica.

Neste quadro, entender-se-ão melhor as beliscaduras à aura de independência do *Expresso*, quando convocado a tratar assuntos da Primavera da 5 de Outubro, em 2002. O preço a pagar pela rentabilização dos produtos de uma empresa do grupo noutros difusores do mesmo grupo.

Eram as sinergias a funcionar, com as suas vantagens, também com os seus custos, na linha do visionado pelo dono do *Expresso* e da *SIC* no ano 2000. Inquirido, em Maio, sobre a possibilidade do seu grupo empresarial lançar uma rádio na web, Pinto Balsemão respondia assim: "Julgo que vale a pena pensar na rádio via internet e valerá sobretudo a pena quando as redacções forem cada vez mais multimédia. Redacções onde quem vai fazer uma notícia para uma publicação na imprensa escrita poderá ao mesmo tempo fazer a entrevista para a rádio e até, talvez, filmará..."[24]. Irrompia o jornalista multi-meios, o *homo sinergicus*...[25]

Em finais de 1999 a empresa que possuía o jornal *The Washington Post* e a revista *Newsweek* anunciou uma aliança estratégica com a cadeia de

---

[24] "Temos tradição de liderança". Entrevista a Pinto Balsemão, caderno *Economia & Negócios, Expresso*, 20-5-2000, p. 5.

[25] Eric Klinenberg ("Los periodistas 'multiusos' del Chicago Tribune", Sala de Prensa n.º 21, Julho 2000, http://www.saladeprensa.org.) referia-se, em 2000, à prática da *polivalência mediática* implantada, nos EUA, pela *The Tribune Company*: "A empresa tem, para além do diário 'The Chicago Tribune', três diários regionais, uma grande televisão nacional, parte de outra cadeia nacional, quatro estações de rádio, uma editora, e sociedades de produção e distribuição de emissões televisivas.

Em 'The Tribune', a polivalência mediática permite um modo de produção no qual cada meio trata de utilizar os produtos dos outros para melhorar a sua eficácia. A sala de redacção central — antes dedicada exclusivamente aos jornalistas da imprensa escrita, mas onde agora se encontra também um estúdio de televisão, centenas de terminais e equipamento gráfico e de fotografia ultramoderno — converteu-se no lugar central onde se realiza a maioria das operações do complexo.

O verdadeiro trabalho de integração incumbe primeiro aos repórteres e aos redactores-chefe. Devem proporcionar o 'conteúdo' (termo que, para definir o que os jornalistas produzem, substituiu o de jornalismo) das emissões de todos os meios da empresa.

Assim, agora, um jornalista pode escrever um artigo para a edição da tarde, aparecer no ecrã para falar do mesmo acontecimento e dar consistência à informação com os especialistas da Internet, sugerindo-lhes *links* com outros *sites* e acontecimentos".

O actual responsável do 'The Chicago Tribune' diz mesmo: '*Não sou o redactor-chefe de um jornal; sou o responsável de uma empresa de conteúdos*".

televisão NBC tendo em vista o intercâmbio dos respectivos conteúdos informativos e a sua distribuição no jornal, na televisão e na internet. Um acordo tendente a maximizar a promoção de cada um dos meios nas três frentes mediáticas disponíveis, reformulando a respectiva oferta publicitária bem como a apresentação de cada título na rede. A *Newsweek* passou a ter um novo serviço de internet, através das páginas electrónicas da MSNBC, a cadeia de informação contínua da NBC. Os jornalistas do *The Washington Post* iniciaram um novo sistema de sinergias com a cadeia de televisão, fornecendo-lhe os exclusivos, recebendo em troca imagens da NBC para inserir nas páginas do jornal. De acordo com o *Público*[26], este pacto veio levantar algumas reservas junto da redacção do *Post*, que receava problemas quando tivesse, por exemplo, que dar notícias sobre a Microsoft - a empresa de Bill Gates era co-proprietária da MSNBC e das respectivas páginas na internet.

Entre nós, o director do *Diário Digital* também assumia, nesse mesmo ano, esta nova faceta do *jornalista multiusos*: "O *Diário Digital* não esconde a sua vocação de agência noticiosa, o que imprime um ritmo e uma organização de trabalho invulgares. Qualquer jornalista destacado para fazer a cobertura de um acontecimento, seja uma conferência de imprensa ou uma reportagem, tem de levar consigo um computador portátil e um telemóvel para permitir que a notícia seja escrita no próprio local do serviço, enviada para a redacção e tornada acessível poucos minutos depois" – afirmava Luís Delgado.[27]

"A convergência de texto, som, vídeo e animação entrou na ordem do dia sem bater à porta. O maior grupo português de 'media' [Impresa] começa a percorrer o caminho que o poderá levar a uma só agenda, uma só redacção, um só critério editorial" — afiançava o *Expresso*, em Dezembro de 2000.[28]

Como é do conhecimento de todos, as tendências que então se balbuciavam, no que à convergência reporta, vieram a consolidar-se nos últimos anos.

A potenciação sinérgica pode passar também pela utilização de um canal ao serviço da estratégia de outro canal, como acontece, regularmente, entre a *SIC Notícias* e a *SIC*. Muitos dos trabalhos jornalísticos efectuados para uma das estações são utilizados pela outra, potenciando-se assim efeitos miméticos, de saturação noticiosa através da repetição de peças nos dois canais. As sinergias passam ainda pela promoção de programas das duas

---

[26] "Media norte-americanos aliam-se". *Público*, n/a, 20.11.1999.

[27] "Jornalismo on-line é complementar". *in* revista "Jornalismo e Jornalistas", n.º 1, Janeiro/Março 2000, p. 48ss.

[28] "Impresa integra 'on-line", *Expresso*, Jorge Fiel, 1.12.2000.

estações, através da inclusão de peças-alerta num noticiário e a indicação *"para ver às tantas horas na SIC Notícias"*, *"reportagem completa no programa X, logo à noite na SIC"*, etc. Nada de novo, se nos lembrarmos da dependência da redacção da *RTP2* em relação à *RTP1*. A novidade, ou a diferença reside nas peculiaridades que distinguem *RTP2* e *SIC Notícias* – um canal de notícias permite, de forma muito mais fácil, a potenciação sinérgica dos conteúdos produzidos.[29]

---

[29] Em Dezembro de 2000, o director da *SIC Notícias* assumia, em entrevista ao *Público*, essa característica de complementaridade entre a nóvel estação e a SIC:

"P. - *Quem chega a casa à noite e liga a televisão para saber o que aconteceu no mundo o que pode esperar do principal jornal da SIC Notícias, às 21h00, e do Jornal da Noite, embora estejam a uma hora de diferença?*

R. - Ajudou-me a dar a resposta quando diz que não temos os jornais à mesma hora. Não é por acaso. O principal jornal desta plataforma é o Jornal da Noite. Porque está em sinal aberto. Quem perdeu as notícias às oito horas pode ter a garantia absoluta de as ver às 9h00, na SIC Notícias. Com a vantagem de que, ao sairmos uma hora mais tarde, temos mais tempo e uma oferta mais diversificada. Olhamos para a SIC Notícias como um projecto complementar da SIC em termos de tratamento informativo.

P. - *Como é que vão ser geridas as sinergias entre a SIC, a SIC 'on-line' e a SIC Notícias?*

R. - Através de regras simples e claras. E tem que existir no terreno uma ligação muito forte entre as estruturas que dirigem as três áreas. Primeira regra: não duplicar serviços, nem equipas, nem meios técnicos, embora haja excepções. Pode haver um acontecimento que valha uma peça no Jornal da Noite [SIC] e um directo duas horas antes na SIC Notícias, pelo que precisará de duas equipas para o acompanhar. Segunda regra: sabermos com antecedência como é que vamos tratar os acontecimentos de agenda. Outro ponto importante é que os editores têm simultaneamente responsabilidades nas três estruturas. Ou seja, o editor de política é o mesmo na SIC, na SIC Notícias e no SIC "on-line". Isso permite uma gestão transversal e mais cuidada das informações.

P. - *Na prática, os jornalistas da SIC podem fazer peças para a SIC Notícias. Isso não obteve uma reacção negativa nas redacções?*

R. - Não. Dizer que teve uma reacção negativa é manifestamente exagerado. Depois de se explicar à redacção, há sectores muito entusiasmados com o canal. O que seria estranho é que a SIC criasse um canal de notícias e que a redacção, que há oito anos alimenta os noticiários, estivesse fora deste processo. Em muitos domínios, como a agenda e o arquivo, fizeram-se extensões do que já existia e as actuais estruturas servem os três projectos.

P. - *Isso não vai criar confusão?*

R. - Não. Acho que é preciso cuidado. Hoje há uma ligação muito forte entre as duas estruturas. Para a SIC não vejo desvantagens, só vejo vantagens. E a principal beneficiária da SIC Notícias é precisamente a SIC. Nos nossos jornais vamos ter mais por onde escolher. Ouvimos mais protagonistas, fazemos mais coisas na rua, produzimos mais informação. Acho que isso vai constituir uma enorme diferença em relação à TVI e à RTP". ("SIC Notícias é complementar à SIC", entrevista de Sofia Rodrigues a Nuno Santos, *Público*, 10.12.2000).

Em Junho de 2001, na sequência de uma auditoria à SIC e SIC Notícias, da autoria dos responsáveis da empresa, os jornalistas da primeira estação subscreveram um abaixo--assinado onde manifestavam a intenção de não trabalhar mais para a *SIC Notícias*. Em causa o facto dos auditores estarem a ignorar o contributo da *redacção-mãe* para o

Como quase sempre acontece, as *miudezas* – na potenciação sinérgica, na saturação noticiosa, nos desvios deontológicos -, não merecem atenção dos críticos. Via de regra, é preciso que alguém estique a corda para então se gritar *aqui d'el rei*. Foi o que aconteceu a 25.02.2001, quando a *SIC Notícias* se viu transformada em rampa de lançamento de um jogo de futebol a ser transmitido pela estação-mãe, a *SIC*. Foram nove longas horas de promoção, por parte da *SIC Notícias*, da transmissão do jogo de futebol entre o Benfica e o Boavista, caso escalpelizado, nas páginas do *Público*, pelo crítico de televisão Eduardo Cintra Torres[30]: "Nove horas seguidas de antecipação a um jogo de futebol num canal de notícias: isto é normal? Não é. Mas é normal na SIC Notícias: este canal tem um 'trailer' a dizer que 'notícia é emoção'. É normal na SIC Notícias, mas não devia ser. O domingo benfiquista da SIC Notícias foi um atentado ao seu público e ao jornalismo isento e equilibrado que se esperaria de um canal dedicado à informação.

Durante nove horas, a SIC Notícias esteve ao serviço da estratégia comercial da estação, pois era esta empresa que transmitia o jogo Benfica-Boavista. Nove horas sem notícias, nove horas só de 'emoção', folclore, fogo-de-artifício. O Jornal da Noite em directo do estádio foi repulsivo em termos jornalísticos e informativos. Foi 'emoção'. O objectivo foi o de construir uma multidão, um público emocionado que acompanhasse a emissão e o jogo. Isto não é informação.

No jornalismo quem deve 'tratar' da emoção é o leitor ou espectador, não o emissor. O receptor é que se emociona ou não. O canal deve 'apenas' dar-lhe notícias.

Saber que no domingo a SIC e a SIC Notícias obtiveram excelentes 'shares' nos respectivos universos não altera uma vírgula a esta apreciação".

Cintra Torres comparava *estas transmissões antijornalísticas da SIC e da SIC Notícias feitas por jornalistas*, às *noites eróticas da TVI*,

sucesso do canal de notícias, considerado este como um projecto de sucesso e de qualidade, feito com custos baixos e com pouco pessoal que assegura informação 24 horas por dia. "Esta comparação indignou também os jornalistas da redacção da 'SIC-mãe', dado que o seu contributo para a SIC-Notícias é permanente e sem qualquer remuneração adicional. É graças a ele que a SIC-Notícias prosperou e se afirmou no panorama televisivo nacional, entendem os jornalistas, que acusam os auditores de não contabilizarem na avaliação da SIC Notícias os custos, quer de meios, quer de pessoal afectos à SIC-mãe. 'Assim é muito fácil fazer televisão mais barato, quando os salários são pagos pela SIC e os meios utilizados pela SIC Notícias também são os da SIC' – afirmava ao *Público* um dos jornalistas descontentes com a situação. Um dos subscritores do abaixo-assinado adiantava ainda: "Isto é um grito de alerta. Queremos demonstrar à administração que a SIC Notícias sem o nosso contributo não sobrevive. Cerca de 70% do que vai para o ar na SIC Notícias é feito por jornalistas da SIC-mãe". ("Redacção da SIC ameaça romper com SIC Notícias". *Público*, José Alberto Lemos, 25.06.2001).

[30] "Bensica Notícias". *Público*, Eduardo Cintra Torres, 27.02.2001.

apresentadas como reportagens: "A televisão generalista está em regime de capitalismo selvagem e ninguém a controla. E a quem nos poderíamos queixar? Não ao Governo, pois dois ministros são comentadores permanentes da SIC Notícias. À chamada DECO também não, pois recebe subsídios de um dos ministros que é colaborador permanente da SIC Notícias, José Sócrates, e tem como presidente João Nabais, que também é comentador permanente da SIC e das suas Noites Marcianas"- lamentava o crítico.

4. Do jornalismo à produção de conteúdos

A transição do milénio assistiu a uma poderosa ofensiva de grande grupos económicos, alguns deles capitães de indústrias em nada relacionadas com os *media*, ofensiva materializada na aquisição de empresas ou grupos da área do jornalismo e do entretenimento oferecidos pelos *media*. Na última década do século XX e primeiros anos do XXI assistiu-se a uma vertiginosa onda de aquisições e fusões.

Em França, Pierre Suard, patrão da Alcatel Alsthom comprou a revista *L'Express*, sendo também dono do *Le Point*. Na área da imprensa económica, possuía a *L'Expansion* e *La Vie Française*. Marc de Lacharrière, antigo número dois da L'Oréal, era dono da *Valeurs Actuelles* e do *Journal des Finances*.[31] A Générale des Eaux passou a Vivendi Universal, tomou posição maioritária na Agência Havas, esta por sua vez maioritária no Canal Plus. Comprou a Universal (cinema, TV, música, parques temáticos) à Seagram, tornando-se em 1998 o segundo gigante mundial de conteúdos. Em Dezembro de 2001, poucos meses antes do descalabro, incorporava a *USA Networks*.

Em Março de 2000 anunciava-se a aquisição da produtora holandesa *Endemol* pela *Telefonica* espanhola.[32] Além da operadora telefónica, a empresa possuía a emissora de rádio *Onda Cero* e 47% do canal de televisão *Antena 3*. Por seu turno, a Endemol Entertainment Holding N.V. era, em 2000, a quarta maior companhia de produção europeia, especializada em produções para a *web* e em entretenimento para televisão. Só em 1999, produzira a impressionante soma de 10 mil horas de televisão.

Neste mesmo mês, nos EUA, a Tribune Company (proprietária do jornal *The Chicago Tribune*) comprava, por 6,3 mil milhões de dólares, a Times Mirror (proprietária do *Los Angeles Times*, principal diário da Califórnia), criando-se, desta forma, a terceira maior empresa de *media* do país. A Tribune-

[31] Para mais detalhes, ver "Allons patrons de la patrie!", *Visão* (com *Le Nouvel Observateur*), 13.10.1994, pp. 46-47.

[32] *"Telefonica compra produtora holandesa por 1100 milhões de contos* – Endemol em mãos espanholas". *Público*, Inês Nadais, 18.03.2000.

-Mirror passou a controlar 11 jornais, 22 estações de televisão, três rádios, 20 revistas (sobretudo desportivas) e uma empresa na *web* (total de 27 mil funcionários).[33]

Em Dezembro de 2000 nasceu o maior grupo de *media* do mundo, fruto da compra da *Time Warner* pela *America OnLine* (AOL). O novo grupo passou a contar com a *CNN, Warner Bros, People, HBO, Sports Illustrated, Cartoon Network, Warner Music Group, Fortune, Entertainment Weekly, Looney Tunes* (empresas pertencentes à Time Warner), associadas a partir da mega-aquisição à *CompuServe, Netscape, ICQ instant messaging, Digital City* e *AOL MovieFone* (empresas da AOL).[34]

Portugal não ficou de fora da vertigem de alguns grupos económicos apostados na conquista de um estatuto de *major-players* no sector dos *media*.

Em 1999, o grupo Lusomundo adquiria a totalidade do capital social da Açormédia, empresa que detinha o jornal *Açoriano Oriental*, a revista *Açores* e parte da rádio *Açores/TSF*.[35]

Nesse mesmo ano, a Cofina[36], em conjunto com o BPI, lança uma OPA sobre a totalidade do capital da Investec, com participações na *SIC, Record, Máxima, Máxima Interiores, City* e *Deltapress*. Em conjunto com o BPI Capital de Desenvolvimento adquire a MediaFin (*Jornal de Negócios, negocios.pt* e *MediaBanner*). Em Março de 2000 é concluída com êxito a OPA lançada sobre a totalidade do capital da Investec. Em Abril, a Investec faz um acordo com a Impresa de Pinto Balsemão, através do qual lhe aliena a sua participação de 26,66% na SOINCOM, por troca de 10,25% do capital da Impresa, vendido em Outubro, e uma contrapartida em *cash*. Ainda em 2000, a IMC/Investec adquire 50% do capital da Ferreira & Bento e, no final do ano, procede à aquisição de 85,95% do capital da Presslivre, que detinha o *Correio da Manhã* e participações no *Autosport* e na distribuidora *Vasp*.

Em Junho de 2001 a Cofina subscreve na totalidade o aumento de capital da Ferreira & Bento, o que lhe permite o controlo do grupo, com uma posição de 75%.

Em Outubro de 2000, a Portugal Telecom adquiriu a totalidade do capital do grupo Lusomundo (*Diário de Notícias, Jornal de Notícias, TSF*,

---

[33] "Criada terceira maior empresa de 'media' dos Estados Unidos – 'Chicago Tribune' absorve 'LA Times". *Público*, Ana Gomes Ferreira, 16.03.2000.

[34] *"Autoridade norte-americana da concorrência dá luz verde à compra da Time Warner pela AOL* - Nasce o Maior Grupo 'Media' do Mundo". *Público*, n/a, 16.12.2000.

[35] *"Grupo tem um plano de expansão para os Açores* – Lusomundo adquire 'Açoriano Oriental". *Público*, Nuno Mendes, 8.12.1999.

[36] Dados respigados do artigo "Quem manda nos media em Portugal?", *Marketing & Publicidade*, Carla Borges Ferreira, Novembro de 2001.

Açoriano Oriental, Jornal do Fundão, etc.). Em Novembro do mesmo ano, Sonae.com e Impresa anunciam uma parceria para a área da internet, materializada na Portais Verticais.com.[37]

O advento das *redacções multimedia* transforma os jornalistas em produtores de conteúdos, a distribuir por todos os tentáculos do grupo. Como vaticinava Balsemão, redacções onde *quem vai fazer uma notícia para uma publicação na imprensa escrita poderá ao mesmo tempo fazer a entrevista para a rádio e até, talvez, filmará...*, uma espécie de jornalista *três em um, quatro em um* se lhe acrescentarmos a web. As sinergias são sinónimo de poupança de custos para os magnatas dos *media*, a quem pouco importam as beliscaduras no pluralismo de visões e registos que os jornalistas (os de antigamente, *um em um*) ofereciam do mundo em que vivemos.[38]

"Para aderir ao novo modelo cultural, o jornalista vai transformar-se em mutante, integrando sob o signo da instantaneidade todos os *medias*, imprensa escrita, televisão, redes, imagem, na triste incapacidade de realizar o mais simples inquérito de fundo" – denuncia Carlander (1999).

Kapuscinski (1999) nota a chegada do *media worker*, em substituição do jornalista de antanho: "A partir do momento em que passou a ser considerada como uma mercadoria, a informação deixou de estar submetida

---

[37] Ver "*Metade do 'Autosport' e da distribuidora Vasp também mudam de mãos –* 'Correio da Manhã' passa para a Cofina", *Público*, João Manuel Rocha, 16.11.2000; e "Sonae entra no capital da Impresa e Media Capital avaliada em 180 milhões", *Euronotícias*, n/a, 16.11.2000.

[38] Nos EUA, as cadeias de televisão ABC e CBS negociavam, em finais de 2001, um acordo de cooperação tendente a diminuir as despesas de funcionamento. O acordo previa a partilha dos mesmos equipamentos e das mesmas equipas técnicas na produção de notícias, apesar do produto final se manter diferente para cada estação. Tudo a ver, segundo o *Diário de Notícias*, com os elevados custos da cobertura da guerra no Afeganistão: "ABC e CBS, que actualmente partilham as transmissões de satélite daquela área, podem agora estender esta cooperação, utilizando mutuamente outro tipo de equipamento de produção e transmissão, escritórios e mesmo equipas de filmagem, nesta e noutras partes do mundo". De fora deste acordo ficou a CNN, estação que pretendia uma aliança também nos conteúdos. A CNN propusera mesmo que alguns dos jornalistas das duas estações pudessem aparecer nas suas emissões, o que foi recusado pela ABC e CBS. ("Rivais ABC e CBS discutem aliança". *Diário de Notícias*, n/a, 19.11.2001).

Por cá, depois da aquisição do Açoriano Oriental, o grupo Lusomundo tentava, em 1999, alargar o seu domínio a outros dois jornais regionais daquele arquipélago. A entrada no capital social do "Diário Insular" (ilha Terceira), e do "Telégrafo" (Faial), tinha em vista, segundo o *Público*, "criar uma base regional de comunicação social que depois possa fornecer informação aos dois jornais nacionais do grupo, o 'Diário de Notícias' e o 'Jornal de Notícias'. ("*Grupo tem um plano de expansão para os Açores* – Lusomundo adquire 'Açoriano Oriental"). *Público*, Nuno Mendes, 8.12.1999.

aos critérios tradicionais de verificação, de autenticidade ou de erro. Ela rege-se agora pelas leis do mercado. Esta evolução é a mais significativa entre todas as que afectaram o domínio da cultura. Consequência: os velhos heróis do jornalismo foram substituídos por um número impressionante de trabalhadores dos medias, praticamente todos imersos no anonimato. A terminologia utilizada nos Estados Unidos é reveladora deste fenómeno: *o media worker* suplanta frequentemente o *jornalista*".

Yves Eudes referia-se, já em 1988, à entrada no mercado de telejornais *chave na mão*: "Os jornais televisivos, que fazem espectáculo com a marcha do mundo, constituem a principal fonte de informação da maioria dos cidadãos. A sua produção é muito cara e as novas cadeias nem sempre têm os meios de as realizar. É por isso que grandes grupos de comunicação anglo-americanos começam a oferecer, a preços muito baixos, jornais televisivos 'chave na mão'. Ninguém pode ignorar os riscos políticos e culturais que isso encerra".

Entre nós, tanto a AACS como o Sindicato dos Jornalistas se haviam já manifestado preocupados com os efeitos perniciosos que a onda de concentrações pudesse provocar "no plano da livre produção e circulação de ideias" (AACS), criando-se "condições objectivas para a ocorrência de processos, mais ou menos encapotados, de censura económica" (SJ), para além do cerceamento de direitos dos jornalistas, que passariam a dois ou três em um nas tarefas, continuando um em um nos salários.[39]

---

[39] A AACS tomou posição sobre o tema a 8.11.2000, conforme relato do *Público*, citando a agência *Lusa*: "A concentração empresarial na comunicação social portuguesa suscita preocupações à Alta Autoridade para a Comunicação Social (AACS) que, por isso, está disponível para participar na definição de um quadro legal para o sector. Reunida ontem em Lisboa, a AACS aprovou, por unanimidade, uma deliberação em que lembra estar a acompanhar os acordos empresariais 'que visam a aquisição e a criação de órgãos e de outras estruturas do universo da comunicação social, num continuado processo de concentração susceptível de se repercutir no plano da livre produção e circulação de ideias'.

'Os mecanismos legais referentes à concentração empresarial, nomeadamente os que possam determinar os seus razoáveis limites, são insuficientes para responder aos novos desafios da concentração multimédia, bem como às exigências de um Estado democrático em matéria de pluralismo e confronto de opiniões', considera a AACS, de acordo com a agência Lusa.

A Alta Autoridade manifesta-se disponível para participar na definição de um quadro legal para o espaço do multimédia, que 'garanta e estimule a diversidade e a independência dos projectos editoriais e contenha o processo de concentração dentro dos limites socialmente aceitáveis'.

O organismo regulador da comunicação diz que continuará a seguir o movimento de concentração e convergência empresarial na área da comunicação social - de que o mais recente exemplo foi a incorporação do grupo Lusomundo na Portugal Telecom -, com o objectivo de 'evitar a ocorrência de qualquer lesão do pluralismo informativo e da independência, isenção e rigor editoriais". (*"Organismo regulador da comunicação*

Em Setembro de 2002, o Bloco de Esquerda apresentou, na Assembleia da República, um projecto-lei tendente a travar a concentração da propriedade dos órgãos de comunicação social. A iniciativa dos bloquistas pretendia limitar a participação de uma empresa ou grupo privados a apenas um canal de televisão de via hertziana, uma estação de rádio e dois jornais generalistas; impedir a detenção de quotas superiores a 30% no mercado dos jornais generalistas, proibindo ainda a participação em agências noticiosas de entidades privadas ligadas a outros órgãos de informação, bem como em revistas sobre sectores onde detenham interesses, à excepção da área económica.

"A indústria dos 'media' afasta-se cada vez mais das referências fundadoras do 'jornalismo clássico', baseado num ideal de isenção informativa e de crítica às instituições do poder. As empresas de família, inseridas nessa cultura de imprensa (no plano mundial, o caso mais célebre e celebrado é o do 'Washington Post'), cederam lugar a grandes conglomerados internacionais em que o capital financeiro e o sector das telecomunicações são reis e senhores. A 'cultura profissional' dos gestores destas empresas revela-se, regra geral, indiferente aos valores do jornalismo, reduzido a uma subcategoria do território mais vasto dos 'conteúdos' -, assinalava Mário Mesquita[40] em Junho de 2001. O professor universitário comentava entrevista do presidente da *Media Capital* à revista *Meios*. Paes do Amaral considerara que jornalistas ou *produtores de conteúdos* são *a mesma coisa*, embora admitindo que "a expressão pode ser considerada pelos jornalistas

---

social teme consequências na *"livre produção e circulação de ideias* - Alta Autoridade Preocupada com Concentração". *Público*, n/a, 9.11.2000).

Três dias depois o Sindicato dos Jornalistas vinha a terreiro manifestar preocupações sobre o mesmo assunto: "O Sindicato dos Jornalistas está preocupado com os potenciais 'efeitos nocivos da concentração sobre o pluralismo informativo'. 'Estão criadas condições objectivas para a ocorrência de processos, mais ou menos encapotados, de censura económica', considera o sindicato, numa reacção à compra da Lusomundo pela Portugal Telecom (PT) e às parcerias entre PT e Olivedesportos e entre Sonae e Impresa.

O 'mais importante movimento de concentrações' do sector 'de que há memória em Portugal 'diminui as opções profissionais dos jornalistas e agrava o desrespeito pelos direitos laborais', considera o sindicato, que chama ainda a atenção para os direitos de autor. 'A nova economia', adianta o comunicado, 'está a apropriar-se ilegitimamente das criações dos jornalistas, multiplicando exponencialmente a sua difusão sem que às receitas corresponda qualquer encargo com a retribuição devida aos seus autores". ("Sindicato receia concentração". *Público*, n/a, 11.11.2000).

Como é sabido, o debate em torno destas questões tem prosseguido nos últimos anos (tomadas de posição da ERC, dos partidos políticos, do Sindicato dos Jornalistas e dos empresários do sector, a par de iniciativas governamentais). Em www.mediatico.com.pt (menu "Promoções, Silêncios, Desvirtuações"), disponibilizamos uma série de artigos sobre o assunto.

[40] "Histórias e Notícias". *Público*, Mário Mesquita, 8.06.2001.

tradicionais como um pouco redutora, já que na sua actividade existe uma componente de opinião e de experiência pessoal que torna o termo conteúdo frio". Precisando melhor, explica que coexistirão dois tipos de profissionais: '(...) haverá muitos produtores de conteúdos mas teremos sempre espaço para as individualidades".

Mesquita concluía, vaticinando próximo reinado das *não-notícias*: "Os textos jornalísticos inserem-se frequentemente em enquadramentos narrativos e, portanto, as grandes notícias correspondem, por via de regra, a boas histórias. Mas, provavelmente, Paes do Amaral pretende dizer que o negócio da comunicação se fará cada vez menos com recurso à informação-jornalística e cada vez mais com a ajuda da informação-entretenimento. De não-notícias se fará a prosperidade da indústria. O não jornalismo tomará progressivamente conta dos 'media'. E as histórias, a pouco e pouco, expulsarão as notícias".

Ao tentar sobrepor-se à ideologia jornalística, a pragmática dos conteúdos teria que descambar, necessariamente, numa série de atropelos a princípios que se julgavam consolidados no domínio da informação. Mesmo que, em tempos idos, fosse pouco crível um jornal, rádio ou televisão aceitar auto--flagelar-se permitindo a difusão de notícias que lhe fossem desfavoráveis, a censura não teria o impacto e os efeitos que poderão ser assacados a tais práticas nos dias de hoje. Antes protegia-se o pequeno e tantas vezes romântico empresário, hoje protegem-se grandes empórios. O cordão securitário alarga-se incomensuravelmente, passando a abranger, não apenas o meio difusor, mas todas as empresas do grupo, sejam elas também ligadas aos *media*, ou distribuidoras de água, como a francesa Vivendi, ou fabricantes de aviões, como a Matra[41], ou operadoras telefónicas, ou distribuidoras de filmes, exploradoras de salas de cinema e comerciantes de pipocas.

---

[41] Em Setembro de 1999, *Le Monde Diplomatique* chamava a atenção para a dependência sentida por influentes publicações da área económica em França. O bimensário *Le Nouvel Economiste* pertencia a um grupo hoteleiro. Vivendi controlava *L'Expansion*, *La Vie Française*, *Usine Nouvelle*; a Dassault comprara *Le Journal des Finances* e *Valeurs Actuelles*. "O interesse do accionista-proprietário é mais importante que o dos leitores", queixava-se um jornalista de *La Tribune*. Pouco tempo depois de ter sido adquirida pela Dassault (construção aeronáutica) *Valeurs Actuelles* dedicou quatro páginas a um projecto de avião supersónico, projecto concebido... pela Dassault. ("Soif d'informer ou esprit d'entreprise? – Journalistes économiques sous surveillance". *Le Monde Diplomatique*, Jean-Pierre Tailleur, Setembro 1999, http://www.monde-diplomatique.fr/ 1999/TAILLEUR/1240.html).
    O diário *La Tribune* pertencia ao grupo LVMH (Louis Vuittton Moët Hennessy, considerado o primeiro grupo mundial de marcas de luxo). Moët & Chandon, Dom Pérignon, Veuve Clicquot Ponsardin, Canard-Duchêne, Krug, Chandon Estates, Cloudy Bay, Cape Mentelle, Newton, MountAdam, Hennessy, Hine e Château d'Yquem, no sector dos vinhos e bebidas espirituosas; Louis Vuitton, Loewe, Celine, Berluti, Kenzo,

Os jornalistas deixam de poder noticiar o pó esquisito que apareceu na água distribuída por uma empresa do *Grande Patrão*, não podendo também dar voz aos que se queixam da má qualidade das videocassetes distribuídas por outra empresa do *Grande Patrão*, esquecer o mau sabor das pipocas, as reclamações contra a taxa de activação das chamadas telefónicas, o abuso nos contratos a prazo (tudo exemplos ficcionados, naturalmente). De fora ainda as críticas a um *reality show* muito contestado, se o jornal impresso pertencer ao mesmo grupo da estação que emite o dito programa; de fora grandes parangonas sobre a brutal quedas das acções da *holding* do grupo multimédia; de fora das revistas de imprensa as manchetes de jornais pouco agradáveis para o patrão e o que mais se verá.[42]

Para compensar esta drástica redução nos fluxos noticiosos não é preciso

---

Givenchy, Christian Dior, Christian Lacroix, StefanoBi, Emilio Pucci, Thomas Pink, Marc Jacobs, Donna Karan et Fendi, na moda e marroquineria; TAG Heuer, Ebel, Zenith, Christian Dior Montres, OMAS, Chaumet, Fred, nos relógios e joalharia, onde mantinha uma *joint-venture* com a De Beers.

"O interesse do accionista-proprietário é mais importante que o dos leitores", queixava--se um jornalista de *La Tribune* ao *Le Monde Diplomatique*. Consultando o *site* do jornal (o que fizémos a 11.10.2002), notámos de imediato a profusão de artigos encomiásticos para o *grupo-patrão*, e a inexistência de nenhum título *negativo*. Exemplos: "LVMH résiste bien grâce à ses marques phares - Le numéro un mondial du luxe a amélioré ses résultats au premier semestre", 13.09.2002; "Les grands du luxe résistent mieux que les autres à la crise - LVMH est parvenu à améliorer ses résultats en l'absence d'une reprise du tourisme", 13.09.2002; "L'opérationnel de LVMH meilleur qu'attendu - Sur le premier semestre, le résultat opérationnel du groupe de luxe a progressé", 12.09.2002; "Diageo et LVMH consolident la distribution de leurs alcools", 30.07.2002; "Le groupe LVMH se renforce dans la vodka de prestige", 22.07.2002; "Christian Dior rebondit fortement - Le titre, comme sa filiale LVMH, avait fait les frais de la dégringolade des marchés...." 19.07.2002; "LVMH maintient le cap sur la rentabilité - Le redressement de l'activité de distribution sélective est désormais bien engagé....", 18.07.2002; "LVMH vise 15% de croissance opérationnelle à fin juin", 17.07.2002.

[42] "O maior risco que os jornalistas correm na era do império das 'holdings' de comunicação é o de se tornarem acríticos e perderem a capacidade de se revoltarem. Ou seja, se os jornalistas criarem incompatibilidades num dos órgãos de informação de um grupo, podem não conseguir trabalhar nos outros", afirmava Júlio Magalhães, editor da *TVI*, no debate "*A Posição do Jornalista no Império das Holdings*" que decorreu no Instituto Superior de Ciências Sociais e Políticas da Universidade Técnica de Lisboa, em Janeiro de 2001. "Ainda assim", noticiava o *Público*, "Júlio Magalhães vê mais efeitos positivos do que nefastos na concentração dos meios de comunicação. É que, com maior dispersão, 'havia mais trabalho precário'. Além disso, se é verdade que o que move os grupos é o lucro, também é certo que os accionistas 'não interferem, não querem e nem podem interferir nos critérios editoriais", sustentava o jornalista, para quem o "capital de credibilidade do jornalista não pode ser afectado". Francisco Figueiredo, da RTP, mostrou-se um pouco mais pessimista: "Defendeu que os jornalistas deixaram de estar condicionados pelo poder político para passarem a estar sob o jugo do poder económico e lamentou que esta 'nova ordem' venha por vezes pôr em causa a independência e autonomia daqueles profissionais, hoje regidos pela 'lei da sobrevivência'. E é com desagrado que vê as notícias, em particular na TV, estarem condicionadas 'à promoção

ir ao fim do mundo nem tão pouco ao fim da rua. Para quê romper solas, se há tanta notícia cá dentro, tanto programa a merecer destaque, tanta gente bonita cintilando nos nossos programas, tantos aniversários dos nossos programas, tanta tourada, tantos festivais da canção, tanta chuva de estrelas. Que sorte a dos jornalistas, não trabalharem para *holding* que integrasse empresa capaz de determinar, com algumas compreensíveis insuficiências, o tempo atmosférico. Os boletins meteorológicos só poderiam, naturalmente, anunciar bom tempo...

Para compensar, redobra-se a atenção aos pecadilhos das *holdings* rivais. Temos notícia farta, promiscuidade quanto baste, os princípios jornalísticos dando as últimas, estertor que não incomoda porque morrem longe, no campo das malvas. Perante piso tão escorregadio, as derrapagens sucedem-se em catadupa. Na televisão, na imprensa, na web. A confusão de géneros está definitivamente instalada.

5. Jogos sem Fronteiras

> *"Minha tenção é dar modo com que todos se possam divertir"*.
> *"O Oculto Instruído — Que para Lícito Divertimento e Honesta Recreação Se Há de Publicar* (Lisboa, 1756-1757)

5. 1. *Peelings*

Em 1995 os produtores daquele que é considerado *o mais sério programa de informação dos EUA, 60 minutes,* da rede CBS, realizaram um documentário que denunciava os fabricantes de cigarros. A reportagem demonstrava que os fabricantes produziam cigarros com taxas de nicotina mais elevadas que as mencionadas nos maços, prática que tinha em vista criar maior dependência por parte dos fumadores. O programa foi censurado pela CBS, por duas razões, conta Ignacio Ramonet[43]: porque a cadeia norte-americana receava um processo judicial que originasse eventual baixa das suas acções na Bolsa,

---

dos programas da grelha' ou dos produtos do grupo". ("Concentração dos 'media' pode limitar capacidade crítica dos jornalistas". *Público*, Elisabete Vilar, 26.01.2001).

[43] "Apocalypse médias". *Le Monde Diplomatique*, Ignacio Ramonet, Abril de 1997. (http://www.monde-diplomatique.fr/lmd/1997/04/RAMONET/medias.html). Sobre este assunto ver "O Informador - The Insider", de Michael Mann (1999), DVD distribuído em Portugal pela Lusomundo.

isto nas vésperas da sua fusão com o grupo Westinghouse; e porque uma das suas filiais, a Loews Corporation, detinha uma empresa, a Lorillard, que também fabricava cigarros.

O programa francês de *media critics Arret sur Images*,[44] dava conta, a 2.11.1997, do silenciamento, por parte da *TF1*, de uma forte contestação em torno do pagamento de um novo troço de auto-estrada. A concessão pertencia ao empório Bouygues, dono da estação de televisão privada. Para compensar, os canais públicos *France 2* e *France 3* deram grande destaque à contestação.

Já no respeitante ao esgotamento do prazo limite para a administração central se decidir pela concessão de um novo troço de auto-estrada, aí a *TF1* optou por cobertura noticiosa de monta. O grupo Bouygues era o principal interessado, também o melhor colocado para a obtenção da concessão.

O mesmo aconteceria com a condenação, em tribunal, de Patrick Poivre d'Arvor. O apresentador do telejornal do *prime time* da *TF1* foi condenado pelo seu envolvimento num processo de corrupção, facto que deu grande brado em França. Mas a estação ignorou olimpicamente o caso.

Edição posterior do *Arret sur Images* (24.05.1998) denunciava subtilezas para apagar, da informação, mensagens publicitárias de canais concorrentes. O programa exibiu planos filmados pela *TF1* e pela *France 2*, com enquadramentos bastante fora da norma, tudo para eliminar referências publicitárias ao *Canal Plus*, estação que conseguira o exclusivo das transmissões do Mundial de Futebol de 1998.

Em França, o Conseil Supérieur de l'Audiovisuel (órgão regulador do audiovisual francês), vem advertindo, com frequência, ao longo dos últimos anos, as estações públicas e privadas por sucessivas infrações à lei, no que reporta à inclusão de publicidade clandestina, tanto na informação como na restante programação (a maior parte dos casos não se verifica nos telejornais). Inclusão ilícita de publicidade, promoções, publireportagens, *product placement*, até mesmo imagens subliminares. Presença de inúmeras sequências promovendo uma marca de soda num episódio da série *Alerte à Malibu*, em Agosto de 1996;[45] reportagens da *TF1* e *M6* sobre o cliente 200.000 do serviço *TPS*, pacote numérico de difusão por satélite de que ambas as estações eram accionistas, mereceram advertência do CSA, em Outubro de 1997;[46] promoção de um novo disco e da *tourné*e de divulgação do mesmo feita por Pascal Sevran, de *"maneira insistente, aproveitando-se do seu papel de*

---

[44] "Arret sur Images". *La Cinquième*, 2.11.1997. Em 2007 o programa deixou de ser emitido pela estação, encontrando-se actualmente disponível, sob um novo conceito, em www.arretsurimages.net.

[45] "Lettre du CSA", n.° 86, 1.10.1996.

[46] "Lettre du CSA", n.° 98, 7.10.1997.

apresentador" de um célebre programa da *France 2*, em Outubro de 1999;[47] promoção, durante 16 minutos, do jogo *Tomb Raider IV* no programa *Nulle Part Ailleurs* de 26.11.1999, através de uma entrevista do apresentador a Lara Croft, heroína virtual ali representada em carne e osso por uma actriz;[48] publicidade clandestina à McDonald's e Play-Doh num dos cenários da série *Chérie, j'ai rétréci les gosses, M6*, Maio 2002.[49] O CSA também encontrou publicidade clandestina num teledisco, beneficiando a Adidas;[50] mais de 30 imagens subliminares de um aparelho fotográfico com a marca claramente identificável detectadas numa emissão de *Popstars*, em Dezembro de 2001.[51]

O CSA tem mão pesada na aplicação de multas referentes a infrações do género das acima descritas. Em Novembro de 1996 a *France 2* foi multada em 802.000 francos, por inclusão de publicidade clandestina em duas emissões do programa *N'oubliez pas votre brosse à dents*;[52] em Fevereiro de 2000, por difusão de publicidade a bebidas alcoólicas e inserção de publicidade clandestina, a *France 2* foi multada em 150.000 francos e a *France 3* em dois milhões de francos;[53] em Junho de 2002 foi a M6 a ser punida com uma multa de 150.000€, por publicidade clandestina ao Club Med, durante uma emissão de *Loft Story*.[54]

A 10 de Outubro de 1999, o *Los Angeles Times* publicou uma edição especial da sua revista dedicada à abertura de um complexo desportivo no centro de Los Angeles. As receitas publicitárias da publicação, calculadas em dois milhões de dólares, foram partilhadas entre o complexo e o jornal, num negócio que só mais tarde veio a ser conhecido. A 19 de Dezembro, o

---

[47] "Lettre du CSA", n.º 122, 26.10.1999.

[48] "Lettre du CSA", n.º 125, 5.01.2000.

[49] "Lettre du CSA", nº 154 , 2.07.2002.

[50] "Lettre du CSA", nº 151, 9.04.2002.

[51] "Lettre du CSA", n.º 148, 15.01.2002.

[52] "Lettre du CSA", n.º 87, 6.11.1996.

[53] "Lettre du CSA", n.º 126, 8.02.2000.

[54] "Lettre du CSA", n.º 153, 4.06.2002. As decisões mais recentes do CSA encontram--se disponíveis em www.csa.fr. Esta prática tem estado na mira da Entidade Reguladora para a Comunicação Social (ERC). Ver, por exemplo, "Apreciação de referências ao 'Banco Espírito Santo' no episódio da telenovela 'Floribella', transmitida pelo serviço de programas da SIC", Deliberação 1/PUB-TV/2007, 30.05.2007; "Apreciação de referências à 'Zippy Stone' no episódio da telenovela 'Floribella', transmitida pelo serviço de programas da SIC", Deliberação 2/PUB-TV/2007, 13.09.2007; "Apreciação de referências ao 'Millenium BCP' no episódio da telenovela 'Tempo de Viver', transmitida pelo serviço de programas da TVI", Deliberação 1/PUB-TV/2008, 03.01.2008; "Apreciação de referências à marca 'Vaqueiro' e às Clínicas 'Persona' no programa 'SOS Obesidade', transmitido pelo serviço de programas da SIC Mulher", Deliberação 4/PUB--TV/2008, 24.04.2008. Deliberações disponíveis em www.erc.pt.

jornal pedia desculpas pelo erro, na primeira página: "Em Outubro, publicámos uma edição da revista do 'Los Angeles Times' dedicada à abertura do Staples Center. Como as nossas histórias sublinharam, o 'The Times' é patrocinador do Staples, mas o que não divulgámos à nossa redacção ou a vocês, nossos leitores, é que partilhámos os lucros da edição da revista com o Staples. Isso foi um erro", escreveu Kathryn Downing, administradora do jornal. O director do diário afiançava, por seu turno, aos leitores, que a redacção funcionaria "livre de influências de instituições públicas ou privadas, responsáveis políticos ou anunciantes".[55]

Se uns lucram com publicidade em forma de notícia, outros tratam de esconder publicidade alheia recorrendo a artifícios virtuais. Em Janeiro de 2000, a cadeia norte-americana de televisão CBS foi acusada de utilizar tecnologia digital para colocar o seu logótipo de forma a esconder prédios e painéis de publicidade apanhados pelas suas câmaras. Ao utilizar o expediente em programas de informação, a estação violou a ética jornalística, por enganar os espectadores. A denúncia – conta o *Público*[56] -, foi feita pelo *The New York Times*: "Os que optaram por seguir, nesta estação, a passagem do ano de Times Square, em Nova Iorque, foram privados da realidade. Durante toda a emissão, em directo, o logotipo da CBS apareceu estrategicamente posicionado atrás do apresentador de serviço. Estava colado ao edifício mais filmado da noite, de onde desceu a famosa bola de cristal que marcou a meia-noite em Manhattan. Só que o logotipo não estava lá. Tratou-se de uma imagem virtual introduzida através de técnicas digitais".

Para Harry Jessel, analista de *media* e responsável pela revista *Broadcasting & Cable*, o registo da passagem do milénio na CBS foi "uma fraude". O *Público* lembra episódios anteriores, utilizando o mesmo recurso:

"Nos Estados Unidos, é comum os canais de televisão utilizarem imagens virtuais para colocarem logotipos ou publicidade quando emitem este tipo de programas. Mas, até agora, nenhuma estação tinha arriscado recorrer a esta metodologia para criar panos de fundo para programas noticiosos. E, quando isso aconteceu, teve maus resultados: em 1994, o pivot da ABC, Peter Jennings, introduziu um directo de Washington, mas a jornalista encontrava-se no estúdio, com uma imagem digitalizada atrás de si; Jennings não sabia da falsificação e o resultado foi a repreensão da repórter e do

---

[55] "Jornal faz 'mea culpa' em negócio que misturou linha editorial e departamento comercial – L.A. Times: Após o erro, a redenção". *Público*, Sofia Rodrigues, 21.12.1999.

[56] "Publicidade virtual em programas de informação gera polémica – CBS 'engana' espectadores". *Público*, Ana Gomes Ferreira, 17.01.2000.

Sobre a posição das organizações de defesa dos consumidores Commercial Alert e TV--Free America, ver "Groups Criticize CBS News for Deliberate Falsification of News Images", 12.01.2000 (http://www.commercialalert.org/).

produtor Rick Kaplan - hoje director na CNN -, e um pedido de desculpas aos espectadores.

A CBS, que não adverte os espectadores sobre os 'efeitos especiais', está a utilizar a técnica digital em dois programas do departamento de informação - o 'Early Morning Show' (o programa da manhã, que inaugurou a era das imagens virtuais na informação no dia 1 de Novembro) e o '48 hours' (reportagens). E usou imagens virtuais no telejornal da noite uma única vez.

No 'Early Morning Show', o terceiro nas audiências matinais da tv americana, é frequente o edifício da General Motors no centro de Manhattan desaparecer, dando lugar a um prédio em vidro com o logotipo do programa. A digitalização também já fez evaporar uma fonte, o Hotel Plaza e colou as letras CBS às charretes que passeiam turistas no Central Park".

Em Julho de 2002, a direcção do *site* do *The New York Times* recusou publicar os os novos anúncios da Sony Electronics por, intencionalmente, se confundirem com artigos jornalísticos. Os anúncios faziam parte de uma campanha da Sony, concebida pela Young&Rubicam de Nova Iorque, para vigorar nos nove meses seguintes. Escritos por redactores *freelancer*, os artigos publicitários emulando reportagens, dirigiam-se a segmentos específicos de consumidores de produtos da marca, tentando mostrar como o público pode integrar a tecnologia na sua vida quotidiana. O *site* CBS MarketWatch.com acompanhou o *NYT* no veto, o que não impediu que a campanha não fosse adiante. Em Setembro, a *Consumer Web Watch* contabilizava já *75* sites contendo os referidos anúncios travestidos de notícias.[57]

Em Setembro de 2002 ficou a saber-se que alguns convidados de programas de grande audiência nos EUA ganhavam dinheiro promovendo medicamentos em programas de informação. O *The New York Times*[58] revelou, na altura, que dezenas de figuras do mundo da música, da televisão e do cinema, estavam a ser pagas por companhias farmacêuticas para participarem em vários *talk shows* e espaços noticiosos sobre doenças de que eles ou pessoas próximas tinham padecido. As estrelas tratavam de mencionar frequentemente o nome do medicamento que tinha sido usado para erradicar a doença, sem no entanto revelarem as suas ligações financeiras à empresa produtora do respectivo fármaco. Entre os convidados-propaganda encontravam-se personalidades de renome, como Lauren Bacall e Kathleen

---

[57] "A recusa - 'New York Times' 'online' rejeita anúncios da Sony". *Público*, n/a, 25.07.2000.

[58] Citado pelo *Público*, "Televisões americanas prometem desmascarar convidados 'publicitários", Tiago Fernandes, 4.09.2002.

Turner. Esta última recebia dinheiro da Amgen e Wyeth, laboratórios que produziam o Enbrel, um medicamento contra a artrite reumatóide, doença de que a actriz de cinema sofreu.

Descoberto o esquema, CNN e CBS decidiram passar a informar os espectadores dos laços financeiros que uniam as celebridades aos laboratórios.

Por cá - para além dos casos de auto-propaganda das TV's através das *promo news*, do silenciamento de iniciativas da concorrência ou de empresas de *holdings* rivais, da desvirtuação noticiosa de assuntos em que uma estação de TV é parte -, casos que deram grande brado reportam ao envolvimento directo da *SIC* e da *TVI* nas campanhas eleitorais de Vale e Azevedo e de Manuel Vilarinho para a presidência do Benfica, e ainda nuns célebres directos destinados a promover uma clínica de cirurgia plástica que efectuou um *peeling* a Lili Caneças. O primeiro caso já por nós foi referido com detalhe. Os directos do *peeling* aconteceram a 17.04.2001, nos telejornais do horário nobre da *TVI* e da *SIC*, *Jornal Nacional* e *Jornal da Noite*. Os portugueses receberam, em directo, a preciosa informação de que uma figura do *jet set* luso tinha eliminado uma boa quantidade de rugas, pelo menos as mais expostas, e a Corporación Dermoestética conseguiu levar a bom porto a sua campanha de relações públicas, necessária para o lançamento da clínica espanhola em Portugal. Sintomático o facto da operação a que Caneças se submeteu não ter sido de sua iniciativa. O contacto inicial, conforme confessava Lili Caneças à *Caras*[59], fora feito, não por um cirurgião da clínica, mas pelo director de *marketing*: "Quando a clínica abriu em Portugal fui convidada pelo seu director de marketing, o João Libério, para fazer um *peeling* profundo de modo a acabar, de uma vez por todas, com as rugas e manchas que a minha pele adquiriu ao longo dos anos devido a sucessivas exposições prolongadas ao sol, confesso que quase sempre sem protecção adequada".

"Agora estamos, de facto, noutra dimensão. No mundo do vazio, do *non-sense*, da exaltação da inutilidade como acontecimento. Não penso, não faço, logo existo – eis a regra. Existem porque estão lá as televisões e os *media*. E estão lá as televisões porque eles existem: é o círculo vicioso perfeito.

Eis-nos então no ponto de chegada que alguém vaticinava há anos, como reacção a essa torrente de notícias que todos os dias nos esmagava. Tantas notícias, tantos personagens e protagonistas, tantas tragédias, guerras, crises económicas, cimeiras mundiais, globalizações, crises energéticas e financeiras, descobertas científicas. Tantas coisas, que o povo se cansou. Cansou-se das notícias e cansou-se de ser destinatário das notícias. Agora o povo

---

[59] "Lili Caneças mostra o seu rosto rejuvenescido". *Caras*, Abel Dias, 21.04.2001.

tomou o poder nas redacções dos *media*. Ele é o sujeito e o objecto das próprias notícias. A Lilly Caneças é o povo e acaba de tomar o poder. Como Pasionaria moderna, ela não grita para sublevar multidões, limita-se a sorrir para as câmaras o seu novo sorriso de 1.500 contos e a dizer: 'Aconselho todas as mulheres portuguesas a fazer como eu e a tirarem vinte anos de cima" – comentava o jornalista Miguel Sousa Tavares,[60] no dia seguinte aos surpreendentes directos.

Nicolau Santos,[61] director-adjunto do Expresso, escreveu uma carta ao seu *"amigo jornalista"* José Alberto Carvalho, *pivot* do *Jornal da Noite*: "A semana passada foste obrigado a justificar o injustificável - no seu espaço informativo mais nobre, a SIC fez um directo para saber o resultado da operação plástica da Lili Caneças. E tu tiveste de dizer que a SIC não pode ignorar estes fenómenos. Por acaso, meu caro José Alberto Carvalho, até pode. É só ter coragem para o fazer - e o Emídio já teve tanta coragem! E tu próprio sabes que 'aquilo' não é jornalismo, não é informação. Eu bem sei que não é fácil, porque uma pessoa que vive do seu trabalho e tem compromissos mensais, não pode tomar atitudes impensadas. Mas há alturas em que uma pessoa tem de dizer não, sob pena de se misturar com o próprio lixo informativo que anuncia. Há alturas em que uma pessoa se tem de recusar a passar o risco que ela própria fez no chão. Por ti, que és um grande profissional, por mim, que muito te admiro, espero que não tenhas ultrapassado esse risco na semana passada".

No *Público*,[62] João Manuel Rocha registava a chegada da *"TV Caneças"*: "Houve um tempo em que as notícias e os directos dos telejornais eram apenas decididos pelo 'interesse público' ou pela importância dos protagonistas. Esse tempo passou. Ou o mundo mudou, ou mudaram os telejornais, ou um e outros estão a mudar.

Os telejornais da SIC e da TVI de anteontem também falaram de assuntos clássicos, como os reféns portugueses em Cabinda e as manifestações de força de Israel. Mas o que destacaram, com largos minutos e recurso ao 'directo', foi algo diferente: Lili Caneças, emergindo de uma plástica.

A SIC, que chegou a ter na informação a sua bandeira maior, não resistiu a anunciar o carácter 'exclusivo' da entrevista, uma entrevista em directo que afinal a TVI também fez. O canal de Balsemão embrulhou melhor o caso, procurou caracterizar o 'fenómeno', explicar que Caneças foi uma construção de cronistas do 'social'. Mas um e outro canais sucumbiram à operação promocional de uma clínica e à tentação de 'mostrar a nova Lili'.

[60] "A lição de Lilly". *Diário Digital*, Miguel Sousa Tavares, 18.04.2001.
[61] "Carta a um amigo jornalista". *Expresso*, Nicolau Santos, 21.04.2001.
[62] "TV Caneças". *Público*, João Manuel Rocha, 19.04.2001.

Lili Caneças ao vivo e rejuvenescida no telejornal porquê? Que interesse público tem a plástica de Caneças?" – interrogava-se o jornalista.

Carlos Cruz,[63] ao tempo já a trabalhar na *SIC*, foi mais longe, deixando no ar a possibilidade de tais directos terem sido feitos a troco de dinheiro: "A dimensão das reportagens, a transmissão em directo, na sequência de um convite de uma clínica que pretende impor-se no mercado português (honra seja feita ao departamento de *marketing* que conseguiu tal façanha), não inocenta nem a TVI nem a SIC da suspeita de se ter tratado de reportagens pagas, o que, a ser verdade, cai inclusivamente debaixo da alçada da lei da publicidade".

5. 2. Há dez anos mais perto do *infotainment*

A imprensa também não fica de fora deste campeonato. Na edição de 22.03.2001 do *Correio da Manhã*, a manchete foi vendida à *TMN*. *"Há 10 anos mais perto do que é importante"* remetia para página interior, também de publicidade, mas redigida em forma de notícia, com o mesmo tipo de letra e formatação habitual do jornal.

Procedimento *"normal"*, considerava o director do *Correio da Manhã*, em declarações ao *Público*[64]: "Lembrou que, ontem mesmo, o jornal publicou uma notícia sobre a mudança de cor do diário francês 'Libération' - que anteontem se 'vestiu' de lilás para dar corpo a uma campanha publicitária - e recordou outros casos, cada vez mais frequentes na imprensa portuguesa.

Sendo esta a 'terceira ou quarta vez' que o CM vende o espaço da manchete, Agostinho de Azevedo diz mesmo que se trata já de 'um procedimento de rotina' e que prefere um anúncio na primeira página a 'uma manchete falsa".

Para o Presidente do Conselho Deontológico do Sindicato de Jornalistas, trata-se de uma "fraude legal". "É legal porque cumpre a exigência da lei de escrever, embora em letras pequeninas, que se trata de publicidade. Mas é fraude porque usa o tipo de letra do jornal e a localização da manchete e induz o leitor na convicção de que se trata de uma notícia" — afirmava Oscar Mascarenhas na mesma edição do *Público*.

Condenação também por parte da AACS,[65] para quem esta prática põe em causa "a salvaguarda da dignidade informativa do espaço nobre dos órgãos de comunicação social e a defesa do princípio da boa fé que deve presidir ao relacionamento dos 'media' com os cidadãos". Em consequência, recomendou

---

[63] "Um *peeling* para Portugal". *SOS Saúde*, Carlos Cruz, Junho 2001.

[64] "Correio da Manhã' fez manchete com anúncio". *Público*, Elisabete Vilar, 23.03.2001.

[65] "Deliberação sobre a legalidade de mensagens publicitárias no 'Correio da Manhã' de 22 de Março de 2001", aprovada em reunião plenária de 5.04.2001.

ao *Correio da Manhã* "a clara identificação das mensagens publicitárias face às notícias, designadamente impedindo a confusão e a promiscuidade entre promoção comercial e informação, evitando a manipulação dos leitores e garantindo uma relação de transparência entre a comunicação social e os seus destinatários".

O provedor dos leitores do *Público* epitetou o caso de *"espantoso"* — "um exemplo espantoso de como também é possível 'vender' notícias - ou algo que grosseiramente se faz passar por elas - na zona mais nobre da informação jornalística". Joaquim Fidalgo[66] considerava este caso como um exemplo "particularmente chocante" de uma prática "que não é exclusiva daquele diário, mas que volta e meia nos surpreende na imprensa e para a qual será útil chamar a atenção. O próprio PÚBLICO também tem culpas no cartório: os leitores lembrar-se-ão de algumas decisões polémicas neste domínio, como a de imprimir todo o jornal num papel amarelo só porque dado anunciante 'comprou' essa ideia, ou a de 'vender' a capa do magazine dominical a uma empresa".

A 20 de Maio de 2001 Fidalgo[67] voltaria à carga, censurando o próprio *Público*: "Já se criticou aqui a opção chocante do 'Correio da Manhã' ao alienar a sua manchete a troco de um anúncio. Disse-se, então, que o próprio PÚBLICO teria, em idêntica matéria, também uns pecadilhos. Ora, nesta última semana (edição de 16/5), retomou-se uma prática que se julgara abandonada: o envolvimento do jornal numa sobrecapa publicitária que nem sequer permite ler o logotipo do jornal... Aqui, a questão nem é de fazer ou não fazer, é do modo como se faz. 'Embrulhar' o jornal numa capa transparente que permita ver, no essencial, o conteúdo da primeira página, relegando para a contracapa alguma mensagem publicitária, ainda se aceitaria (mesmo que muito leitor

---

[66] "Notícias' à venda". *Público*, Joaquim Fidalgo, 25.03.2001.

[67] "As imagens e as legendas". *Público*, 20.05.2001. 20 de Maio de 2001. Em 1999, a capa do semanário francês *L'Evénement*, adquirido no ano anterior pelo grupo Lagardère, serviu de mostruário a um CD Rom concebido por Club Internet, uma filial do mesmo grupo. O *Libération* também já vendeu a sua primeira página à Air Liberté.

Como é sabido, a prática denunciada por Joaquim Fidalgo em 2001 foi-se consolidando na imprensa escrita, nos últimos anos, não sendo hoje em dia alvo de contestação.

A ERC já foi chamada a pronunciar-se sobre esta prática. A 13.09.2007 deu provimento a queixa de particular relativa à utilização de uma "capa falsa", de publicidade, pelo jornal "Destak", considerando ter sido violado o prescrito no n.º 2 do artigo 28.º da Lei de Imprensa (Deliberação 2/PUB-I/2007).

A 13.02.2008 (Deliberação 4/PUB-I/2008), a entidade reguladora foi de novo chamada a pronunciar-se sobre este assunto, desta feita em relação a "capa falsa", de publicidade, na revista "Auto Hoje". A queixa, apresentada por um particular, não obteve vencimento. Tudo a ver com a menção "PUB", "Publicidade" ou "Promoção Publicitária", a inserir obrigatoriamente e com destaque que permita fácil identificação por um leitor "comum". De acordo com a ERC, assim aconteceu no segundo caso, não se tendo verificado o mesmo no primeiro. Deliberações disponíveis em www.erc.pt

não goste); agora envolvê-lo numa papel de cores tão fortes que praticamente o torna opaco, e dar a ver nas bancas apenas um 'slogan' publicitário que nem de longe deixa adivinhar que por baixo está o PÚBLICO, isso é que se aceita mal. É um daqueles casos em que a mensagem publicitária interfere com o conteúdo editorial. Como? Escondendo-o...".

Há práticas mais subtis, como a constatada nas edições de 10 de Abril de 2001 do *Diário de Notícias* e do *Jornal de Notícias*. A primeira página de ambos os jornais surgiu, neste dia, com uma cercadura amarela, para assinalar o lançamento da edição portuguesa da *National Geographic*, revista do mesmo grupo daqueles dois diários. Em nenhum dos casos constava a menção "*pub*". Numa das chamadas de primeira página, o *DN* informa que a "*edição portuguesa da National Geographic já está nas bancas*", remetendo os leitores para a secção "media". O *JN* publicita o mesmo acontecimento no topo da primeira página, dentro da referida faixa amarela.[68]

Polémica também em torno da coluna *O Meu Diário*, subscrita por Maria Elisa no *DN*. A 13.10.2001, a provedora do leitor deste diário[69] tomava posição na sequência de reclamações de alguns leitores, que contestavam o facto da jornalista divulgar o nome das empresas que a convidavam, incluindo também, na referida crónica, os preços das viagens. A posição de Estrela Serrano: "O facto de se tratar de um 'Diário de um jornalista', como refere o director do DN, coloca a questão de saber se a sua autora é, ou não, abrangida pelo código deontológico da profissão, isto é, saber se, escrevendo num registo

---

[68] No *JN* era bastante comum a colocação de notícias referentes à estreia de filmes da distribuidora Lusomundo ao lado de anúncios publicitando os mesmos filmes.

Ainda a propósito da mistura entre notícias e publicidade, atente-se nesta saborosa notícia, dos primórdios do *Diário de Notícias*, respigo efectuado pelo jornal a 07.07.1998 ("Diário que não era só de notícias"), não mencionando, infelizmente, a data precisa da publicação: "O DN surpreendeu desde o seu lançamento. Primeiro grande diário dirigido às massas pôs nas ruas a novidade dos ardinas. E também foi pioneiro ao publicar pela primeira vez publicidade. Como a que aqui reproduzimos.

"Se ha medicamento que mereça ser amplamente conhecido, que mereça todos os louvores e estimulos, é, sem duvida, o remedio de Guliano. Medicamento verdadeiramente extraordinario, ha 28 annos que ahi se apresenta a attestar na imprensa a maneira heroica como triumpha das escrophulas, terrivel e perniciosa molestia que, depois de ter martyrisado o individuo, vae perseguir a familia, para ali exercer a sua acção mais terrivelmente ainda. Já não albergam no peito desilludido esperança alguma de cura. Espalhar, portanto, a noticia d'este medicamento, indicar a esses infelizes que a sua cura existe, é mais que um acto de justiça, é um dever de humanidade. Desempenhamo-nos agradavelmente d'este dever, pois sabemos quanto o medicamento em questão é efficaz e os justos elogios que a imprensa do Porto, onde elle teve a honra de ser ensaiado e approvado por uma commissão medica, lhe vem ha muito tecendo, com uma prodigalidade que só se dispensa ao verdadeiro merito. Na capital, temos a registar, na secção competente da nossa folha d'hoje, uma cura importante".

[69] "Uma questão de fronteiras". *Diário de Notícias*, Estrela Serrano, 13.10.2001.

não jornalístico, um jornalista pode colocar entre parênteses os princípios a que a sua condição profissional o obriga. Os códigos deontológicos são omissos relativamente a isso. Mas o facto de recomendarem aos jornalistas que evitem o conflito de interesses - ou a simples aparência disso - e que recusem 'benefícios susceptíveis de comprometer o seu estatuto de independência', constitui uma indicação de que a deontologia é para valer em todas as situações. É certo que os jornais contêm já algumas rubricas ambíguas - como moda, turismo, entre outras - e que, apesar do esforço de muitos jornalistas, que tratam esses temas, para manterem uma visão crítica, ficam sempre algumas dúvidas sobre a independência com que são tratados. É igualmente verdade, como refere o director do DN, que 'proliferam hoje (...) as publicações especializadas sobre (turismo), com informação de grande utilidade para largos milhares de pessoas'. Mas não é disso que se trata no texto em análise. A dúvida resulta, precisamente, de ele não ser uma peça jornalística - dado o registo quase autobiográfico e memorialista em que se apresenta. Tão pouco se pode falar de espaço promocional ou publicitário - apesar de incluir informação sobre um (único) serviço comercial, precisamente aquele que proporcionou a matéria sobre que incide o referido texto. A provedora está de acordo com a afirmação do director do DN quando diz que 'numa coluna com as características de 'diário de um jornalista cabem perfeitamente as referências às viagens que a jornalista faz'. Contudo, entre a referência a viagens e locais e a indicação dos nomes e dos preços das empresas comerciais, a convite de quem se viaja, passa a linha de fronteira da informação promocional".

Em Dezembro do mesmo ano, Estrela Serrano[70] voltava a abordar o tema, agora a propósito de notícias dando sugestões para compras natalícias: "O aparecimento, no caderno principal, na rubrica *Boa Vida*, de textos como 'Neste Natal deixe-se levar pelos seus sentidos (...) e 'mime' os seus amigos oferecendo 'Baileys', 'Cardhu é um *wisky* de malte de extrema suavidade,

---

[70] "Entre o jornalismo e a publicidade". *DN*, Estrela Serrano, 29.12.2001. O esbatimento de fronteiras entre o jornalismo e a publicidade tem sido abordado também por outros provedores. Ver, por exemplo, "Em nome do Público". *Público*, Rui Araújo, 05.03.2006; "Conflitos de interesse". *Diário de Notícias*, José Carlos Abrantes, 10.04.2006; "Zona de risco", *Diário de Notícias*, José Carlos Abrantes, 24.04.2006. Preocupação idêntica manifestada pela ERC que, na sua deliberação 1/PUB-I/2008, de 31.01.2008, alertava para a verificação, por parte da entidade reguladora, da "ocorrência, em publicações periódicas, de práticas publicitárias susceptíveis de configurarem lesão de normativos legais e deontológicos que regem a actividade jornalística".
Para além de assinalar o "significativo volume de publicidade redigida", a ERC manifestava a sua "preocupação" pelo "advento de práticas publicitárias particularmente invasivas dos espaços jornalísticos, acarretando a descontinuidade e desmembramento de textos noticiosos, por interposição de mensagens publicitárias no seu interior".

tornando-se uma das escolhas ideais para oferecer aos seus amigos neste Natal' (27/11/01), presta-se a algumas confusões. São textos assinados por jornalistas, ou não assinados, nem identificados como publicidade, mas cuja redacção os aproxima do registo publicitário" – constatava a provedora, acrescentando: "Não está em causa a utilidade das informações que veiculam, nem a qualidade 'literária' de muitos deles. O que se questiona é o hibridismo que os caracteriza, que os assemelha mais a 'publicidade redigida' - ou 'publireportagem' - do que a textos jornalísticos". O director do *DN* admitia que os exemplos citados ultrapassavam "o desejável carácter exclusivamente noticioso".

Para Hermenegildo Borges, professor de Direito e Deontologia dos Media na FCSH da Univ. Nova de Lisboa, especialista a quem a provedora solicitou testemunho, "em tais situações a 'publireportagem', enquanto género que não se assume como mensagem publicitária explícita e que faz uso do modo 'redaccional' jornalístico, presta-se magnificamente a cumprir os desígnios dos anunciantes muito mais eficazmente do que o faria a estrita 'publicidade'. Uma das tarefas que cumpre com mais eficácia tem a ver com a descrição técnica dos produtos publicitados (...) que faz de uma maneira mais credível, em linguagem científica, rigorosa, e tanto mais eficaz quanto se não identifica como publicidade (...)". Para o citado docente, nas denominadas "publireportagens" procura-se "cooptar o prestígio do discurso jornalístico referencial como suporte para veicular comandos publicitários". Segundo Borges, a sua "inserção (...) numa sequência de rubricas onde aparece um jornalismo menos exigente (...) a coberto do sugestivo título *Boa Vida*, oferece-se já de algum modo (embora apenas implícito) identificada na sua índole hedonista associada ao consumo". Não obstante, em seu entender, a rubrica "pouco perderia em eficácia persuasiva e muito ganharia em credibilidade deontológica, com a clara indicação da sua natureza de "publireportagem" ou "publicidade redigida".

Por seu turno, Carlos Chaparro, professor de jornalismo na Universidade de Santa Catarina, São Paulo, Brasil, também ouvido por Estrela Serrano, considerava que "as referências a produtos, marcas e preços em espaços não publicitários (...) estão relacionadas com o crescimento do que podemos chamar de 'jornalismo utilitário' ou 'jornalismo de serviço', no qual se manifestam os discursos, as acções e os interesses do mercado, mas sob critérios determinados pelo 'serviço ao leitor". Em suma, "uma subespécie de reportagem (...) para servir a conteúdos unicamente determinados pelas razões dos negócios. São textos escritos em jeito de reportagem, com simulações narrativas temperadas de propaganda, sempre vinculados à oferta e busca de produtos e serviços, ou ao consumo e aos gostos de quem consome. (...) Aí se cria um tipo híbrido de informação em que, sob os encantos da forma jornalística, reinam intencionalidades e acções de propaganda". Nesses textos, prosseguia Chaparro, "a fronteira entre jornalismo, publicidade e propaganda torna-se perigosamente ténue, diria até que desaparece (...). As coisas pioram muito quando esse jornalismo (...) sem nervura crítica invade os espaços nobres da informação diária, sob a protecção de nomes notáveis na assinatura do texto. É uma imprudência, que põe em situação de risco a confiabilidade do discurso jornalístico, que deveria ser tratada como bem social".

5. 3. *O papel que embrulha o brinde*

A verdade é que os textos jornalísticos da imprensa surgem hoje, e em muitos casos, plasmados no mesmo suporte que oferece desde produtos de inegável interesse cultural (livros, discos, mini-enciclopédias), até talheres, peças de porcelana, cromos e pulseiras da sorte. A coluna do Provedor dos Leitores[71] do *Jornal de Notícias* de 15.10.2000 retrata bem os cantos da loja em que se vão transformando algumas publicações. Merece publicação na íntegra, pese a variedade de produtos expostos: "Porta do diálogo entre os leitores e o JN em sentido amplo, é natural que no Provedor acabem por desaguar perguntas e desabafos que extravasam a sua competência estrita que, como se sabe, se circunscreve à área editorial. Entre essas questões avultam as que têm a ver com os produtos promocionais, em que se incluem o serviço de porcelana, as medalhas (dos navegadores e dos soberanos portugueses), as pulseiras e o tabuleiro de xadrez com as peças respectivas. Sobre elas e genericamente, a Direcção de Marketing, endereçou ao Provedor elementos que permitem esclarecer:

Peças de servir do Serviço de Porcelana JN Prestígio: estas peças serão entregues no próximo dia 23 de Outubro. O atraso deveu-se ao facto de as novas peças que chegaram no início deste ano 2000 apresentarem ainda mais defeitos do que as que foram distribuídas durante a promoção.

O fornecedor que vendeu ao JN este Serviço mudou finalmente de fabricante. Esperamos que, finalmente, seja reposta a qualidade que é devida aos nossos leitores.

Pulseiras da Sorte: esta promoção excedeu largamente as expectativas, pelo que obrigou o JN a um esforço no sentido de atribuir a todos os leitores as pulseiras. Para isso, encomendou mais 30.000 unidades do que as que estavam previstas. O processo de elaboração deste produto é, porém, bastante moroso, pois todas as pulseiras são de fabrico manual.

---

[71] "Do serviço de porcelana, às medalhas, passando pelas pulseiras e pelo xadrez". *Jornal de Notícias*, Fernando Martins, 15.10.2000.

Jogo de Xadrez: todas as peças que apresentem defeitos serão trocadas. Para tal, o leitor deverá dirigir-se à sede do JN ou telefonar para a Loja JN.

Descobrimentos em Prata: esta colecção, constituída por 20 medalhas em prata, retrata os principais navegadores portugueses. Dois navegadores foram substituídos, uma vez que, depois de efectuada a pesquisa histórica, se verificou que não existia qualquer registo a nível de imagem. Desta forma, a ordem foi alterada por um professor catedrático da Faculdade de Letras do Porto, que substituiu os anteriores por outros dois navegadores, também eles portugueses, e dos quais existia o respectivo registo.

Medalhas Reais: nos feriados de 25 de Abril e do 1.º de Maio, as medalhas não foram distribuídas, pois muitos agentes encontravam-se fechados. No entanto, os agentes-vendedores foram devidamente avisados deste facto.

As moedas D. Sancho I, D. Afonso II, D. António e D. Filipe II, ainda não se distribuíram, pois as imagens destas moedas foram extremamente difíceis de encontrar. Assim, estabelecemos uma ordem de distribuição diferente da ordem cronológica dos reinados. No entanto todas as caixas que acompanham a 1.ª Moeda, de D. Afonso Henriques, contêm a ordem cronológica, que no final deverá constar na colecção".

A parafernália de ofertas já tinha sido motivo de preocupação no jornal nortenho. Aquando de uma reestruturação efectuada em Janeiro de 2000, Cândida Morais,[72] presidente do Conselho de Administração, terá manifestado internamente a sua preocupação pelo facto das vendas do jornal oscilarem demasiado em função da oferta de produtos não jornalísticos. As vendas disparavam quando se lançavam campanhas de ofertas de copos, talheres e produtos afins, e baixavam bastante na ausência de tais campanhas. Oscilação mais sentida na edição de Lisboa do *JN*. Daí a necessidade, defendida pela administração, do jornal se impor pelo conteúdo e não pelas ofertas. Pela amostra supra, de final de 2000, os brindes continuaram a acompanhar o jornal em bom ritmo.

Olhando para a imprensa italiana, Ferrigolo (1996) considerava a política dos brindes o principal expediente para conseguir aumentar as vendas. Em 1994, *L'Unita*, jornal do ex-Partido Comunista italiano, conseguiu passar dos 80.000 exemplares de difusão média à semana para mais de 400.000 exemplares ao sábado, dia em que a publicação se fazia acompanhar de uma videocassete. "8 de Março último [1996] *La Repubblica* propunha um curso de ginástica dado por Cindy Crawford. Sucesso assegurado: o jornal esgotou bastante cedo, a concorrência foi esmagada. Por um dia, *La Repubblica* conseguiu ficar à frente das vendas do Corriere, o diário mais lido em Itália".

---

[72] "Aposta na qualidade da redacção - Nova direcção e chefias no JN". *Público*, J.A.L., 22.01.2000.

Na Turquia, país de reduzidos hábitos de leitura de jornais (3 milhões de exemplares diários para uma população de 60 milhões de habitantes), as vendas aumentaram significativamente graças à política do cupão, habilitando os leitores a sorteios de frigoríficos, aparelhos de vídeo, televisores, máquinas de lavar e computadores.

Dino Boffo, director do diário católico italiano *Avvenire*, criticou asperamente o método do brinde: "Para nós, que somos do ramo, é o jornal que conta, o brinde não é mais do que um estimulante. Mas será isso que o público sente? Quem nos compra adquire o diário e o brinde por arrasto, ou compra antes o brinde vindo o jornal por arrasto?" – interrogava-se Boffo, para quem tal política desincentiva o jornalismo de qualidade.

5. 4. Os *garotos-propaganda*

Longe de se tratarem de casos isolados, os exemplos elencados relevam de uma tendência cada vez mais notada de confusão dos géneros. O jornalismo mostra-se permeável à publicidade, esta incorpora técnicas e roupagens jornalísticas, com alguns anúncios emulando mesmo notícias dos telejornais. A ficção recupera casos de grande impacto baseados em trabalhos de investigação jornalística, autores das reportagens convidados a escreverem os guiões (caso de Felícia Cabrita, por exemplo); isto enquanto o *infotainment* vai penetrando, primeiro subliminarmente, mais tarde de forma ostensiva, na produção jornalística. As fronteiras esboroam-se cada vez mais, com cumplicidades de todos os intervenientes – responsáveis dos *media*, profissionais da área do divertimento, jornalistas e políticos.

Os *media* dependem bastante da publicidade, mas os publicitários sentem que os elevados investimentos feitos pelos seus clientes não têm , por vezes, o retorno desejado. O telecomando libertou os telespectadores de muita da publicidade indesejada, e os leitores da imprensa também fazem *zapping* à saturação publicitária. Foi preciso encontrar alternativas, tratando de camuflar os anúncios com roupagens jornalísticas ou para-jornalísticas; descobrir expedientes impeditivos da aversão à publicidade por parte dos consumidores mais recalcitrantes, engendrar truques que contornem as limitações legais à difusão publicitária.

O *sponsoring* invade então as provas desportivas, instila-se em tudo o que mexa (pilotos, futebolistas, ciclistas, carros, bicicletas, etc.), e em tudo o que esteja parado (placards nos estádios, metas). Olhando aos items mensurados por empresas de monitorização, encontramos, numa prova ciclística, os seguintes *veículo*s publicitários: camisola amarela, *podium*, animadores, *hotess*, carro, carrinha publicitária, cheque, meta, faixa, flores, bandeiras, conferência de imprensa, tenda, bonés, público. Na edição de

1998 da *Volta a Portugal em Bicicleta*, uma seguradora com mensagens publicitárias em todos os items acima assinalados viu o seu investimento repercutir-se em 1217 inserções na televisão (*RTP1*, *RTP2*, *SIC* e *TVI*), com uma exposição total de 2h 5' e 57", a que correspondeu um benefício de 451.271€ (90.254.343$).

Num único jogo de futebol da I Liga, realizado no estádio da Luz em 2000, os 19 placards publicitários ali colocados originaram, na transmissão televisiva do encontro, e na cobertura noticiosa (*RTP1*, *SIC*, *TVI* e *Sport TV*) 3.833 inserções, valendo 1.294.433,70€ (259.510.675$).

Num só mês (Janeiro de 1999), as cinco Tv's portuguesas (*RTP1*, *RTP2*, *SIC*, *TVI* e *Sport TV*), registaram 12.797 inserções de *sponsor* desportivo do sector bancário. Os 16 bancos (ou marcas) patrocinadores conseguiram, no total, uma exposição televisiva de 12h 56' 41", valendo 1.203.830,89€ (241.346.425$) pelas tabelas de publicidade da época.

Um piloto de automóveis português que, em 1999, participou em 11 provas nacionais, conseguiu, em *news*, uma exposição televisiva de 2h 12' 01", divididas por 711 inserções em 18 programas (directos, informativos desportivos e telejornais) da *RTP1*, *RTP2*, *SIC*, *TVI* e *Sport TV*. Convertida em moeda, esta exposição televisiva valeu 177.773,24€ (35.640.335$).

Por alguma razão, um conhecido piloto de automóveis português desabafava, nos finais do século passado: "*Sinto-me mais um outdoor que um piloto!*".

Em Agosto de 1999 o jornal *El Mundo*[73] fazia as contas aos ganhos de *El Niño*, a jovem estrela espanhola do golfe mundial. Um contrato para vestir *Adidas* durante três anos rendeu-lhe 400 milhões de pesetas; mais 500 milhões de pesetas pela utilização de tacos e bolas *Cobra*, bolas *Titleist* e luvas *FJ*. E poderia vir ainda a receber mais 200 milhões de pesetas por abrir uma conta jovem, mais 50 milhões se aceitasse usar um relógio patrocinado. Nesse ano, o campeoníssimo Tiger Woods celebrara um contrato de 40 milhões de dólares com a *Nike*, por sete anos. No ténis os números são também astronómicos. Segundo o *L'Équipe Magazine*,[74] a *Nike* passou de uma facturação de 37,5 milhões de euros (7 milhões e meio de contos), nos anos 80, para 225 milhões de euros (45 milhões de contos) em 1991, graças aos *expositores* Ilie Nastase e André Agassi. "

Fora do campeonato das super-estrelas, há toda uma plêiade de desportistas obrigados a lutar denodadamente por patrocínios. A exposição

---

[73] "Nuevo astro del Golf - 'El Niño' de los 1.300 millones". *El Mundo*, Carlos Urias, 22.08.1999, p. 5.

[74] "Marketing', componente cada vez mais importante no circuito do ténis mundial - A imagem vale ouro". *Público*, Antoine Bingo, Patricia Jolly e Conny Schaller, exclusivo *Público/L'Equipe Magazine*, 26.06.1995.

nos *media*, seja através dos directos, dos resumos, dos programas especializados ou dos telejornais generalistas passou a constituir-se como um índice importante do valor que os patrocinadores atribuem a tais desportistas, a nível individual, ou às equipas onde se integram. Desportistas que vivem hoje na obsessão de duas vitórias: na pista, no estádio, no ringue, no autódromo, mas também no tempo de exposição conseguido nos *media*, exposição valorizada quando se conseguem inserções em espaços de grande audiência. Os *sponsorizados* conhecem o seu *valor expositivo* através de estudos encomendados a empresas da especialidade; os patrocinadores fazem o mesmo, porque lhes interessa conhecer o retorno publicitário do investimento efectuado num boné, numa camisola ou outro qualquer adereço transportado pelos *garotos-propaganda*.

5. 5. O *advertainment*

> **Job 38:1-6 and 42:1-6**
> *"Then Intel answered Job out of the whirlwind, and said, Where wast thou when I cast the wafer of the Pentium chip? Declare, if thou hast understanding. Who hath made the floating-point processor thereof, if thou knowest?... Then Job answered Intel, and said, Who is he that asks corrections for insignificant bugs? Therefore have I uttered what I understood not"*
>
> The Product Placement Bible[75]

A regra é, hoje, publicitar sem que o receptor se dê conta de que está a ser alvo de uma campanha de persuasão, daí as técnicas de fusão, o *undercover marketing*, com variantes que denunciam bem do que se trata: *viral marketing, nigth-life marketing, product placement, dark site*, entre outros.

O *product placement* começou timidamente, há dezenas de anos, mas só no final do século passado ganhou carta de alforria. Cansados de saber que há telespectadores que aproveitam os intervalos publicitários para za(r)parem para outro canal, os publicitários trataram de incluir a publicidade na própria ficção. Ao princípio era um recurso para poupar algum dinheiro a produções esganadas, mas cedo passaram a ser os produtores a impor as regras e as verbas da exibição de marcas no cinema e nas séries televisivas. Em muitos casos, a rodagem inicia-se com os custos de produção já cobertos pelo *product placement*, tudo que vier a seguir é lucro, também para os anunciantes.

O *ET* de Spielberg (1982) gostava de comer *Reese's Pieces*, conseguiu aumentar as vendas da marca em 65%. Em *A Firma* (1993), Tom Cruise e Gene

---

[75] "The Product Placement Bible", Raphael Carter, 1997, http://www.chaparral-tree.com/oneshots/product.html.

Hackmam experimentaram *Red Stripe*, a cerveja jamaicana viu as suas vendas aumentarem em 50%, num só mês, nos EUA. Michael J. Fox apareceu com *Plantronics* em *Spin City* (1996-2000), Julie Roberts bebeu vinho *Montana* em *Nothing Hill* (1999), na companhia de Hugh Grant, e *Coffee Beanery* em *Erin Brockovich* (2000). Tim Robbins usava um relógio *Omega*, ele e Gary Sinise saboreavam *M&M* e bebiam *Dr. Pepper* em *Missão a Marte* (2000). *Relatório Minoritário* (2002) imbutiu *American Express*, *Gap*, Lexus, *Nokia*, *Pepsi*, *Reebok*, para além de logos da *Burger King*, *Century 21*, *Guiness*, *Fox*, *Aquafina*, *Revo*, *Usa Today*. Tudo junto, uma contribuição de 25 milhões de dólares para um filme que custou 102 milhões.[76] E há ainda os óculos de sol *Ray-Ban* em *Risky Business* (1983), *Men in Black* (1997) e *Matrix* (1999), ainda *Dharma & Greg*, *Roswell*, *Allie Mc Beal*, *Big Brother*, *Jornalistas*, *Olhos de Água*, *Anjo Selvagem...*[77]

Segundo o *Expresso*,[78] a SIC Filmes conseguiu uma *"notável performance"* ao atingir o *break even* logo no final do primeiro ano de actividade. O *product placement* contribuiu para o feito, representando cerca de 15% do custos de produção dos telefilmes. "No 'Lampião da Estrela', não foi por acaso – muito antes pelo contrário – que parte das cenas em que participaram Herman José e Catarina Furtado foram rodadas junto a 'mupis' com publicidade ao Banif" – pontua Jorge Fiel.

Nas telenovelas, a *Globo* domina com mestria os meandros *do product placement*. Já em 1969 o Beto de *Beto Rockfeller* tomava *Alka Seltzer* da *Bayer*, para se curar das ressacas. Dez anos mais tarde, Sónia Braga ajudou a vender muitas *jeans Staroup*, através de *Dancing Days*.[79] No ano seguinte,

---

[76] Segundo o *Daily Variety*, citado por E! Online, "Minority' reports product placement", Josh Grossberg, 21.06.2002.

[77] A jornalista Clara Ferreira Alves descrevia desta forma o filme Ronin (1998): "A intriga é um fio cheio de pontas que não precisam de desfecho e, com a ajuda dos actores disfarçados de actores, passa-se boa parte da fita em perseguições de automóveis que se interrompem instantaneamente para dar, em grande plano, a marca dos carros. Ronin tem o patrocínio da BMW, da Audi, da Mercedes, da Peugeot e da Citroën, as marcas envolvidas nas perseguições e nas piruetas e destruições, cujos símbolos se vêem claramente como num anúncio. A Renault deve ter metido algum, porque um dos carros laterais é sempre, qualquer que seja o lugar ou a circunstância, um Twingo, e um dos camiões destruídos é da mesma marca, com direito a um 'close-up'. Curiosamente, o realizador presta-se a esta fantochada publicitária, ajudando a encapotá-la, e no genérico do filme nem uma menção das marcas, o que leva a pensar que a manobra se destina a condicionar o espectador passando despercebida. O cinema, que está destinado, como a guerra, a transformar-se num videogame computorizado e patrocinado, tenta resistir à pressão disfarçando-se de entretenimento simples, mas não resistirá muitos mais anos". ("A guerra e o patrocínio". *Expresso*, *Revista*, Clara Ferreira Alves, 24.12.1998, p. 80).

[78] "SIC Filmes rentável ao fim do 1.º ano - O 'product placement' garantiu o 'break even' em 12 meses". *Expresso*, Jorge Fiel, 8.12.2000.

[79] Para mais detalhes, ver "Merchandising em Telenovela: a estrutura de um discurso

coube a vez a Betty Faria, promovendo *USTop* em *Água Viva*. Mais tarde, *Clone* conseguiu implantar no país o estilo de vestir *Jade*.

E depois há a literatura. *Froot Loops*, *M&M's*, *Reese's Pieces*, *Skittles*, *Hershey's*, alimentam há vários anos algumas obras infantis. Mas o *product placement* já chegou à literatura dos adultos. Em 2001, Fay Weldon que, nos anos 60, fora *copy writer* da agência publicitária *Ogilvy & Mother*, publicou *The Bulgari Connection*, encomenda da famosa empresa joalheira italiana *Bulgari*. Escritores revoltados com a entrada do *product placement* na literatura assinaram um manifesto,[80] dirigido a editores e livreiros, denunciando o facto de se estar perante um produto publicitário, e não de uma obra literária. Fay Weldon, por seu turno, não teve pejo em considerar o livro como *"um bom espécime de prosa publicitária"*.

E depois há a música. *My Adidas* rendeu aos Run-D.M.C., em 1986, um milhão e meio de dólares.[81] E há os jogos de vídeo. Fox Mulder, que usa *Nokia* na série televisiva, mantém a preferência pelo *X-Files*.[82] Os cronómetros *Tag Heuer* aparecem em *Monaco Racing*, os rivais *Omega* em *Need For Speed II*; *Esso* e *Michelin* repartem atenções em em *Sega Rallye*. Em Setembro de 2002 ficou a saber-se que no jogo seguinte da popular série *The Sims*, os membros da família utilizariam processadores da *Intel*, ganhando mais tempo de vida ao comerem *McDonald's*, podendo ainda lançar-se na vida empresarial, abrindo um posto de venda dos ditos hamburguers.

Em Dezembro de 2000 ficou a saber-se que, nos dois anos anteriores, a

---

para o consumo". Eneus Trindade, Comunicação ao XXI Congresso Brasileiro de Ciências da Comunicação, INTERCOM, Sociedade Brasileira de Estudos Interdisciplinares da Comunicação, Recife, 1998, http://www.intercom.org.br/papers/xxi-ci/gr21/GT2102.pdf.

[80] "Authors Ask Editors to Treat Fay Weldon's New Work as an Ad, Not a Book", 1.10.2001, Commercial Alert, http://www.commercialalert.org.

[81] Para mais detalhes, ver "Hip-Hop Goes Commercial", *The Village Voice*, Erik Parker, 17.09.2002, http://www.villagevoice.com. Em Junho de 2000, a RTP recusou transmitir o novo teledisco dos GNR, intitulado Popless, no programa de música *Made in Portugal*, em consequência de alegado *product placement*, mesmo estando a canção em primeiro lugar na tabela. O vídeo mostrava a banda dentro de um frigorífico onde se misturavam latas de Coca-Cola, Heinz e Campbell e garrafas de Moët et Chandon.

Uma primeira versão do vídeo continha também imagens de maços de cigarros (Marlboro e SG), mas a RTP, através da RTC, pediu para que essas imagens fossem apagadas por constituírem "publicidade ilícita".

"A segunda versão do vídeo também foi chumbada, apesar de a EMI, a pedido da RTP, se ter comprometido a liquidar qualquer coima que eventualmente fosse aplicada à estação estatal", afirmava à Lusa uma fonte da editora.

"Todas as marcas envolvidas no vídeo autorizaram a sua utilização e a Moët et Chandon até nos ofereceu uma garrafa", revela a mesma fonte, explicando que o vídeo era uma forma de Pop Art. ("Censura na Televisão: RTP recusa passar teledisco dos GNR". *Euronotícias*, Daniela Santos, 21.06.2000).

[82] Para mais detalhes, ver "Jeux vidéo - La pub est dans la course". *Webdo*, Jocelyn Rochat 12.11.1998, http://www.webdo.ch/webdo.html.

Casa Branca pagara 25 milhões de dólares para que as cadeias de televisão incluíssem mensagens anti-droga nos guiões de séries exibidas em horário nobre. Negócio feito em segredo, do total desconhecimentos dos telespectadores. As mensagens passaram nas séries *Beverly Hills 90210*, *Chicago Hope* e *Causa Justa*. Representantes das diversas estações televisivas (ABC, CBS, NBC, Fox e WB) revelaram que a Casa Branca recebera mais de cem programas para rever os respectivos argumentos e determinar se a mensagem anti-droga de cada episódio era suficientemente forte para merecer o pagamento.

A relação entre o gabinete anti-droga da Casa Branca e as estações de televisão iniciara-se em 1997, altura em que o Congresso aprovou um programa de publicidade anti-droga para cinco anos, com a condição das televisões venderem o espaço publicitário ao governo a metade do preço.

A princípio, as estações televisivas aceitaram a proposta mas, com o *boom* económico e a consequente valorização do tempo para a publicidade, as Tv's começaram a reduzir o tempo dos anúncios de serviço público, uma vez que outras empresas estavam dispostas a pagar mais. A Casa Branca concordou então que a televisão exibisse programas com mensagens anti--droga em substituição dos anúncios.

As estações foram acusadas de violar a lei da regulação dos patrocínios, segundo a qual ouvintes e telespectadores *"têm o direito de saber por quem estão a ser persuadidos"*. Conhecido o *negócio*, a Federal Communications Commission intimou a ABC, CBS, NBC, Fox e WB a identificarem a Casa Branca como patrocinadora das séries em causa.[83]

Cada vez há mais casos em que a publicidade se vai instilando na trama, condicionando-a, desvalorizando-a mesmo. No filme *Evolution*, de Ivan Reidman, os cientistas Ira Kane (David Duchovny), Allison Reed (Julianne Moore) e Harry Block (Orlando Jones), deparam-se com a evolução contínua e veloz de uma estranha espécie que veio parar à Terra trazida por um meteorito. Vêm a descobrir que a espécie é imune a tudo menos ao selénio, uma substância que existe em grandes quantidades no shampoo *Head & Shoulders*. É então que a equipa lança uma mega-operação de extermínio, com camiões-cisterna disparando o precioso produto contra os invasores, conseguindo-se finalmente o seu total extermínio. O filme tem a chancela da prestigiada *Dreamworks*, mas a trama traz a chancela da *Procter & Gamble*, a empresa que comercializa o *shampoo*. "No final do filme, e para o caso de algum espectador mais distraído não ter captado a mensagem da Procter & Gamble, os actores principais surgem a reforçar a ideia, todos com um frasco

---

[83] "Mensagens antidroga em Causa Justa, Beverly Hills e Chicago Hope - Televisões terão de mostrar patrocínio da Casa Branca". *Público*, 29.12.2000, n/a.

de shampoo na mão, lembrando que 'Head & Shoulders é eficaz contra a caspa e contra extra-terrestres. Podemos, então, ficar mais descansados" – ironiza a Marketing & Publicidade.[84]

O futuro reserva-nos mais surpresas, a atentar nos alvitres de Mário São Vicente, sugestões expressas em editorial da mesma revista: "A televisão digital, os sistemas de gravação digital, os guias de programas e a interactividade vão desviar a atenção dos espectadores dos blocos publicitários. E então é preciso reinventar as formas de visibilidade da marca. Mas será que a única coisa que se pode fazer é colocar uma garrafa de detergente no lavatório da protagonista? Publicitários de todo o mundo defendem que não, tal como Keith Reinhardt, CEO da DDB Worldwide, ao abordar numa das conferências de Cannes a possibilidade de serem as próprias marcas a criarem conteúdos de entretenimento. Como exemplo, Reinhardt levantou a possibilidade dos protagonistas do 'Whazzuupp', o vencedor do Grand Prix de Cannes em 2000, participarem numa série televisiva. Mas podia ter dito mais. E se as marcas lançassem, através de um nível de pressão publicitária elevado, personagens novas no universo mediático, negociando à partida com o canal que levava a fatia de leão do investimento, o desenvolvimento em parceria de uma série, concurso ou telefilme? E se fizessem o contrário? Se negociassem previamente a possibilidade de utilizar a imagem de um protagonista antes da série arrancar, escrevendo em conjunto o guião da série? E se a parte interactiva do formato televisivo fosse construída permitindo uma interacção com uma ou várias marcas de uma forma discreta e muito interactiva?".[85]

Como se vê, ideias não faltam. Porque, para São Vicente, "o futuro não é interactivo, é simbiótico".

> Concerto Andrea Bocceli; Cliente: PT Mobilé;
> Data: 1999
> Cenário: **"Agarrar' a oportunidade de poder trazer a Portugal Andrea Bocceli, para um concerto com o patrocínio exclusivo Portugal Telecom. Além da exposição/decoração local, conseguimos influenciar o programa previsto ao iniciar com a canção 'La donna è mobile'. O programa impresso também tinha o patrocínio do PT Mobilé e a divulgação ao espectáculo foi muita".**
> Tempo OMD, http://www.tempo-omd.com.pt/

Persuadir de mansinho, sem que o receptor se aperceba da sua condição

---

[84] "Ponha aqui a sua marca!". Marketing & Publicidade, n/a, Julho/Agosto 2001, pp. 12-17.

[85] "Novela Tide". Marketing & Publicidade, Mário S. Vicente, Julho/Agosto 2001, p. 1.

de potencial manipulado. Por alguma razão o *product placement* também foi baptizado de *soft sponsoring*. Pub fugaz, mas que se faz apetecer, como a volúvel donzela que fascinava o Duque de Mântua, *qual piuma al vento, muta d'accento, e di pensiero. La donna publicitá è mobile, vero...*

Persuadir de mansinho e sem gastar o precioso tempo das televisões. Aqui, o velho ditado superlativiza-se: tempo não é dinheiro, é muitíssimo dinheiro.

O *product placement* serve também para contornar os limites legais das quotas de publicidade. De acordo com um estudo da *Marktest*, referente a Maio de 2000, todos os canais, *RTP1*, *SIC* e *TVI* excederam o tempo máximo de publicidade permitido por lei em vários períodos horários. Segundo este estudo, publicado no Anuário Comunicação 2000-2001 do Obercom, a *RTP1* excedeu os 7,5 minutos em todos os períodos horários (manhã, almoço, tarde, pré *prime time*, *prime time* e noite), tendo inclusive excedido por sete vezes os doze minutos. A *SIC* excedeu os seus tempos máximos de publicidade (12 minutos) sobretudo nos períodos da tarde e do pré *prime time*. Por sua vez, a *TVI* foi o operador que mais vezes excedeu os tempos máximos, com valores de mais de 12 minutos nos períodos do almoço, tarde, pré *prime time*, *prime time* e noite, apresentando mesmo valores que excedem os vinte minutos, no período da manhã. O Obercom lembra que estas violações são sujeitas a multas. No entanto... *"como a fiscalização sob a responsabilidade do Instituto da Comunicação Social só ocorre durante seis semanas por ano, nem todas as infracções são detectadas"*.[86]

---

[86] Anuário Comunicação 2000-2001 - "Os media e os novos media em Portugal", Obercom - Observatório da Comunicação, pp. 348-349.

A preocupação pela saturação publicitária nas televisões é recorrente. Três exemplos. No final de 2004, a Associação Portuguesa de Anunciantes (APAN) manifestava "a sua preocupação com os índices de saturação publicitária em televisão":

"Tal como acontece todos os anos, a associação solicitou à Markdata que realizasse uma análise à duração dos blocos publicitários dos vários operadores, que incluísse também o número de spots e de autopromoções por intervalo comercial.

Os dados recolhidos apontam para uma forte saturação publicitária na SIC e na TVI. Quanto à TVI, destaca-se imediatamente o elevado número de spots publicitários por cada bloco, chegando em alguns casos a ultrapassar o total de 50 em cada intervalo. A este número juntam-se ainda as autopromoções do canal. Outro factor de relevância na análise deste canal é a excessiva duração dos intervalos comerciais.

No caso da SIC, verificam-se alguns blocos publicitários com mais de 30 spots, ao que se somam ainda as auto-promoções. No entanto, comparativamente ao outro operador privado, a SIC apresenta mais intervalos e de menor duração.

Esta análise incidiu no período horário das 19h30 às 00h00, entre os dias 1 e 15 de Outubro de 2004. O período horário escolhido deve-se à óbvia importância do *prime time* e, por outro lado, foi entendido que aquela quinzena apresentava uma sazonalidade relativamente neutra, por forma a não provocar desvios na análise." (http://www.apan.pt/?id=471&ref=detnot).

Em Maio de 2008, esta associação divulgava estudo efectuado aos receptores dos

Em Junho de 2002, um estudo do Observatório da Publicidade espanhol apontava a *RTP* como a televisão europeia de serviço público que mais tempo de antena dedicava a publicidade, autopromoção e televendas, em detrimento da programação. Quase um quarto do tempo de emissão do Canal 1 (23,25 por cento) era preenchido com anúncios, autopromoções, avanços de programação e televendas. No caso da *RTP2*, onde a publicidade só pode ser de cariz institucional, a percentagem de tempo *extraprogramação* rondava os 18 por cento (principalmente devido às televendas).

No estudo, divulgado em Espanha pelo jornal *El País* e em Portugal pelo *Público*, referia-se que apenas a Espanha (16,26%, no caso da TVE1) e a Dinamarca (12,12% no canal TV2) apresentavam valores de "*resto de emissão*" acima dos dez por cento nos primeiros canais do serviço público europeu. Todos os outros países contemplados no estudo, cujos dados reportavam ao primeiro trimestre de 2002, apresentavam valores inferiores, ou mesmo quase residuais, como a Noruega, cujo canal NRK1 apresentava apenas 2,12 por cento de extraprogramação.

Nas Tv's privadas, Portugal ocupava o segundo lugar com mais tempo médio de extraprogramação, logo atrás da Alemanha. As estações privadas lusas apresentavam 24,6 por cento de tempo de "*resto de emissão*", menos

---

vários meios, pretendendo "perceber a forma como os consumidores, em 'discurso directo' encaram os diferentes media".

No que à televisão reporta, foi considerado o meio "mais sobrecarregado de publicidade": "A questão que se coloca hoje aos anunciantes tem que ver com a qualidade e atractividade de algumas campanhas cuja mensagem, nessas circunstâncias, pode ter reduzido impacto.

O aspecto mais criticado na publicidade veiculada pela televisão é a elevada duração dos intervalos publicitários". (http://www.apan.pt/?ref=detnot&id=644).

No sumário executivo da Secção 3, Parte III do Relatório de Regulação apresentado pela ERC e referente a 2007, secção que trata das "interrupções para publicidade, patrocínios e autopromoções" na televisão portuguesa, podemos ler:

"Na análise às interrupções de emissão para publicidade e autopromoções, os quatro canais preencheram 6739 horas com intervalos em 35.040 horas de emissões. O serviço de programas que mais interrupções apresentou foi a TVI, ocupando 27,1% da emissão, seguindo-se a SIC, com 26,5% e, finalmente, os canais de serviço público, RTP1 e RTP2, respectivamente com 20% e 3,4% (neste caso, publicidade institucional apenas). Relativamente ao tempo das interrupções dedicado às autopromoções e patrocínios, a SIC foi o serviço que reservou mais tempo dos seus intervalos, seguida da TVI, RTP1 e RTP2. No entanto, analisando o peso relativo das autopromoções e dos patrocínios, verificamos que a RTP2 é o canal que maior percentagem dos seus intervalos ocupa com este tipo de mensagens, seguindo-se a RTP1, SIC e a TVI. Relativamente à publicidade comercial, na RTP1, foram detectadas 11 ultrapassagens ao limite de 6 minutos por hora de emissão, imposto pelo respectivo contrato de concessão de serviço público. A SIC ultrapassou uma vez e a TVI duas vezes o limite máximo legal de 12 minutos decorrente da Lei da Televisão." (versão integral do relatório disponível em formato pdf no site da ERC, www.erc.pt).

0,1 por cento que a média das televisões privadas alemãs (24,7).[87]

A sofreguidão por mais uns segundos disponíveis para anúncios já levou à invenção de uma "*Máquina do Tempo*", que trata de encolher os directos televisivos. Um invento que comprime os programas de TV, incluindo noticiários e provas desportivas, disponibilizando o remanescente da *operação encolha* para a publicidade. A tecnologia, desenvolvida por Bill Hendershot, presidente da *Prime Time*, funciona cortando *frames* de vídeo supérfluas: "Cada segundo de um programa tem habitualmente 30 'frames'. Mas muitas vezes parte delas são idênticas - como a imagem de uma pessoa sentada junto a um candeeiro a ler, por exemplo, ou parada a observar o mar. A *Máquina do Tempo* consegue remover uma dessas 'frames' aqui ou ali, fazendo o programa 1/30 de segundo mais curto de cada vez que isso acontece. Depois de fazer o mesmo diversas vezes num programa inteiro, a estação consegue espaço suficiente para incluir mais um anúncio comercial, que pode chegar aos 20 ou 30 segundos, e os telespectadores nem sequer notam" – explica o *Público*.[88] Daqui resulta, como já se percebeu, que os directos deixam de ser 100% directos, alienando a sua genuinidade a uns segundos ou minutos de diferidos. O que pode causar problemas, como noticiava o *Público*: "A controvérsia acerca da *Máquina do Tempo*, relatada há dias pelo 'Wall Street Journal', estoirou este mês quando a KDKA, uma estação de Pittsburgh subsidiária da CBS, do grupo Viacom, foi apanhada a usar o sistema quando estava a transmitir um jogo de futebol profissional. Um colunista de um jornal local, o 'Tribune Review', estava a ver o jogo na televisão, sem som, e a ouvir o relato na rádio ao mesmo tempo, e ficou surpreendido quando ouviu o jornalista da rádio descrever uma jogada enquanto a televisão estava a passar um anúncio.

O que acontecera? A KDKA usara a Máquina do Tempo para condensar as jogadas que estavam a decorrer em tempo real enquanto transmitiu o anúncio e, terminado o espaço comercial, colocou-as no ar, voltando à transmissão

---

[87] "RTP é a estação pública europeia com mais publicidade". *Público*, Pedro Miguel Gonçalves, 3.06.2002.

A imprensa, por seu turno, joga na aparente *fragilidade* da televisão resultante do *zapping* para tentar convencer os anunciantes a preferirem publicitar no papel. Em Julho de 2002, a Associação de Imprensa Não Diária avançou com campanha publicitária contendo os seguintes argumentos: "Só há um meio para evitar o *zapping* nos anúncios de TV: anuncie na imprensa. Coloque a imprensa no seu plano de *media*. Não existe outro meio onde o consumidor tenha um contacto tão aprofundado e directo com a sua marca, produto ou serviço. O custo por contacto na imprensa é mais barato porque não há tanta dispersão. A audiência na imprensa é útil e directa em vez de bruta e dispersa. Não há limites de tempo nem intervalos publicitários. Não há *zapping* nem horários nobres. O único limite é o da sua imaginação. Anuncie na imprensa. Um grande meio, do princípio ao fim".

[88] "Máquina do Tempo 'encolhe' directos de televisão". *Público*, n/a, 25.11.2001.

directa. O colunista, Dimitri Vassilaros, escreveu uma crónica sobre o episódio e a Liga de futebol americano - que impõe limites rigorosos quanto às regras de inserção de publicidade durante os seus jogos - chamou a CBS para que esta se explicasse. Os responsáveis da cadeia afirmaram que não estavam a par do caso de Pittsburgh, e ordenaram à estação que acabasse com tais estratagemas. Depois deste incidente, soube-se também que as estações que a CBS detém em Boston e Baltimore usavam a *Máquina do Tempo* para inserir mais tempo de publicidade que o permitido legalmente entre os programas de *prime time*.

Quanto à *web*, vai-se praticando o *jornalismo de fusão*. Ao lado de artigos redigidos por jornalistas, coloca-se um *link contextual* que permite a compra imediata de livros, discos, viagens... Mark Potts,[89] consultor do *WashingtonPost.com* exemplifica: "Pensemos num artigo sobre uma qualquer região de Itália. Na mesma página poderemos encontrar links para reserva de bilhetes de avião e hotel, compra de livros sobre a Itália ou aquisição de vinhos da região". A estratégia, explica Laurent Mauriac, do *Le Monde Diplomatique*, consiste em permitir ao internauta que se informe e logo consuma, *"num só gesto"*: "A internet é o único *media* onde a recepção de uma mensagem publicitária pode ser imediatamente seguida da aquisição do produto", um *media* que permite as chamadas compras por compulsão. Lê-se a crítica a um livro, e logo a seguir pode comprar-se a obra, sem a maçada de uma deslocação à livraria. Há *sites*, como o Amazon.com, que até se dão ao luxo de publicar críticas negativas sobre um livro. Mas a liberalidade tem limites: "Os responsáveis da Amazon.com admitem não permitir a publicação de um crítica negativa a um livro que prometa vir a ser um best-seller". Eric Meyer, professor de jornalismo na Universidade de Illinois, considera que os artigos jornalísticos se transformam, assim, em "embalagens destinadas a fazer vender o produto". O consultor americano Steve Outing, defensor dos links contextuais avisa que, se tal prática for impedida aos jornais, estes deixarão o terreno livre aos portais de comércio electrónico: "O ciberespaço é um meio de publicação tão diferente que práticas que pareciam loucas no mundo impresso se tornam racionais no mundo da Web". Eric Meyer replica: "É certo que a internet é um *media* diferente. Mas porque é que a ética deve mudar? Os pintores utilizam técnicas diferentes dos músicos. Mas o facto da música ser um modo de expressão diferente da pintura não torna o plágio aceitável".

5. 6. As *derrapagens*

O muro que separa o jornalismo da ficção vai abrindo cada vez mais

---

[89] "L'info emballe la pub". *Libération*, Laurent Mauriac, 29.01.1999.

fissuras. Patrick Poivre D'Arvor (PPDA), apresentador do telejornal do horário nobre da *TF1* (até 2008), foi condenado em 1993 a ano e meio de prisão, com pena suspensa, e a uma multa de 200.000 francos, por ter recebido mais de meio milhão de francos em benesses (prendas, viagens, etc.) do empresário Pierre Botton. Em troca das prebendas, PPDA facilitava o acesso ao telejornal das 20h ao sogro de Botton, Michel Noir, o presidente da Câmara de Lyon que, até rebentar o escândalo, acalentava aspirações à corrida para o Eliseu. No tribunal, Botton não teve problemas em afirmar que as despesas feitas com jornalistas correspondiam à remuneração de honorários, em troca de serviços.[90]

PPDA não sofreu qualquer sanção da *TF1*, a exemplo do que já acontecera quando, a 16.12.1991, difundiu uma entrevista que fizera a Fidel Castro, e se veio a provar ser falsa.[91]

PPDA não está sozinho, na galeria das derrapagens. Em 1998, a direcção da *The New Republic* descobriu que o editor-associado Stephen Glass inventava fontes para reportagens totalmente ficcionadas sobre *hackers* (os responsáveis da revista recensearam 27 reportagens falsas, num total de 42 assinadas por Glass). No mesmo ano, no *Boston Globe*, a jornalista Patricia Smith, que fora finalista do Pulitzer, também preferiu a ficção aos factos numa série de artigos que publicou. Patricia já tinha estado sob suspeita em 1986, quando trabalhava no *Chicago Sun-Times*. Descreveu, sem ter visto, um espectáculo de Elton John. Além de jornalista, Patricia era poeta, premiada pela Associação Nacional de Editores de Jornais e pela Associação dos Jornalistas Negros. A sua justificação para o embuste: "O jornalismo está amarrado aos factos. A poesia é livre; permite-nos preencher os factos para criar uma história com os factos que desejávamos estivessem disponíveis".[92]

Janet Cooke, do *Washington Post*, já antes fora descoberta, quando ficcionou a reportagem "*O mundo de Jimmy*", uma criança viciada em heroína. Janet foi obrigada a devolver o Prémio Pulitzer, que recebera em 1981.

Em Julho de 1998, responsáveis da *CNN* e da revista *Time* viram-se obrigados a pedir desculpas pela difusão/publicação de reportagem conjunta, na qual se afirmava que os EUA tinham utilizado um gás letal (CBU-15) para

---

[90] Para mais detalhes, ver "Empresário preso por fraude com muitos 'amigos' na comunicação social - Jornalistas franceses com presentes envenenados", *Público*, Ana Navarro Pedro, 22.11.1992.

[91] Para mais detalhes, ver "Faking interviews and taking bribes: when the journalist himself is the case", The European Journalism Centre, Isabelle Boyavalle, s/d (http://www.ejc/nl/hp/je/contents.html).

[92] "Não acredite em tudo o que lê' ou 'Jornalistas também mentem' - Redatores de respeitadas publicações americanas falsificavam informações", Boletim do Instituto Gutenberg, n/a, 26.06.1998, http://www.igutenberg.org.

matar desertores americanos no Laos durante a guerra do Vietname. Os factos apurados reportavam a uma missão altamente secreta, designada "*Operation Tailwind*". A reportagem foi vendida a uma agência de notícias, que por sua vez a distribuiu por vários jornais de referência mundo fora. Entre eles contava-se o londrino *Sunday Times*. No pedido de desculpas, os responsáveis desmentiram o conteúdo da notícia, admitindo que nunca tinham obtido provas suficientes que confirmassem a acusação. Vários funcionários foram despedidos, na sequência do escândalo. Peter Arnett, o correspondente que deu o rosto à notícia, ainda ficou mais algum tempo na CNN, acabando depois por também abandonar a empresa.[93]

Em Maio de 2000 a desdita coube ao *Suddeutsche Zeitung*, um dos jornais de referência da Alemanha. Durante quatro anos, um jornalista publicou na revista de domingo daquele diário conversas "*exclusivas*" com Demi Moore, Sharon Stone, Ivana Trump, Brad Pitt, entre outros. Veio a descobriu-se que a maior parte das passagens fora inventada. Tom Kummer, correspondente do jornal em Los Angeles e autor da façanha, explicou então que cultivava o estilo da "*reportagem montada*", pois concebia as entrevistas como "*uma forma de arte*": "*Considero a minha contribuição jornalística para o culto das celebridades como arte conceptual*", confessou o ex-colaborador do *Suddeutsche Zeitung*, que trabalhava para outras publicações alemãs como o *Der Spiegel, Stern* e *Zeit-Magazin*.[94]

A 27.06.1998, a *TF1* difundiu, no programa *Reportages*, imagens de violenta detenção de um ladrão de automóveis pela polícia. Não passava de uma reconstituição, polícias brincando aos polícias e ladrão.

A 5.12.1998, a *TF1* difundiu, no mesmo programa, imagens de detenções de traficantes de droga efectuadas pela polícia de Lille, fazendo-as passar por factos reais, resultantes de operações efectivamente realizadas no terreno. Mais tarde veio a saber-se que tudo não passara de reconstituições.

A 3.01.1999, a *France 3* emitiu reportagem sobre uma arriscada operação de salvamento de alpinistas feridos na montanha. Veio a descobrir-se que as imagens não haviam sido captadas por jornalistas da estação, mas sim facultadas pelos operacionais do CRS, reportando treinos deste corpo de polícia, não havendo registo de nenhuma operação de salvamento real.[95]

---

[93] "Imprensa dos EUA debaixo de fogo". *Expresso*, Tony Jenkins, 11.07.1998.

[94] "A 'arte' de fabricar entrevistas". *Público*, Sofia Rodrigues, 31.05.2000.

[95] Para mais detalhes, ver "Emisión de reportage irreal en una cadena estatal francesa", *El País*, n/a, 17.12.1999, p. 36; "Reportages trompeurs: *TF1* sanctionne, *France 3* explique", *Le Monde*, Françoise Chirot, 16.02.1999; "Les bidonneurs", *Le Monde*, Pierre Georges, 16.02.1999. As reportagens emitidas pela *TF1* não tinham jornalistas da estação como seus autores, mas Philippe Buffon, da produtora privada *AVP News*. A reportagem emitida pela *France 3* era da autoria do produtor independente Tony Comiti.

Pela mesma altura o escândalo batia à porta da prestigiada BBC. Vanessa Feltz, uma das apresentadoras-estrela da estação, utilizara actores no desemprego para fingirem, perante as câmaras, falsos dramas conjugais.[96]

5. 7. *Jornalistas Ad & PR*

O muro que separa o jornalismo da publicidade vai abrindo cada vez mais fissuras. Muitos jornalistas passam com enorme facilidade para o lado dos jornalistas-comunicadores,[97] outros aceitam fazer publicidade, suspendendo a carteira profissional por uns tempos; outros nem sequer a suspendem, fazendo uns biscates promocionais para empresas; outros, os da boa voz, fazem publicidade e jornalismo ao mesmo tempo, porque a voz não dá tanto nas vistas como a imagem.

Em Abril de 1997, a direcção da *France 3* suspendeu por dez dias a jornalista Laurence Piquet, por ter protagonizado um falso telejornal da estação no qual se elogiavam os méritos de um medicamento dos laboratórios Pfizer. A gravação deveria circular unicamente junto dos médicos, não se destinando à difusão pública. Piquet teve azar, porque o programa *Culture Pub*, da M6, decidiu apresentá-lo numa emissão. Na sequência da polémica, a empresa ordenou uma auditoria interna. Descobriu-se mais de uma dezena de casos similares. Pela mesma altura, soube-se que Arlette Chabot, da *France 2*, também protagonizara uma *promo* para a France Télécom. Apesar da agravante de Chabotte desempenhar funções de directora-adjunta de informação, não foi sancionada.[98]

Em Portugal, nos idos de 1986, o jornalista Artur Albarran aceitou dar o

---

[96] "El falseamiento de testimonios 'sienta en el banquillo' a la BBC". *El País*, Isabel Ferrer, 17.12.1999, p. 36.

[97] Também se pode verificar movimento inverso, ou tentativas nesse sentido. Em 1998, a actriz Candice Bergen recebeu um convite da CBS para passar a exercer a profissão de jornalista num dos mais prestigiados programas informativos da estação. Candice Bergen desempenhara o papel de jornalista na série *Murphy Brown*.

"Candice tornou-se conhecida de milhões de telespectadores como repórter do fictício canal FYI na série 'Murphy Brown', da rede norte-americana CBS. A série chegou ao fim no início deste ano, depois de permanecer no ar durante uma década. Mas a experiência da actriz como repórter levou Don Hewitt, o produtor executivo do programa '60 Minutos' [passa na SIC Notícias], a ter a ideia de a contactar para participar naquele que é um dos mais premiados espaços de informação da CBS" - relatava o *Expresso* ("Candice, repórter a sério". *Expresso*, Caderno *Vidas*, 14.08.1998).

[98] "Infos-télé", *L'Humanité*, 12 e 26.04.1997, http://www.humanite.fr/index.html.

[99] Alguns anos mais tarde, Artur Albarran explicava assim a sua posição, em entrevista à Visão: "A minha credibilidade como jornalista nunca foi afectada. Em muitos países do mundo há jornalistas que fazem publicidade, e isso é aceite normalmente. Até porque a publicidade tem, também, valores éticos. Qualquer pessoa é livre de usar a sua imagem de

rosto a uma campanha publicitária da *Pepsodent*.[99] Em congresso de jornalistas, Miguel Sousa Tavares (1986: 238) falava deste e de outros casos de *"prostituição do jornalismo"*: "Um conhecido detentor da carteira profissional de jornalista é anunciado como coordenador e apresentador de um dos principais serviços noticiosos da RDP, no preciso momento em que a televisão passa um seu anúncio a uma pasta de dentes e em que a cidade está coberta de cartazes do dito jornalista louvando as virtualidades da luta contra o tártaro.

Um outro bem conhecido apresentador de telejornal passa modelos de roupa masculina para uma revista de moda e decorações, a troco de ficar com os modelos de roupa que anuncia.

Um director de um semanário de Lisboa ocupa-se nos seus editoriais da promoção de um empreendimento turístico a construir na zona protegida da Ponta da Piedade, em Lagos, e a ser construído por uma multinacional a que ele está financeiramente ligado.

Estes são apenas três exemplos de uma lista que bem poderia ser mais extensiva se o meu e o vosso mal-estar não tivessem limites.

São exemplos, porventura extremos, de uma situação que está à vista de todos e que, à falta de expressão adequada, eu definirei como a prostituição do jornalismo (ou dos jornalistas)".

Tempos mais tarde, Henrique Garcia, apresentador do *Telejornal* da *RTP1*, aceitou protagonizar campanha publicitária em cenário que simulava o do próprio informativo. Garcia defendeu-se das acusações que lhe foram dirigidas, alegando o facto de ter entregue a carteira profissional de jornalista. Depois de cumprido um período de nojo, voltou ao jornalismo televisivo.

Manuela Moura Guedes já fez o pleno, entre jornalismo, política e publicidade. Tendo começado pelo jornalismo, na *RTP1*, abraçou anos mais tarde a carreira política, tendo sido deputada pelo CDS/PP. Finda a experiência por S. Bento, foi rosto de campanha publicitária de detergente para máquinas de lavar. Também aqui se simulava o cenário de um estúdio de televisão, com Manuela Moura Guedes no papel de entrevistadora, incumbência que já anteriormente coubera a Júlia Pinheiro, apresentadora de programas de ficção que começou por ser jornalista, na *SIC*.

São inúmeros os casos de jornalistas que trocam a profissão pela política, onde, via de regra, desempenham papéis de assessoria. Caso muito falado foi o de Joaquim Letria, transferência que Miguel Sousa Tavares também

---

cidadão da forma que achar correcta. Foi o meu caso. Não sou contra os jornalistas fazerem publicidade. Aliás, as pessoas sabem o que é um anúncio e o que é uma notícia. Quando vêem publicidade não acham que estão a ver o Telejornal". ("O Rei Artur", entrevista a Artur Albarran por Ana Pereira da Silva, *Visão*, 26.08.1993, p. 69).

fustigaria (1986: 239-241): "A este respeito, o exemplo da última campanha das Presidenciais fornece-nos um tema inesgotável de meditação, de espanto e de revolta.

Alguns dos nomes mais prestigiados desta profissão puseram-se ao serviço dos candidatos, por vezes por um orgulho e uma militância inultrapassáveis. Escusado será dizer que foram recebidos de braços abertos: ali estavam os bons profissionais da informação, aqueles que podiam, como ninguém, ensinar a um candidato como responder a uma entrevista, como estruturar um tempo de antena, como enfrentar as câmaras de televisão, como cultivar uma imagem audiovisual e até como tratar com os jornalistas que cobriam a campanha, quais deveriam ser bem tratados e quais os que poderiam ser ignorados.

Numa palavra: os jornalistas que participaram nas candidaturas traziam consigo um *know-how* e um saber de experiência feito que os transformou, desde logo, em inestimáveis promotores e *experts* da propaganda do candidato.

Ou seja, como se compreende sem dificuldade, eles foram utilizados para fazerem o contrário da missão de um jornalista: a propaganda em lugar da informação.

(…) Mais do que chocante, foi doloroso ver jornalistas que nos tínhamos habituado a respeitar participarem em tempos de antena dos candidatos, fazendo-lhes entrevistas onde as perguntas e as respostas tinham sido previamente ensaiadas. Vê-los correr o país inteiro ao lado dos candidatos, abrindo-lhes a porta do carro, ajudando-os a subir à tribuna e até ajeitando--lhes a gravata para as câmaras de televisão. Sempre prontos a descortinar nas entrelinhas de um artigo de jornal um tratamento discriminatório contra o candidato que apoiavam, isto é, transformados em censores dos próprios camaradas de profissão, por amor à nova vocação que se tinham descoberto em si próprios: a de vendedores de políticos.

Dir-me-ão que o mesmo sucede no mundo inteiro. Que em toda a parte há jornalistas ao lado dos políticos em tempo de eleições e não só. E é verdade.

(…) Esta profissão não tinha muitos da categoria de um Joaquim Letria. Quando ele trocou as redacções pelo Palácio de Belém, penso que todos lamentámos que um excelente jornalista aceitasse voluntariamente ver-se reduzido à condição de porta-voz.

Quando, há pouco mais de um mês, ele regressou à profissão que tanto prestigiou, o seu regresso foi acolhido por muitos de nós, na televisão, não apenas com respeito e com entusiasmo, mas até com emoção. Vocês conhecem o resto da história: 15 dias depois de estar a coordenar e a apresentar o *Jornal das Nove*, na RTP, o Joaquim Letria passa a fazer parte da Comissão Directiva do PRD e escreve uma carta à administração da Televisão a perguntar se eles viam algum inconveniente nisso, visto que, para ele próprio, não havia qualquer incompatibilidade entre uma coisa e outra.

Quanto a mim, confesso que não sei o que mais me chocou nesta história: se o fundo, se a forma.

Quanto ao fundo, porque se o Joaquim Letria entende que ele poderia dirigir simultaneamente o PRD e o *Jornal das Nove*, eu não sei se ele verá alguma incompatibilidade também em que o Dias Lourenço apresente o *Telejornal*, o Jorge Lacão o *24 horas* e, digamos, o Carlos Costa o *Jornal do Fim de Semana*.

Quanto à forma, porque me custa entender como é que um homem que sempre se bateu contra as ingerências da administração na Informação da RTP, resolve - sobre uma questão deontológica - consultar essa mesma administração, passando por cima do Conselho de Redacção, da Direcção de Informação ou até do próprio Conselho de Deontologia do Sindicato.

Julgava eu que a mágoa e o mal-estar que toda esta história me tinham causado eram partilhados por toda a classe. Enganei-me. Não vi, em lado algum, uma única crítica à atitude do Joaquim Letria, mas li três artigos em jornais onde ele era elogiado e até se chegava a insinuar ou a dizer mesmo que ele tinha sido saneado por razões políticas.

E se cito este caso pelo nome é porque ele me parece exemplar a dois níveis: por um lado, por vir de quem menos se esperava; por outro, porque à roda dele se procedeu à mais descarada inversão de valores e verdades que se possa conceber".

5. 8. Os *Jornalistas da Nação*

> *"A noção da verdade está em vias de desaparecer na relação com os media. É assustador. E os jornalistas cada vez mais fazem passar o entretenimento à frente da informação"*
>
> Daniel Schneidermann, 2002 [100]

Em 1994, alguns jornalistas aceitaram integrar o painel de comentadores do controverso *A Noite da Má Língua* (*SIC*). O programa incluía rubrica assinada pelo jornalista Victor Moura-Pinto, na qual se vergastavam, sem piedade, críticas e demais artigos jornalísticos desfavoráveis à estação de Carnaxide. O crítico Mário Castrim,[101] dos mais visados na rubrica, comentava

---

[100] "Um jornalista que pergunta o que querem os espectadores está morto". *in Público*, entrevista de A.P.C. a Daniel Schneidermann, 2.07.2002.

[101] "Língua de porco". *Tal & Qual*, Mário Castrim, 8.12.1994. Para se perceber o nível a que a discussão baixou, no que reporta ao programa e, em especial, às controversas crónicas de Victor Moura-Pinto, ver "Desventuras de um pinto-calçudo", *Diário de*

assim a presença de jornalistas no referido programa: "A participação de jornalistas é outra inadmissível perversão. Se eles admitem que podem dizer mal por sistema e sob proposta seja de quem for, estão a admitir que a peste possa alastrar aos domínios da sua profissão. Dificilmente se acreditará em compartimentos estanques tão rigorosos: eu sou abjecto na má-língua, mas sou um gajo porreiro no telejornal...".

Moura-Pinto viria a ser protagonista de um outro caso, premonitório dos novos ventos fusionistas entre informação e ficção. Entrevistou Lilian Ramos, célebre por ter acompanhado, sem cuecas, o presidente brasileiro Itamar Franco num camarote do sambódromo do Rio de Janeiro, durante um desfile carnavalesco. No final da entrevista, exibida em programa autónomo dos telejormais da *SIC*, Lilian fez *striptease*, despindo um vestido de noiva. A polémica rebentou pelo facto de tal programa ter sido identificado, na ficha técnica, como oriundo do departamento de informação da *SIC*.[102]

Em 1995 surge *A Máquina da Verdade* (SIC), programa que recorria a um polígrafo para aferir da veracidade dos testemunhos de pessoas envolvidas em casos controversos. O padre Frederico foi um dos que se submeteu ao aparelho. O programa era apresentado por Carlos Narciso, jornalista que ao longo dos anos recebera vários prémios por trabalhos de sua autoria. O crítico de televisão Carlos Quevedo considerou-o "moralmente desprezível";[103] José Manuel Fernandes, do *Público*, sugeriu que tanto Emídio Rangel como Carlos Narciso fossem excluídos da classe jornalística; o Procurador Geral

---

Notícias, Oscar Mascarenhas, 7.12.1994, p. 18.

[102] "Chego a ter pena do pobre jornalista, um tal Victor Moura-Pinto, que entrevistou a proclamada vedeta brasileira [Lilian Ramos] e que se viu subitamente visado como emblema da degradação dos valores sagrados da informação. De facto, classificar a sua prestação de medíocre é um rasgado elogio que lhe podemos conceder. Mas, coitado do homem, mais não fez que exemplificar como aluno aplicado o que tem sido o estilo de vedetas como Artur Albarran. Que é como quem diz exercer o olhar jornalístico como algo que está dotado do privilégio de acesso à verdade ignorada pelo comum dos mortais, cultivar a futilidade como um valor supremo da arte de informar" - este o desabafo do crítico João Lopes, em 1995, no seu *Diário de um Espectador* (1995: 80).

Algumas pérolas deste "Especial Informação", em colar composto pelo *Público*. Victor Moura-Pinto: "É o problema das vaginas políticas: saltam à vista. (...) Ela [Lilian Ramos] sabotou, à última hora, a possibilidade de 'comer' o Presidente [Itamar Franco], preferindo errar com escândalo em vez de subir muito mais na vida discretamente. Igualzinha a um Brasil que não ata nem desata". Lilian Ramos, sobre Manuel Monteiro: "É um homem muito bonito, jovem, parece actuante. (...) Eu gosto de homens jovens no poder público". Lilian Ramos sobre Carlos Carvalhas: "É um homem muito atraente. (...) É interessante, tem uma voz assim muito possante, é uma pessoa que fala com muita certeza, com muita convicção". Lilian Ramos, sobre Cavaco Silva: "É um homem muito bonito, sem dúvida alguma, e passa assim muita masculinidade". (*Público*, coluna "Diz-se", 18.03.1994, p. 16). Sobre a polémica em torno do programa pode ver-se ainda "A verdade nua e crua", *Expresso*, caderno *VIVA*, Jorge Leitão Ramos, 19.03.1994, p. 10.

[103] "Com a verdade m'enganas". *Visão*, Carlos Quevedo, 6.04.1995, p. 82-83.

da República também tomou posição sobre o controverso programa, tendo surgido críticas violentas por parte de deputados e juízes. "O problema, para os mais indignados, não é só a utilização do polígrafo, mas todo o enquadramento da emissão, nomeadamente a que 'absolveu' o padre Frederico, e a forma como se ignoraram as sessões de tribunal, e como ele foi apresentado ao povo como vítima (homossexual e padre) da justiça" – escrevia Pedro Rolo Duarte, na *Visão*.[104]

Antes, também na *SIC*, já se havia estreado *O Juiz Decide*, programa que ficcionava audiências de julgamento em tribunal, contando com a participação de um juiz jubilado e também da jornalista Eduarda Maio.[105]

Jornalismo e ficção sentaram-se, mais tarde, na *Cadeira do Poder*, programa emitido pela *SIC* que o Sindicato dos Jornalistas haveria de considerar como "*a estreia de uma modalidade falsamente inovadora e ainda mais perversa: o espectáculo mascarado de informação*".[106] Os *Filhos da Nação* chegaram

[104] "Carne para canhão". *Visão*, Pedro Rolo Duarte, 6.04.1995, p. 76.

[105] "*O Juiz Decide* parte de uma daquelas ideias a que só se pode arregalar os olhos. Um juiz a decidir casos na televisão? Mas é um juiz a fingir, não? Um juiz a sério? Mas isso não é ilegal? E quem é que se presta a uma coisa dessas? Não é incompatível com a dignidade do cargo?" - perguntava-se Luísa Costa Gomes. "Ao que parece, nada é incompatível com nada nos tempos que correm. O mais desgostante, no entanto, para além dos paramentos e das marteladas, do paternalismo com que se tratam as pessoas e do mau gosto excessivo de toda a cena - nisso, infelizmente, parece mimar na perfeição outras salas de tribunal mais verdadeiras - é o facto de a publicidade ao programa anunciar que as decisões do juiz são juridicamente válidas, jogando na óbvia confusão que se há-de fazer entre juridicamente válido e genuíno ou vinculativo. Mas, na verdade, não se compreenderia que um juiz, por mais reformado que esteja, desse opiniões que não se baseassem no conhecimento das leis. Ao que parece o projecto teve a bênção da Ordem dos Advogados. Mas a imagem da justiça que dali sai é... suspeita, para dizer o mínimo" - concluía a articulista. ("Cães abandonados, cães não-transferidos, cães arbitrais: o melhor amigo do homem é mais uma vez posto à prova". *O Independente*, caderno *VIDA*, Luísa Costa Gomes, 8.04.1994, p. 28).

[106] "António José Seguro acusa a SIC", *Diário de Notícias*, 21.02.1997, n/a, p. 53. O primeiro programa, que originou uma queixa-crime apresentada pelo então Secretário de Estado António José Seguro, envolveu a participação dos directores do *Diário de Notícias* e do *Público*. Mário Bettencourt Resendes e Nicolau Santos afirmaram mais tarde, em textos publicados nos jornais que dirigiam, ter caído num logro, com Resendes a expressar um pedido público de desculpas a António José Seguro ("O Director do DN e a 'Cadeira do Poder", *Diário de Notícias*, 21.02.1997, p. 56). A promoção ao programa passou pela interrupção da telenovela *O Rei do Gado* para a difusão de um *flash noticioso* no qual se referia que o carro do Secretário de Estado da Juventude caíra ao Tejo. Nas imagens mostrava-se a operação de remoção de um automóvel e informava-se que o condutor e a sua acompanhante tinham ido para o hospital.

O Sindicato dos Jornalistas acusou a *SIC* de ter "estreado o espectáculo mascarado de informação", condenando a participação de jornalistas e responsáveis editoriais que, "conscientemente ou não, emprestaram a credibilidade que o seu estatuto lhes confere à exploração da boa-fé do auditório". Para além dos jornalistas citados, o programa contava ainda com a participação, como comentadores, de Carlos Magno e de Nuno Rogeiro. E, no lugar de políticos de ficção encontravam-se políticos a sério, como Torres Couto e

para fazer das suas, também através da *SIC*, desde logo a apresentação gorada de um candidato cigano à Presidência da República. No programa incluíam-se excertos de abordagens a personalidades várias, feitas por repórteres que se apresentavam como *"jornalistas da SIC"*, não pertencendo, no entanto, aos quadros redactoriais da estação.[107]

Em Espanha, o *reality show Big Brother* foi apresentado por uma jornalista de créditos firmados no país vizinho. Dias antes do início do *reality show*, Milá antevia assim as suas funções: *"Participarei em todo o concurso como mais uma jornalista da equipa"*.[108]

Por cá aconteceu o mesmo com Maria Elisa. A jornalista-estrela da *RTP*, que chegou a ocupar o alto cargo de directora de programas da estação, aceitou substituir Carlos Cruz na apresentação do concurso *Quem quer ser Milionário*, depois de convite formulado e recusado por outro reputado jornalista, Miguel Sousa Tavares.[109]

Rui Vasco Neto, o *Jerry Springer português*, que em 2002 iniciou a apresentação do programa *Vidas Reais* (*TVI*), foi jornalista da *RTP* durante vários anos. Também Paulo Salvador, jornalista que durante anos foi *pivot* dos telejornais da *TVI*, apresentou o *reality show Sobreviventes*, em 2001.

Santana Lopes. Num dos programas seguintes noticiou-se o sequestro de um avião da TAP por um grupo de terroristas. Segundo *O Independente*, que antecipava pormenores do programa, este incluiria uma cena de verdadeira "batalha campal" protagonizada pelos GOE, forças especiais da PSP. "Na ânsia de se aproximarem da realidade, acabaram por se envolver num verdadeiro confronto com os figurantes" - contava o semanário. ("Programa da SIC abre polémica - Cadeira eléctrica". *O Independente*, Paula Simões, Inês Teotónio Pereira, 21.02.1997, p. 51).

[107] "Doravante, sempre que um jornalista da *SIC* fizer uma abordagem em busca de declarações, o mais avisado é recusar. Em caso de insistência pode revelar-se adequado chamar a polícia. A questão tanto vale para políticos, gente pública como gente anónima. No conto do vigário qualquer um cai" - escrevia Jorge Leitão Ramos, em 1997.

"O problema é que andam por aí jornalistas, da *SIC*, 'mascarados de jornalistas da *SIC*' (a expressão não é minha, é de um dos obreiros da mistificação). O leitor está confuso com a ideia e não esclarecido pela subtileza da virgulação? Eu explico. São jornalistas, contratados pela SIC, mas não como jornalistas da *SIC*.

Tudo acontece para o programa 'Filhos da Nação' e, convenhamos, o engodo está bem montado. Os indivíduos nem sequer mentem quando se apresentam: aproximam-se de uma pessoa, munidos com o microfone devidamente logotipizado, dizem que é para a *SIC* e os incautos embarcam, julgando que estão a ser abordados para a Informação. Não lhes passa pela cabeça que depois tudo vai ser passado no programa de gargalhada com que Júlia Pinheiro deu condigno sucessor a 'A Noite da Má-Língua'.

(...) Não sei como é que, numa lógica de relacionamento interno, se gere a convivência entre os jornalistas jornalistas e os 'jornalistas mascarados de jornalistas'. Mas sei que a *SIC* deu mais um passo no caminho de descredibilizar a sua Informação. O que é deveras infeliz" ("Os mascarados", *Expresso*, Jorge Leitão Ramos, 1.11.1997).

[108] "Mercedes Milá conduce Gran Hermano". *Tele Indiscreta*, Lola Ramírez, 24.04.2000.

[109] Segundo noticiava o *Público*, em Julho de 2000, a RTP propusera a Miguel Sousa

Assim como Artur Albarran não via qualquer problema deontológico entre o exercício simultâneo do jornalismo e o de protagonista de *spots* publicitários, também os jornalistas-apresentadores ou apresentadores-jornalistas refutam incompatibilidade entre estas funções. Jorge Gabriel foi um dos jornalistas que passou para o lado da apresentação. Mas acumulou as funções de jornalista da redacção da *SIC* com as de apresentador do concurso *Sim ou Não*. A acumulação foi contestada por colegas jornalistas da própria estação, para quem nenhum jornalista deveria vestir duas peles. Gabriel discordou da posição dos seus pares: "Se os jornalsitas dizem que conseguem distinguir a sua função da sua opinião política ou desportiva porque é que eu não hei-de saber distinguir a minha posição de apresentador como jornalista?".[110]

Em Agosto de 2001, a CNN contratou Andrea Thompson para apresentadora de noticiários. Thompson, chamada a ocupar um lugar que já pertencera ao consagrado Bernard Shaw, tinha participado na série *NYPD Blue* e posara nua para revistas de arte. Sérgio Dávila, da *Folha de S. Paulo*,[111] considerava na altura que a "*notícia como entretenimento*" ganhara um "*importante aliado*" com esta aquisição: "O telespectador habitual do canal 'Headline News', da rede de TV CNN, deve ter levado um susto. O carro-chefe, nos EUA, da rede mundial de notícias estreou sua nova versão, 'rejuvenescida', que o deixou com jeito de programa da MTV.

Um dos lugares que foi um dia do âncora Bernard Shaw, recentemente aposentado, é agora da ex-actriz Andrea Thompson, que já trabalhou no enlatado 'NYPD Blue' e posou nua para revistas de arte. A trilha sonora agora é techno e rock. A tela parece a de um site na internet, com mais informações, no formato celebrizado pela TV Bloomberg. E os estúdios da rede em Nova York e Atlanta foram reformados de maneira a parecerem mais novos e 'leves".

Como se vê pela extensa amostra junta, há toda uma série de interesses empresariais tentando sobrelevar-se aos estritos critérios jornalísticos. A natureza do meio/televisão, com telejornais entremeados numa programação de entretenimento, aumenta a porosidade dos noticiários ao *infotainment*. Arguem-se legítimos interesses empresariais para condicionar a actividade

---

Tavares um salário de 450 contos (2.250€) por programa, mais 150 contos (750€) do que se pagava a Carlos Cruz na primeira série do concurso. ("Sousa Tavares recusa 'Milionário". *Público*, n/a, 21.07.2000).

[110] "O homem que ri". *Expresso*, caderno *Vidas*, Maria João de Almeida, 10.03.2001, p. 36.

[111] "TV CNN muda para 'entreter' audiência". *Folha de S. Paulo*, Sérgio Dávila, 8.08.2001.

jornalística. A grande massa de profissionais que não atingiu nem nunca atingirá o estatuto de *estrela*, precisa do ordenado ao fim do mês, como precisa de trabalhar na área da sua preferência. É fácil aos directores, aos donos, aos patrões lembrarem a cláusula de consciência como recurso dos jornalistas menos atreitos ao sedutor mundo das *notícias coloridas*. No discurso empresarial, a cláusula vale. Nas relações internas, a sua invocação conduzirá, facilmente, à clausura do jornalista na prateleira dos indesejados.

Com a oferta imensamente maior que a procura, o jornalista tentado a dizer *não* sabe que está lá fora um pelotão de jovens sequiosos por dizerem *sim* a tudo o que lhes peçam. O jornalista tentado a dizer *não* sabe que o não diz, hoje, ao patrão incógnito do jornal da esquina, mas ao grupo que oligopoliza o mercado de trabalho.

No capítulo da autonomia da profissão de jornalista, à exiguidade de meios que ajuda a engrossar o caudal mimético das notícias, que contribui para a oferta, aos telespectadores, de um mundo deformado por delegação nas grandes agências mundiais, somam-se interesses empresariais fomentando a notícia-propaganda, da estação e dos de fora; interesses empresariais que mandam desvirtuar sempre que a *felicidade* do empório possa ser posta em perigo pela concorrência.

CAPÍTULO 4
Propostas de fecho

"Na era adulta do media digital, a publicidade
será de tal forma integrada no conteúdo que se tornará
inseparável da informação. Será a informação"
Nicholas Negroponte, Being Digital, 1995

No dia 2 de Abril (Terça-feira), a notícia com maior
audiência total foi a ligação em directo aos estúdios
da Venda do Pinheiro onde os concorrentes do pro-
grama Academia de Estrelas vão ter a sua primeira
noite de nomeações. Notícia emitida no Jornal Na-
cional da TVI, registou audiência total de 1.460.500 e
um share de 34.2%
Mediamonitor/Marktest, 2002

As notícias vão-se deixando contaminar pela publicidade. Promovem
programas da estação, estrelas da estação, iniciativas da estação. Já havia
disto antes, mas entravam no apeadeiro. Hoje tomam o lugar na gare, quantas
vezes a ética a oriente. Algumas aparecem sponsorizadas no estádio. A promo
compensa, o Mediamonitor não engana. Alinhando a promo news correcta,
é meio caminho andado para a vitória na super-share. Já os nossos avós
diziam vá para fora cá dentro. Os males da casa lavam mais branco, não são
notícia. Os males da cintura sinérgica também têm regime bonificado. As
notícias da casa são fáceis, são baratas, podem dar milhões. Polvilham-se
com 100 gramas de aura Objectividade, vão ao forno e servem-se ainda
quentes. Dispensam forno auto-regulado. Devem servir-se em pratos garridos
(a Infotainment Alegre tem várias linhas de loiça adequadas ao efeito, a
preços de ocasião). As da United Colours of News são mais bonitas, mas
mais caras. Antes de editar, misture bem com alguns dramas, pouca política
e um cheirinho de internacional. Só um cheirinho. À mesa nunce cite os
outros, dizem que depois dá azia. E a amnésia nunca foi doença estigmatizante.
Já quanto à sua estação, ela precisa de ser falada, muito falada. Se lhe

aparecerem a propor um 5 de Outubro Open, um Carnaxide Open, um Queluz Open, aceite. Mas exija: eu quero um Open só pra mim. Abra-se à publicidade, não se preocupe com a camuflagem, nesta profissão não há tempo para questões filosóficas. Se duvida, porque é que não pede uma segunda opinião? Quando a ética toca, isso é impulso. Progrida na carreira, faça um MBA de produção de conteúdos. Se se inscrever até amanhã, o primeiro fascículo é grátis. Assine protocolos de exclusividade com todas as instituições do país, mais um com o povo, e vai ver como elimina essas nódoas da concorrência num abrir e fechar de olhos. Não era o Clinton que dizia *É o share*, ... Ou era o *rating*? Isso agora não interessa nada.

> *Le Pen vai disputar a segunda volta com Chirac.*
> *Terminou a primeira fase da ofensiva israelita na Palestina.*
> *Em Belém prossegue o cerco à igreja da Natividade**
> Vai tirando o casaco...

"Mesmo os mais distraídos já se deram conta. As últimas semanas trouxeram más notícias ao jornalismo português. Primeiro foi o Big Brother a entrar telejornal adentro, funcionando como trampolim do Jornal Nacional da TVI na tabela de audiência. Depois, foi a informação sobre as eleições do Benfica, em que os alinhamentos dos telejornais e os interesses comerciais das estações se confundiram". **João Manuel Rocha**, jornalista do ***Público***.[1]

"O jornalista, em vez de ir ter com fontes exteriores, faz da televisão a própria fonte", "a notícia passa a estar dentro da televisão". Como resultado, "os serviços noticiosos estão muito próximos das estratégias comerciais". **Cristina Pontes, professora da cadeira de Géneros Jornalísticos na Universidade Nova de Lisboa.**[2]

"Na segunda-feira, Manuela Moura Guedes arrancou o 'Jornal Nacional', da TVI, com imagens de uma perseguição policial em Lisboa, com tiros 'como num filme' - o que ilustra um hábito recente da TVI de abrir o principal serviço noticioso com histórias que suscitam no espectador o comentário 'Isto é um escândalo!' ou com imagens de choque. Só em seguida passou o que elegeu como grande tema do dia: a análise que Cavaco Silva fez do futuro da economia portuguesa. Mas não se limitando às imagens, acessíveis a todos, a TVI fez uma ligação em directo ao Ministério das Finanças, conseguindo pôr o ministro Pina Moura a comentar as declarações do ex-primeiro-ministro. Se tivesse ficado por aqui, teria brilhado. Mas fez melhor - recolheu a resposta de Cavaco Silva a Pina Moura. A rematar o jornal, como todos os dias (embora a 'novela da vida real' já tenha tido honras de 'manchete'), a apresentação

---

[1] "Chamem-lhe outra coisa". *Público*, João Manuel Rocha, 1.11.2000.
[2] *in* "As surpresas do Grande Irmão", *Expresso*, Telma Miguel, 28.10.2000.

dos novos concorrentes do 'Big Brother". **Telma Miguel, jornalista do** *Expresso.*[3]

"Os jornalistas têm que informar sobre o que as pessoas querem saber (...) O facto é que temos que servir para tudo, em nome da nossa sobrevivência', afirmou Paulo Bastos, da TVI-Online, no Congresso Internacional Jornalismo e Internet, que ontem terminou na Universidade de Coimbra.

O gestor de conteúdos do 'site' da TVI na Internet intervinha na mesa-redonda sobre a qual a organização, o Instituto de Estudos Jornalísticos da UC, colocou a questão: 'Jornalistas ou produtores de conteúdos?'

Paulo Bastos também não deixou de se referir à 'novela da vida real', o conteúdo mais polémico da TVI: 'É o BB que paga a informação que a minha Redacção faz (...) no rigoroso respeito pelo Código Deontológico [dos Jornalistas]', garantiu. Para logo acrescentar que 'não é vergonha pagar as dívidas', nem produzir conteúdos, 'se os verdadeiros, os perigosos, BB's deixarem'. **Álvaro Vieira**, jornalista do *Público.*[4]

"Um jornalista guineense afirmou ontem que jornalistas portugueses na Guiné-Bissau disseram não poder noticiar que o seu companheiro de profissão fora torturado e escapara por pouco a ser fuzilado pelo exército senegalês, declarando ter instruções de Lisboa para não abordar questões relativas aos direitos humanos. Uma declaração que agitou o primeiro dia de trabalhos do colóquio 'Os Países de Língua Portuguesa e a Liberdade de Informação', uma iniciativa da AACS, que hoje termina no Centro Cultural de Belém". *M. G, Diário de Notícias.*[5]

"Já tinhas feito jornalismo antes?"
Pergunta de Carlos Cruz a Bondage, Noites Marcianas, 8.05.2001

"O mundo verdadeiro torna-se então, fábula... E se a história pode também ser interpretada como um inventário do esquecimento, a televisão, mais do que inventariar a figura da raridade, no sentido de Foucault, faz ascender à 'dignidade' do seu ecrã apenas determinados factos, em preterição de todos os outros. Produz, por assim dizer, a grande amnésia do tempo. **Francisco Rui Cádima** (1995: 91).

"A guerra de audiências entre as televisões está a sacrificar a informação. Houve um tempo em que a programação, por popularucha que fosse, não contagiava a informação que, pelo menos na SIC, sempre manteve um estatuto de autonomia e dignidade. Os jornais eram espaços nobres, que embora

---

[3] "As surpresas do Grande Irmão". *Expresso*, Telma Miguel, 28.10.2000.
[4] "O jornalismo 'On Line' e os conteúdos da vida real". *Público*, Álvaro Vieira, 30.03.2001.
[5] "Anúncio de um crime não noticiado". *Diário de Notícias*, M.G., 26.06.1999, p. 51.

pudessem resvalar esporadicamente para o sensacionalismo, não tinham uma lógica dependente da programação". **José Alberto Lemos, jornalista do** *Público*.[6]

"É quase impossível não se falar nas boas 'performances' do Jornal Nacional sem falar nas notícias sobre o Big Brother nos noticiários da TVI. Ontem, não foi excepção. Um jornalista pediu à TVI um comentário às críticas sobre os critérios jornalísticos dessa decisão. A reacção não se fez esperar. Manuela Moura Guedes - que assim como a restante direcção de informação esteve presente no encontro com a imprensa - assumiu a defesa das opções editoriais, recorrendo a exemplos de promoção de programas próprios noutros canais. Levantou-se da cadeira, pegou no microfone e virou-se para o auditório, visivelmente irritada. Lamentou que ninguém desse conta das notícias em primeira mão dadas pela TVI e lembrou que o galã da telenovela da SIC Laços de Família também teve honras de telejornal. A SIC, acrescentou também, passou no Jornal da Noite um trabalho de 20 minutos sobre uma das suas séries e a própria RTP abriu um noticiário à hora de almoço com um directo a partir de um campo de futebol onde só à noite se iria disputar um jogo a transmitir no canal. **Sofia Rodrigues**, jornalista do *Público*.[7]

"Fernando Correia, jornalista e professor universitário, acha que noticiar o dia-a-dia do Big Brother 'é um exemplo nítido, bastante preciso e infeliz, da substituição das estratégias de informação pelas estratégias comerciais'. 'Trata-se de um ponto alto na mudança das estratégias de produção de conteúdos informativos e eu, infelizmente, não sei se ficará por aqui, já que vem na sequência da teoria inventada pela SIC e imitada, agora, pela TVI'. Correia, autor do livro 'Os jornalistas e as notícias', não poupa críticas a esta mudança e acha que 'existe um caminho perigoso entre a informação, o negócio e a autopromoção". **Ana Clara Quental**, jornalista do *Público*.[8]

"Cada vez mais as vedetas da actualidade exigem contrapartidas financeiras em troca do seu testemunho exclusivo. Um braço de ferro opõe os jornalistas que 'não pagam' aos produtores que não olham a meios para conseguir os seus fins.

A concorrência endurece, as técnicas para obter exclusivos também. Segundo vários produtores, a prática dos exclusivos remunerados começa a surgir no domínio da informação. Utilizada na imprensa escrita por títulos como Paris Match, o fenómeno resumia-se, até ao momento, na televisão, a alguns sectores da área do espectáculo (desportivos, cantores vendendo

---

[6] "Redacção aluga-se". *Público*, José Alberto Lemos, 24.01.2001.

[7] "A irritação de Manuela". *Público*, Sofia Rodrigues, 17.01.2001.

[8] "Incidências do Big Brother transformadas em fio condutor dos blocos informativos da TVI - O concurso virou notícia". *Público*, Ana Clara Quental, 1.11.2000.

entrevistas)". **José Barroso e Guy Dutheil**, *Le Monde*.[9]

"Dois sistemas profundamente diferenciados, como a ficção e a informação, por exemplo, hoje são completamente compreensíveis dentro desta lógica. A sedução das aparências, a embriaguez visual, a velocidade, a beleza a todo o custo, o prazer imediato, histórias e personagens que podem ser rapidamente identificados, produtos que solicitam uma interpretação mínima. Nem sabemos se com estes termos estamos descrevendo o cinema, a informação ou a publicidade, de tal forma é idêntica a 'lógica' que os acomuna. A rigor, estamos diante de uma lógica massmediática, parte de uma totalidade abrangente que é a 'cultura' dos *mass media*". **Wilson Gomes** (1995: 306).

"O Le Mercure Galant não desdenha as mentiras, o que mostra que os géneros não estão fixados: durante todo o ano de 1680, mantém os seus leitores em suspense a propósito da *cobra de Tour du Pin*, um animal que transporta nos seus dentes um maravilhoso rubi e que reaparece várias vezes perante camponeses estupefactos: o antepassado do monstro de Loch Ness ou dos *OVNIS* de hoje em dia". **Jean-Noel Jeanneney** (1996: 23).

A "nova idade da comunicação" vai sucedendo à "era da informação",
tornando "cada vez mais ténue a fronteira que separa
o espaço da transparência do reino da mentira"
Eduardo Prado Coelho, 1992

Pode concluir, Manuel Rocha.

Obrigado. "É certo que a autopromoção nos espaços informativos não é facto novo. É certo que, antes da TVI, outras estações tiveram os seus momentos mais ou menos big-brotherianos. Mas nunca um concurso se tinha tornado fio condutor dos espaços informativos de uma televisão, como acontece com o actual Jornal Nacional.

Talvez mais grave ainda foi o que sucedeu com as eleições para o Benfica. Quando a SIC, cuja informação foi nestes anos um dos seus maiores méritos e bandeiras, abre o seu principal espaço informativo com o desmentido de uma notícia divulgada por outra estação, alguma coisa está errada. E, quando esse desmentido se confunde com os seus interesses empresariais, a pergunta é mais do que legítima: quem vai acreditar na notícia seguinte?

Será sempre impossível traçar uma fronteira rigorosa entre um telejornal como espaço supostamente 'sério' e o resto da programação. E os jornalistas não podem colocar-se no papel de damas ofendidas. Mas também não devem ficar silenciosos face ao risco do completo abastardamento do jornalismo, sob pena de serem definitivamente varridos por produtores não interessa de

---

[9] "Tensions autour des exclusivités payantes à la télévision". *Le Monde*, José Barroso e Guy Dutheil, 28.06.2002.

que conteúdos, alheios a qualquer deontologia.

Como produto televisivo, a informação não pode ficar à margem da dimensão de espectáculo própria do meio televisivo. Não é isso que se reclama. Mas os jornalistas, principalmente os de televisão, não podem esquecer que, para muita gente, o pequeno ecrã é, de facto, a única janela para o mundo. E que a recandidatura de um presidente, ou o conflito do Médio Oriente não são a mesma coisa que as peripécias do Big Brother. E que, mesmo tomando posição em contendas eleitorais, não podem deixar cair sobre si próprias a sombra da suspeita, ou sequer da dúvida.

Ou a credibilidade da informação está irremediavelmente comprometida, ou a informação que cauciona 'talk shows' deveria chamar-se outra coisa que não jornalismo. Chamemos-lhe 'outra coisa".

> *Foi divulgado o novo vídeo de Bin Laden**
> Deita o casaco para o chão...
> *Pelo meio ficam passagens religiosas do Corão que*
> *alegadamente justificam a guerra santa contra o mundo ocidental**
> Leva as mãos ao fecho *éclair*, junto aos seios, mas recua...

Pode concluir, José Alberto Lemos.

Obrigado. "Com o início do Big Brother, a TVI inaugurou uma era de absoluta promiscuidade entre informação e programação. 'Pivots' e repórteres promoveram o Big Brother no telejornal como se de informação relevante se tratasse. Chegou-se mesmo à desfaçatez de abrir um telejornal com um episódio grotesco do Big Brother, no dia em que o Presidente da República anunciou a recandidatura. As 'estrelas' do Big Brother passaram a ter assento frequente no estúdio, anunciados e interrogados como qualquer comentador que tivesse coisas importantes a dizer ao país, enquanto repórteres ladinos acompanhavam as andanças das 'estrelas' pela cidade. Foi o despudor total.

A SIC, de cabeça perdida por causa do Big Brother, inaugurou agora uma era um pouco diferente, mas não menos deplorável. Já tinha uma grelha afogada em novelas e pimbalhada a esmo. Resistia apenas a informação. Primeiro Jornal, Jornal da Noite e Último Jornal eram os únicos espaços sobreviventes, mas recentemente o Último Jornal desapareceu e, no passado domingo, o Jornal da Noite também. A SIC transmitiu o Benfica-FC Porto às 19h00 e quando o jogo acabou, em vez de emitir o Jornal da Noite, às 20h45, como seria natural, apareceu Emídio Rangel a meter umas correntes nas pernas de umas meninas e de um menino. Longe de mim negar a Emídio Rangel o direito de acorrentar quem ele quiser e consentir, o que me parece revoltante é que o trabalho da redacção da SIC seja relegado para um 'digest' noticioso às 18h30, privando os espectadores de saberem o que se passou no país e no mundo e relegando os jornalistas para uma posição subalterna e de 'tapa buracos' da grelha. Sem Último Jornal e com o Jornal da Noite submetido à lógica devoradora das audiências, a SIC está cada vez mais acorrentada às telenovelas e ao populismo 'voyeurista'. Resta aos seus jornalistas pôr um letreiro ao pescoço a dizer "Redacção aluga-se". E ir bater à porta da SIC Notícias, que salva a honra do convento.

PS: As meninas e o menino acorrentados tiveram 22,9 por cento de 'share', enquanto o Big Brother propriamente dito teve 56 por cento. O crime não compensou, Emídio Rangel".

> *Por cá os sindicatos dos bancários preparam uma acção de protesto. Um bloqueio das caixas Multibanco**
> Tirou a blusa. O soutien é vermelho...

Pode concluir, Ana Clara Quental.

Obrigado. "Não parece haver dúvidas de que a fronteira entre programação, entretenimento e informação no alinhamento das televisões é cada vez mais ténue. Mas Alfredo Maia, recém-eleito presidente do Sindicato dos Jornalistas, considera que esta linha ainda tem contornos bem definidos. 'Deve existir uma diferença entre a informação e o entretenimento. Os jornalistas não deveriam ser promotores de programas de entretenimento, e devem estar conscientes da sua importância na formação de opinião pública', declarou ao PÚBLICO. 'O jornalista deve relatar a realidade concreta, mas quanto a mim o Big Brother é uma realidade fabricada. Não defendo a censura, mas devo admitir que estamos perante uma sobrevalorização de temas', explicou ainda.

Sendo certo que o negócio televisivo se alimenta de números, traduzidos em 'shares' e audiências, e que as estações televisivas têm diferentes trunfos para travar esta batalha, o presidente do sindicato entende que 'a ditadura das audiências cria condições objectivas para cilindrar as questões éticas e deontológicas da classe'. O jornalista sintetiza a sua opinião numa frase simples: 'Em nome das audiências vale tudo".

> *A festa do campeonato verde-e-branco ficou adiada. O Benfica obteve um empate a uma bola em Alvalade**
> Com o pé direito, afastou a saia para o canto do ecrã...

Pode concluir, Álvaro Vieira.

Obrigado. "No período de debate que se seguiu às intervenções de Paulo Salvador, também da TVI, Avelino Rodrigues, do Sindicato dos Jornalistas, Jorge Wemans, da LUSA, e Manuel Pinto, da Universidade do Minho, a assistência dirigiu a Paulo Bastos estas questões: 'Que critérios jornalísticos levaram à inclusão de cenas de sexo, por duas vezes nos jornais televisivos [da TVI] desse dia, durante 59 segundos? E quem é o verdadeiro e perigoso BB?'

Bastos não hesitou: 'É o público. Estamos reféns, obrigados a dar ao público o que ele quer'. O chefe de redacção da TVI Online explicou que 'os sacos-cama pagam os próximos repórteres que irão a Timor ou uma grande reportagem'. E garantiu que o BB nunca abriu os jornais da TVI: 'O que vocês vêem são promoções, o BB aparece no fim, como deve ser com os 'fait-divers'. Paulo Bastos também reconheceu que tem, na Redacção que chefia, jornalistas que alegaram objecção de consciência e 'não fazem BB', mas advertiu a assistência, onde os estudantes de Comunicação Social estavam em maioria, de que, 'na actual conjuntura, isso não é aconselhável. Há dois grandes grupos de comunicação: se batemos a porta a dois, ficamos sem alternativa de emprego', avisou.

Paulo Bastos recebeu fartos aplausos por estas respostas. O congresso dividiu-se, porque as críticas explícitas ou implícitas às teses do responsável da TVI Online também foram aplaudidas. Avelino Rodrigues anunciou que iria comentar as afirmações de Bastos com uma citação de uma 'filósofa contemporânea': 'Quem tem ética passa fome' - frase proferida por Teresa Guilherme, numa entrevista recente à PÚBLICA.

Paulo Salvador também interveio nesta polémica:'"A LUSA fez ou não uma notícia sobre o BB? Se a RTP e a SIC não fizeram, não foi por uma questão de ética, mas de estratégia empresarial. Se o Zé Maria for para a RTP ou para a SIC vão fazer, não tenham dúvida', enfatizou. O jornalista da TVI dirigiu-se particularmente aos colegas presentes: 'Invejo-os, se nunca conviveram com situações que os incomodassem ou que os colocassem em risco de morrer à fome'.

Antes do BB se ter imiscuído no debate, Salvador relativizou a questão de saber se os jornalistas são 'produtores, gestores ou vítimas' de conteúdos. Para este orador, o importante é que se produzam cada vez melhores trabalhos jornalísticos na net, independentemente de os grupos de comunicação lhes chamarem conteúdos ou não.

Avelino Rodrigues, Jorge Wemans e Manuel Pinto, discorreram àcerca do sincretismo entre jornalismo e outros tipos de informação, comprometida ou irresponsável disponível na Net, que leva os jornalistas a 'diabolizarem' o termo 'conteúdos'. Designação empresarial que favorece a "pirataria" da informação, para uns; conceito que urge densificar, antes de demarcar o jornalismo do seu seio, numa sociedade em mutação que coloca novos desafios aos profissionais e apela a velhas responsabilidades, como a deon-tologia e a intervenção cívica.

No entanto, foi mesmo a intervenção de Paulo Bastos que mais reacções provocou no congresso: 'Deram-me razão. Falou-se de uma série de coisas importantes e é do BB que querem falar', comentou Bastos, quando lhe dirigiram as primeiras perguntas".

Para o dia-a-dia de trabalho foi agora editado um livro
que promete aquecer as relações profissionais.
Kamasutra para o local de trabalho é um livro divertido*
Tirou o soutien...

Temos mesmo que terminar.

"Paula Magalhães, editora do jornal Big Brother Extra e jornalista há quase 20 anos, não viu razão para negar o convite que a direcção de informação lhe dirigiu. 'Estive na prateleira, era uma oportunidade de voltar a trabalhar. Não me choca nada editar o Big Brother', sublinhou. O objectivo do programa 'é saber o que as pessoas pensam do Big Brother'. **Ricardo Dias Felner**, jornalista do *Público*.[156]

Nesta abordagem do sexo entre colegas de trabalho, conclui-se
ainda que a cadeira giratória poderá ser um objecto muito útil*
Está agora sem roupa alguma...
Boa-noite e até amanhã*

---

[10] *in* "Conselho Deontológico do Sindicato dos Jornalistas discute se 'novela da vida real' é notícia - Quando o Big Brother bate Mário Soares". *Público*, Ricardo Dias Felner, 11.11.2000.

* Nuticias. *SIC Radical*, 22.04.2002. Director: Francisco Penim. Apresentação: Paula Coelho. Edição: Vítor Figueiredo. Produção: Pedro Costa.

FONTES

Bibliografia

"Anuário da Comunicação 2000-2001". Observatório da Comunicação (OBERCOM), Lisboa, 2002.

CÁDIMA, Francisco Rui. "O Fenómeno Televisivo", *Círculo de Leitores*, Lisboa, 1995.

EUDES, Yves. "Um show planetário: a informação televisiva", *in* "A comunicação social vítima dos negociantes", *Le Monde Diplomatique*, Paris, 1988. Edição portuguesa da *Caminho*, Lisboa, 1992.

GOMES, Wilson. "Duas premissas para a compreensão da política-espectáculo", Revista de Comunicação e Linguagens, "Comunicação e Política", n.º 21-22, *Edições Cosmos*, Lisboa, 1995.

JEANNENEY, Jean-Noel. "Uma História da Comunicação Social", *Éditions du Seuil*, Paris, 1996. Edição portuguesa da *Terramar*, Lisboa, 1996.

LOPES, João. "Teleditadura - Diário de um Espectador", *Quetzal Editores*, Lisboa, 1995.

NEGROPONTE, Nicholas. "Ser Digital", *Caminho*, Lisboa, 1996.

TAVARES, Miguel Sousa. "Basta de impunidade!", intervenção no 2.º Congresso dos Jornalistas Portugueses, "Deontologia - 2.º Congresso dos Jornalistas Portugueses - Conclusões, Teses, Documentos", edição do Secretariado da Comissão Executiva do II Congresso dos Jornalistas Portugueses, Lisboa, 1986.

Publicações Periódicas

"Allons patrons de la patrie!". *Visão* (com *Le Nouvel Observateur*), 13.10.1994.

ALMEIDA, Maria João de. "O homem que ri", *Expresso*, caderno *Vidas*, 10.03.2001.

ALVAREZ, Luciano. "Desorientação", *Público*, 18.11.2001.

ALVES, Clara Ferreira. "A guerra e o patrocínio", *Expresso*, *Revista*, 24.12.1998.

AMARO, Cristina. "IMPRESA fecha títulos", *Euronotícias*, 22.02.2001.

"António José Seguro acusa a SIC". *Diário de Notícias*, n/a, 21.02.1997.

A. P. C. Entrevista a Daniel Schneidermann, "Um jornalista que pergunta o que querem os espectadores está morto", *Público*, 2.07.2002.

"A recusa - 'New York Times' 'online' rejeita anúncios da Sony". *Público*, n/a, 25.07.2000.

"ATV pede rigor na informação", *Público*, n/a, 9.11.2000.

"Audiências", *Público*, n/a, 1.11.2000.

"Autoridade norte-americana da concorrência dá luz verde à compra da Time Warner pela AOL - Nasce o Maior Grupo 'Media' do Mundo". *Público*, n/a, 16.12.2000.

BAPTISTA, Rui; PORTUGAL, Margarida. "Televisão pública falha estreia do Portugal

Fashion em Paris – RTP fora da moda", *Público*, 11.03.2000.

BARROSO, José; DUTHEIL, Guy. "Tensions autour des exclusivités payantes à la télévision", *Le Monde*, 28.06.2002.

BINGO, Antoine; JOLLY, Patricia; SCHALLER, Conny. "Marketing', componente cada vez mais importante no circuito do ténis mundial - A imagem vale ouro", exclusivo *Público/L'Équipe Magazine*, 26.06.1995.

BOM, João Carreira. "O Patriota", *Expresso, Revista*, 18.10.1997.

CAETANO, Maria João. Entrevista ao operador da RTP, Carlos Pinota, "Tinha que gravar aquele momento – No Kosovo, um grupo de jornalistas foi alvo da NATO. O operador de imagem da RTP foi o único a registar o acontecimento", *Diário de Notícias*, 20.06.1999.

"Candice, repórter a sério". *Expresso*, Caderno *Vidas*, n/a, 14.08.1998.

CARLANDER, Ingrid. "Révolution dans la communication", *Le Monde Diplomatique*, Agosto 1999.

"Cartas do Comendador' substituem 'Afectos". *Expresso, Revista*, n/a, 25.10.1997.

CASTRIM, Mário. "Língua de porco", *Tal & Qual*, 8.12.1994.

CHIROT, Françoise. "Reportages trompeurs: TF1 sanctionne, France 3 explique", *Le Monde*, 16.02.1999.

COELHO, Eduardo Prado. "A crítica da razão jornalística", *Público, Leituras*, 23.10.1992.

CORREIA, Fernando. "Saúde democrática", *Avante*, 6.11.1997.

COSTA, José Mário. "A 'Volta' que nunca existiu", *Público*, 16.08.1994.

CRUZ, Carlos. "Um *peeling* para Portugal", *SOS Saúde*, Junho 2001.

DÁVILA, Sérgio. "TV CNN muda para 'entreter' audiência", *Folha de S. Paulo*, 8.08.2001.

DELGADO, Luís. "Jornalismo on-line é complementar", *in* revista *Jornalismo e Jornalistas*, n.º 1, Janeiro/Março 2000.

"Diário que não era só de notícias". *Diário de Notícias*, n/a, 07.07.1998.

DIAS, Abel. "Lili Caneças mostra o seu rosto rejuvenescido", *Caras*, 21.04.2001.

DUARTE, Pedro Rolo. "Carne para canhão", *Visão*, 6.04.1995.

"Edi treme com TVI". *O Independente*, n/a, 26.03.1999.

"Emisión de reportage irreal en una cadena estatal francesa". *El País*, n/a, 17.12.1999.

FARIA, Isabel. "MAT exige 'serviço público' à RTP", *Correio da Manhã*, 28.06.1999.

FELNER, Ricardo Dias. "Conselho Deontológico do Sindicato dos Jornalistas discute se 'novela da vida real' é notícia - Quando o Big Brother bate Mário Soares", *Público*, 11.11.2000.

FERNANDES, Tiago. "Televisões americanas prometem desmascarar convidados 'publicitários", *Público*, 4.09.2002.

FERREIRA, Ana Gomes. "Criada terceira maior empresa de 'media' dos Estados Unidos – 'Chicago Tribune' absorve 'LA Times", *Público*, 16.03.2000.

FERREIRA, Ana Gomes. "Publicidade virtual em programas de informação gera polémica – CBS 'engana' espectadores", *Público*, 17.01.2000.

FERREIRA, Carla Borges. "Quem manda nos media em Portugal?", *Marketing & Publicidade*, Novembro de 2001.

FERRER, Isabel. "El falseamiento de testimonios 'sienta en el banquillo' a la BBC", *El País*, 17.12.1999.

FERRIGOLO, Alberto. "Gadgets à l'italienne", *Le Monde Diplomatique*, Abril 1996.

FIEL, Jorge. "Impresa integra 'on-line", *Expresso*, 1.12.2000.

FIEL, Jorge. "SIC Filmes rentável ao fim do 1.º ano - O 'product placement' garantiu o 'break even' em 12 meses", *Expresso*, 8.12.2000.

FIDALGO, Joaquim. "Notícias' à venda", *Público*, 25.03.2001.

FIDALGO, Joaquim. "As imagens e as legendas", *Público*, 20.05.2001.

FRANCISCO, Susete. "Acordo não altera filosofias", *Diário de Notícias*, 19.10.2001.

GEORGES, Pierre. "Les bidonneurs", *Le Monde*, 16.02.1999.

GOMES, Luísa Costa. "Cães abandonados, cães não-transferidos, cães arbitrais: o melhor amigo do homem é mais uma vez posto à prova", *O Independente*, caderno *VIDA*, 8.04.1994.

GONÇALVES, Pedro Miguel. "RTP é a estação pública europeia com mais publicidade", *Público*, 3.06.2002.

GUERRINHA, Paulo M. "Arons de Carvalho acusa a SIC de manipulação editorial", *Diário Económico*, 9.09.1998.

J. A. L. "Aposta na qualidade da redacção - Nova direcção e chefias no JN", *Público*, 22.01.2000.

JENKINS, Tony. "Imprensa dos EUA debaixo de fogo", *Expresso*, 11.07.1998.

"Jornais, Jornalistas e Críticas". *Sporting*, n/a, 29.06.1999.

KAPUSCINSKI, Ryszard. "Les médias reflètent-ils la réalité du monde?", *Le Monde Diplomatique*, Agosto 1999.

LEITÃO, Pedro. "Crianças procuradas estavam no palheiro – Jornalistas do JN e da RTP puseram fim à estranha fuga de menores que iam ser realojados pela Segurança Social", *Jornal de Notícias*, 15.10.1999.

LEMOS, José Alberto. "Redacção aluga-se", *Público*, 24.01.2001.

LEMOS, José Alberto. "Redacção da SIC ameaça romper com SIC Notícias", *Público*, 25.06.2001.

LIMA, José António. "Memória curta", *Expresso*, 22.05.2002.

MADRINHA, Fernando. "A cultura da arrogância", *Expresso*, 29.01.2000.

MARTINS, Fernando. "À volta da Volta a Portugal", *Jornal de Notícias*, 25.08.2001.

MARTINS, Fernando. "Do serviço de porcelana, às medalhas, passando pelas pulseiras e pelo xadrez", *Jornal de Notícias*, 15.10.2000.

"Máquina do Tempo 'encolhe' directos de televisão", *Público*, n/a, 25.11.2001.

MASCARENHAS, Oscar. "A mais ruidosa fábrica de silêncio", *Diário de Notícias*, 10.09.1997.

MATOS, Catarina Cardoso. "Mais uma revista cor-de-rosa no mercado – Mundo Vip em revista", *Público*, 7.10.2000.

MATOS, Teresa. "Big Brother é a grande aposta da Rede Globo", *Público*, 30.01.2002.

MAURIAC, Laurent. "L'info emballe la pub", *Libération*, 29.01.1999.

"Media norte-americanos aliam-se". *Público*, n/a, 20.11.1999.

MENDES, Nuno. "Presidente açoriano critica televisão pública – César farto do tratamento discriminatório da RTP", *Público*, 28.06.1999.

MENDES, Nuno. "Grupo tem um plano de expansão para os Açores – Lusomundo adquire 'Açoriano Oriental", *Público*, 8.12.1999.

"Mensagens antidroga em Causa Justa, Beverly Hills e Chicago Hope - Televisões terão de mostrar patrocínio da Casa Branca", *Público*, n/a, 29.12.2000.

MESQUITA, Mário. "Histórias e Notícias", *Público*, 8.06.2001.

M. G. "Anúncio de um crime não noticiado", *Diário de Notícias*, 26.06.1999.

MIGUEL, Telma. "As surpresas do Grande Irmão", *Expresso*, 28.10.2000.

NADAIS, Inês. "Departamento de Justiça dos EUA ordenou uma investigação às práticas do canal – MTV acusada de monopólio", *Público*, 17.12.1999.

NADAIS, Inês. "Telefonica compra produtora holandesa por 1100 milhões de contos – Endemol em mãos espanholas", *Público*, 18.03.2000.

"O caso RTP nas páginas do EXPRESSO". Artigo de opinião de José Miguel Costa, *Expresso*, 18.05.2002.

"Organismo regulador da comunicação social teme consequências na livre produção e circulação de ideias - Alta Autoridade Preocupada com Concentração". *Público*, n/a, 9.11.2000.

PEDRO, Ana Navarro. "Empresário preso por fraude com muitos 'amigos' na comunicação social - Jornalistas franceses com presentes envenenados", *Público*, 22.11.1992.

PINHO, Jorge. "César ataca RTP na inauguração da Mostra Atlântica", *A Capital*, 28.06.1999.

P.M.G. "Guerra entre Conselhos de Redacção da SIC e da RTP", *Público*, 25.05.2002.

"Ponha aqui a sua marca!". *Marketing & Publicidade*, n/a, Julho/Agosto 2001.

PORTUGAL, Margarida. "Canal de Carnaxide assinou ontem acordo com a João Lagos Sports – Ténis e golfe mudam de estação", *Público*, 28.03.2000.

QUENTAL, Ana Clara. "Incidências do Big Brother transformadas em fio condutor dos blocos informativos da TVI - O concurso virou notícia", *Público*, 1.11.2000.

QUENTAL, Ana Clara. "O concurso virou notícia", *Público*, 1.11.2000.

QUEVEDO, Carlos. "Com a verdade m'enganas", *Visão*, 6.04.1995.

RAMÍREZ, Lola. "Mercedes Milá conduce Gran Hermano", *Tele Indiscreta*, 24.04.2000.

RAMONET, Ignacio. "Apocalypse médias", *Le Monde Diplomatique*, Abril de 1997.

RAMOS, Jorge Leitão. "Os mascarados", *Expresso*, 1.11.1997.

"Rangel acusa 'Expresso' de falsidade". *Diário de Notícias*, n/a, 29.10.2001.

"Rangel diz que 'Expresso' protege SIC". *Público*, n/a, 29.10.2001.

RESENDES, Mário Bettencourt. "O Director do DN e a 'Cadeira do Poder'", *Diário de Notícias*, 21.02.1997.

"Rivais ABC e CBS discutem aliança". *Diário de Notícias*, n/a, 19.11.2001.

ROCHA, João Manuel. "Chamem-lhe outra coisa", *Público*, 1.11.2000.

ROCHA, João Manuel. "Clube encarnado condenado por 'entraves' à informação – Benfica e Big Brother na mira da Alta Autoridade", *Público*, 3.11.2000.

ROCHA, João Manuel. "Metade do 'Autosport' e da distribuidora Vasp também mudam de mãos – 'Correio da Manhã' passa para a Cofina", *Público*, 16.11.2000.

ROCHA, João Manuel. "TV Caneças", *Público*, 19.04.2001.

RODRIGUES, Sofia. "A 'arte' de fabricar entrevistas", *Público*, 31.05.2000.

RODRIGUES, Sofia. "A febre da 'Patomania", *Público*, 21.11.1999.

RODRIGUES, Sofia. "A irritação de Manuela", *Público*, 17.01.2001.

RODRIGUES, Sofia. "Jornal faz 'mea culpa' em negócio que misturou linha editorial e departamento comercial – L.A. Times: Após o erro, a redenção", *Público*, 21.12.1999.

RODRIGUES, Sofia. "Projecto terá um programa na TVI – Media Capital quer lançar revista mundana", *Público*, 3.03.2000.

RODRIGUES, Sofia. "São fenómenos cíclicos", *Público*, 21.11.1999.

RODRIGUES, Sofia. Entrevista a Nuno Santos, "SIC Notícias é complementar à SIC", *Público*, 10.12.2000.

"Rui Veloso barrado na SIC". *Tal & Qual*, n/a, 8.01.1999.

SANTOS, Daniela. "Censura na Televisão: RTP recusa passar teledisco dos GNR", *Euronotícias*, 21.06.2000.

SANTOS, Nicolau. "Carta a um amigo jornalista", *Expresso*, 21.04.2001.

SERRANO, Estrela. "Uma questão de fronteiras", *Diário de Notícias*, 13.10.2001.

SERRANO, Estrela. "Entre o jornalismo e a publicidade", *Diário de Notícias*, 29.12.2001.

SILVA, Ana Pereira da. Entrevista a Artur Albarran, "O Rei Artur", *Visão*, 26.08.1993.

SIMÕES, Paula; PEREIRA, Inês Teotónio. "Programa da SIC abre polémica - Cadeira eléctrica", *O Independente*, 21.02.1997.

"Sindicato receia concentração". *Público*, n/a, 11.11.2000.

"Sonae entra no capital da Impresa e Media Capital avaliada em 180 milhões". *Euronotícias*, n/a, 16.11.2000.

"Sousa Tavares recusa 'Milionário'. *Público*, n/a, 21.07.2000.

TAILLEUR, Jean-Pierre. "Soif d'informer ou esprit d'entreprise? – Journalistes économiques sous surveillance", *Le Monde Diplomatique*, Setembro 1999.

TAVARES, Miguel Sousa. "A lição de Lilly", *Diário Digital*, 18.04.2001.

"Temos tradição de liderança". Entrevista a Pinto Balsemão, *Expresso*, caderno *Economia & Negócios*, 20.05.2000.

TORRES, Eduardo Cintra. "Bensica Notícias", *Público*, 27.02.2001.

TORRES, Eduardo Cintra. "Jogos & Negócios", *Público*, 31.01.2000.
TORRES, Eduardo Cintra. "Mensagens escritas", *Público*, 6.11.2000.
"Tudo a bem do público". *Correio da Manhã*, n/a, 26.03.1999.
URIAS, Carlos. "Nuevo astro del Golf - 'El Niño' de los 1.300 millones", *El Mundo*, 22.08.1999.
VALENTE, Vasco Pulido. "Pensem bem", *Diário de Notícias*, 12.05.2002.
VICENTE, Mário S. "Novela Tide", *Marketing & Publicidade*, Julho/Agosto 2001.
VIEIRA, Álvaro. "O jornalismo 'On Line' e os conteúdos da vida real", *Público*, 30.03.2001.
VILAR, Elisabete. "Concentração dos 'media' pode limitar capacidade crítica dos jornalistas", *Público*, 26.01.2001.
VILAR, Elisabete. "Correio da Manhã' fez manchete com anúncio", *Público*, 23.03.2001.
VILAR, Elisabete. "RTP com mais tempo, notícias e directos". *Público*, 2.06.2002.

Videografia

LA CINQUIÈME
Arret sur Images: 2.11.1997; 24.05.1998.

RTP1
Notícias 1: 18.02.1999; 4.03.1999; 8.03.1999; 9.03.1999; 20.04.1999; 30.04.1999; 1.07.1999; 28.10.1999;
Jornal da Tarde: 21.01.1999; 26.01.1999; 15.02.1999; 4.03.1999; 7.03.1999; 8.03.1999; 9.03.1999; 26.03.1999; 31.03.1999; 30.04.1999; 31.05.1999; 15.06.1999; 22.07.1999; 6.08.1999; 5.09.1999; 3.10.1999; 14.10.1999; 27.10.1999; 28.10.1999;
Telejornal: 8.01.1999; 9.01.1999; 21.01.1999; 24.01.1999; 26.01.1999; 27.01.1999. 2.02.1999; 14.02.1999; 15.02.1999; 18.02.1999; 23.02.1999; 7.03.1999; 8.03.1999; 9.03.1999; 25.03.1999; 26.03.1999; 7.04.1999; 9.04.1999; 15.04.1999; 17.04.1999; 21.04.1999; 24.04.1999; 29.04.1999; 8.05.1999; 12.05.1999; 20.05.1999; 22.05.1999; 27.05.1999; 31.05.1999; 1.06.1999; 10.06.1999; 15.06.1999; 17.06.1999; 21.06.1999; 22.06.1999; 30.06.1999; 1.07.1999; 6.07.1999; 12.07.1999; 16.07.1999; 22.07.1999; 26.07.1999; 6.08.1999; 22.09.1999; 24.09.1999; 1.10.1999; 4.10.1999; 14.10.1999; 22.10.1999; 25.10.1999; 28.10.1999; 1.11.1999; 8.11.1999; 9.11.1999; 15.11.1999; 17.11.1999; 29.11.1999; 10.12.1999; 11.12.1999; 28.12.1999; 6.06.2000.
24 horas: 7.01.1999; 26.01.1999; 27.01.1999; 17.02.1999; 3.03.1999; 7.03.1999; 8.03.1999; 9.03.1999; 15.03.1999; 25.03.1999; 7.04.1999; 17.04.1999; 19.04.1999; 21.04.1999; 22.04.1999; 29.04.1999; 31.05.1999; 15.06.1999; 30.06.1999; 1.07.1999; 6.07.1999; 16.07.1999; 27.07.1999; 6.08.1999; 23.08.1999; 6.09.1999; 8.09.1999; 22.09.1999; 4.10.1999; 14.10.1999; 18.10.1999; 22.10.1999; 25.10.1999; 27.10.1999; 28.10.1999; 30.10.1999; 1.11.1999; 17.11.1999; 25.11.1999; 29.11.1999.

País País: 2.02.1999; 11.02.1999.
País Regiões Lisboa: 29.06.1999.
País Regiões Porto: 26.01.1999.
Amigo Público: 30.09.1999.
Jet 7: 28.02.1999; 14.03.1999; 24.10.1999.
Jogo Falado: 21.01.2002.
Maria Elisa: 1.04.1999.
Praça da Alegria: 12.02.1999.

RTP2
Jornal 2: 7.01.1999; 18.02.1999; 31.03.1999; 31.05.1999; 1.07.1999; 2.07.1999;

6.07.1999; 16.07.1999; 22.07.1999; 28.10.1999; 17.11.1999; 29.11.1999.

Caderno Diário: 27.01.1999; 12.02.1999.

SIC
Primeiro Jornal: 18.01.1999; 19.01.1999; 6.03.1999; 26.03.1999; 8.04.1999; 11.04.1999; 12.04.1999; 3.05.1999; 5.05.1999; 31.05.1999; 26.06.1999; 28.06.1999; 2.07.1999; 10.07.1999; 27.07.1999; 28.07.1999; 13.08.1999; 21.08.1999; 14.10.1999; 14.11.1999; 24.11.1999; 26.11.1999; 22.12.1999; 17.01.2002.
Jornal da Noite: 6.01.1999; 17.01.1999; 16.02.1999; 2.03.1999; 6.03.1999; 11.03.1999; 25.03.1999; 8.04.1999; 11.04.1999; 12.04.1999; 2.05.1999; 3.05.1999; 7.05.1999; 20.05.1999; 24.05.1999; 25.05.1999; 26.05.1999; 27.05.1999; 31.05.1999; 14.06.1999; 15.06.1999; 28.06.1999; 2.07.1999; 20.08.1999; 21.08.1999; 14.10.1999; 22.10.1999; 23.10.1999; 3.11.1999; 7.11.1999; 9.11.1999; 17.11.1999; 26.11.1999; 22.12.1999; 24.01.2000; 17.05.2000; 6.06.2000; 17.04.2001; 6.09.2002.
Último Jornal: 17.01.1999; 5.03.1999; 6.03.1999; 7.04.1999; 9.04.1999; 11.04.1999; 7.05.1999; 27.05.1999; 1.07.1999; 9.07.1999; 23.09.1999; 22.10.1999; 9.11.1999; 23.11.1999; 10.12.1999; 22.12.1999.

Esta Semana: 25.03.1999; 27.05.1999.
Mundo Vip: 23.01.1999; 30.09.1999; 25.12.2000.
O Bar da TV: Maio/Junho 2001.
Roda dos Milhões: 15.05.1999.
Simplesmente Maria: 10.10.2002.

SIC Notícias
17.11.2001. Noticiários 7h 00, 8h 00, 10h 00.
17.01.2002. Noticiários 00h 00, 1h 00, 2h 00, 3h 00, 5h 00, 7h 00, 22h 00.
18.01.2002. Noticiários 1h 00, 2h 00, 3h 00, 5h 00.

Grande Angular: 17.01.2002.

SIC Radical
Nuticias. 22.04.2002. Director: Francisco Penim. Apresentação: Paula Coelho. Edição: Vítor Figueiredo. Produção: Pedro Costa.

TVI
TVI Jornal: 25.02.1999; 2.03.1999; 26.03.1999; 7.04.1999; 31.05.1999; 23.06.1999; 24.06.1999; 25.06.1999; 28.06.1999; 29.06.1999; 30.06.1999; 1.07.1999; 2.07.1999; 5.7.1999; 6.07.1999; 12.07.1999; 13.07.1999; 23.07.1999; 30.07.1999; 2.08.1999; 3.08.1999; 4.08.1999; 5.08.1999; 6.08.1999; 10.08.1999; 12.08.1999; 16.08.1999; 24.08.1999; 16.09.1999; 17.09.1999; 23.09.1999; 24.09.1999; 27.09.1999; 28.09.1999; 11.10.1999; 14.10.1999; 15.10.1999; 19.10.1999; 22.10.1999; 2.11.1999; 3.11.1999; 30.11.1999; 30.12.1999.
Directo XXI: 10.09.1998; 7.01.1999; 8.01.1999; 25.02.1999; 11.03.1999; 8.4.1999; 27.05.1999; 31.05.1999; 24.06.1999; 25.06.1999; 27.06.1999; 28.06.1999; 30.06.1999; 01.07.1999; 2.07.1999; 4.07.1999; 5.07.1999; 6.07.1999; 13.07.1999; 28.07.1999; 29.07.1999; 30.07.1999; 1.08.1999; 2.08.1999; 3.08.1999; 4.08.1999; 5.08.1999; 6.08.1999; 7.08.1999; 8.08.1999; 10.08.1999; 12.08.1999; 13.08.1999; 15.08.1999; 19.08.1999; 23.08.1999; 24.08.1999; 26.08.1999; 2.09.1999; 6.09.1999; 7.09.1999; 9.09.1999; 14.09.1999; 16.09.1999; 22.09.1999; 30.09.1999; 1.10.1999; 11.10.1999; 14.10.1999; 21.10.1999; 27.10.1999; 28.10.1999; 4.11.1999; 16.11.1999; 18.11.1999; 9.12.1999; 20.12.1999.

Jornal Nacional: 19.10.2000; 23.10.2000; 17.04.2001; 20.04.2001; 7.08.2001; 18.09.2001; 8.03.2002.
Ponto Final: 3.02.1999; 8.04.1999.
Última Edição: 21.01.2002.

1.ª Grande Corrida de Touros TVI: 1.07.1999.
Feiticeira: 24.08.1999.
LUX: 10.02.2001;
Ratinho: 06.07.1999 e 13.07.1999.
Big Brother 1: 3.09.2000/31.12.2000.
Big Brother 2: 21.01.2001/20.05.2001.
Tiazinha: 03.08.1999.

Webgrafia

"Acordo de auto-regulação entre os operadores televisivos". *Alta Autoridade para a Comunicação Social* (AACS), 18.09.2001 (www.aacs.pt).

"APAN apresenta estudo sobre a publicidade nos media". *Associação Portuguesa de Anunciantes* (APAN), n/a, 25.05.2008 (www.apan.pt/?ref=detnot&id=644).

"APAN preocupada com índices de saturação publicitária em televisão". *Associação Portuguesa de Anunciantes*, n/a, 31.01.2005 (www.apan.pt/?id=471&ref=detnot).

"Authors Ask Editors to Treat Fay Weldon's New Work as an Ad, Not a Book", *Commercial Alert*, 1.10.2001 (www.commercialalert.org).

BOYAVALLE, Isabelle. "Faking interviews and taking bribes: when the journalist himself is the case", *The European Journalism Centre*, s/d (www.ejc/nl/hp/je/contents.html).

CARTER, Raphael. "The Product Placement Bible", 1997 (www.chaparral-tree.com/oneshots/product.html).

CISION (http://pt.cision.com).

"Comunicado relativo à denúncia unilateral pela TVI do protocolo de regulação subscrito pelos operadores de televisão e pela AACS a 18 de Setembro de 2001". *Alta Autoridade para a Comunicação Social*, 11.03.2002 (www.aacs.pt).

"DELIBERAÇÃO 2/PUB-I/2007 - Queixa de Paulo Rodrigues relativa à utilização de uma 'capa falsa', de publicidade, pelo jornal 'Destak". *Conselho Regulador da Entidade Reguladora para a Comunicação Social* (ERC), 13.09.2007 (www.erc.pt).

"DELIBERAÇÃO 4/PUB-I/2008 - Queixa de António Silva Torres relativa à utilização de uma 'capa falsa', de publicidade, na revista 'Auto Hoje". *Conselho Regulador da Entidade Reguladora para a Comunicação Social*, 13.02.2008 (www.erc.pt).

"Deliberação sobre a legalidade de mensagens publicitárias no 'Correio da Manhã' de 22 de Março de 2001", aprovada em reunião plenária de 5.04.2001. *Alta Autoridade para a Comunicação Social* (www.aacs.pt).

"Deliberação sobre exposição da Associação Portuguesa de Direito do Consumo acerca de estudos de audimetria", aprovada em reunião plenária de 13.10.1999. *Alta Autoridade para a Comunicação Social* (www.aacs.pt).

"Deliberação sobre peças transmitidas pela TVI à luz do estabelecido na cláusula 6.ª do protocolo de 18 de Setembro de 2001", aprovada em reunião plenária de 27.02.2002. *Alta Autoridade para a Comunicação Social* (www.aacs.pt).

GROSSBERG, Josh. "Minority' reports product placement", *E! Online*, 21.06.2002 (http://www.eonline.com/).

"Groups Criticize CBS News for Deliberate Falsification of News Images", n/a, *Commercial Alert*, 12.01.2000 (www.commercialalert.org/).

"Infos-télé", *L'Humanité*, 12.04.1997 e 26.04.1997 (www.humanite.fr/).

KLINENBERG, Eric. "Los periodistas 'multiusos' del Chicago Tribune", *Sala de Prensa* n.º 21, Julho 2000 (www.saladeprensa.org).

"Lettre du CSA": n.º 86, 1.10.1996; n.º 87, 6.11.1996; n.º 98, 7.10.1997; n.º 122, 26.10.1999; n.º 125, 5.01.2000; n.º 126, 8.02.2000; n.º 148, 15.01.2002; n.º 151, 9.04.2002; n.º 153, 4.06.2002; n.º 154 , 2.07.2002 (www.csa.fr).

MEDIAMONITOR (www.mediamonitor.pt).

MEDIAPOLIS XXI (www.youtube.com/mediapolisxxi).

"Não acredite em tudo o que lê' ou 'Jornalistas também mentem' - Redatores de respeitadas publicações americanas falsificavam informações". Boletim do *Instituto Gutenberg*, n/a, 26.06.1998 (www.igutenberg.org).

PARKER, Erik. "Hip-Hop Goes Commercial", *The Village Voice*, 17.09.2002 (www.villagevoice.com).

"Relatório de Regulação – 2007". *Entidade Reguladora para a Comunicação Social* (ERC), 26.05.2008 (www.erc.pt).

ROCHAT, Jocelyn. "Jeux vidéo - La pub est dans la course", *Webdo*, 12.11.1998, (www.webdo.ch/).

Tempo OMD (www.tempo-omd.com.pt/v3/index.asp).

TRINDADE, Eneus. "Merchandising em Telenovela: a estrutura de um discurso para o consumo", Comunicação ao XXI Congresso Brasileiro de Ciências da Comunicação, INTERCOM, Sociedade Brasileira de Estudos Interdisciplinares da Comunicação, Recife, 1998 (www.intercom.org.br/papers/xxi-ci/gr21/GT2102.pdf).

PAGINAÇÃO E PRODUÇÃO GRÁFICA
Nuno Beirão, Mar da Palavra – Edições, L.da

IMPRESSÃO E ACABAMENTO
JOARTES – Artes Gráficas L.da
Barrô – Águeda
Portugal

TIRAGEM
1000 exemplares

DISTRIBUIÇÃO
Mar da Palavra – Edições, L.da

ISBN

9 789728 910457

www.ingramcontent.com/pod-product-compliance
Lightning Source LLC
Chambersburg PA
CBHW081654270326
41933CB00017B/3169